調査的感性術

調査的感性術

真実の政治における紛争とコモンズ

Investigative Aesthetics
Conflicts and Commons in the Politics of Truth

マシュー・フラー
＋
エヤル・ヴァイツマン

Matthew Fuller and Eyal Weizman

中井悠 訳

水声社

目次

序章

暴力が上陸する。数百人の軍隊が街に乱入する。その瞬間、街は痛みを記録しはじめる。身体が引き裂かれ、破裂させられる。住民たちはその襲撃をトラウマによって屈折した吃音と断片によって記憶する。インターネットが遮断される前に何千台もの携帯電話のカメラが光る。人々は自分たちを取り巻く地獄を記録するために命をかける。彼らが必死で互いに電話をかけ、テキストを送るなかで、そのコミュニケーションは何百もの星形のネットワークへと発展していく。ソーシャルメディアや暗号化された通信空間にシグナルを投げ込み、誰かに拾われることを願う人々もいる。その一方で環境が痕跡を捕らえる。舗装されていない地面には長い列をなす装甲車の跡が残される。草木の葉は同じ車両の排気ガスの煤を受けとめ、土壌は禁止された弾薬が放出する化学物質を吸収して保存する。粉々になった家々の壊れたコンクリートは弾丸の激しい衝突を記録する。煙と瓦礫の柱は大気に吸い上げられ、雲に混じって上昇し、爆弾が命中した場所に奇妙な天候を停滞させる。

このような事件に関わるさまざまな人間、物質、植物、構造物、テクノロジーとコードは、それぞれ違う方法で起こったことを記録する。痕跡のなかには、あまりにも速く、でたらめに蓄積されるため、以前の痕跡を消してしまうものもある。これらの記録、すなわち破壊と苦痛の痕跡は、感性術的《エステティック》な登録《レジスター》の様式であり、消去の様式でもある。そのような痕跡が残っている場合、適切な技術があれば、さまざまな目的に応じて読解することができる――暴力をさらに助長するためにも、暴力に反対するためにも、あるいはただなんとか生き延びるためにも。わざと不明瞭にされたり、抑圧されたりした痕跡はアクセスすることがより困難になる。その反面、暴力を行使する側はより高解像度のセンサーにアクセスできる。ドローン、飛行機や衛星に搭載されたカメラで、紛争を多角的に記録しうるのだ。彼らの圧倒的な力は、武器だけでなく、イメージやシグナルの洪水として集められた情報へのアクセスによっても、解釈や予測のために人工知能を使ってデータの流れを処理する技術によっても支えられている。大量の情報収集が行なわれるのと同時に、一方からはシグナル、他方からはノイズと見なされる一様で不可解な情報の塊を、攻撃を受けている人々に押し付ける試みも暴力の一部をなす。

シグナルとノイズの違いは、あらゆる種類の役人たちが、起こったことについて嘘をつき、偽の情報を流し、データを寄せ集めて操作し、もっとも基本的な事実を否認するためにも利用される。後になれば、暴力を経験した人たちやそれに抵抗した人たちも証言するだろう。もしかするとある兵士は勇気を出して、自分や自分の仲間たちがなにをしたのかを明らかにするかもしれない――公の発言として、あるいはこっそりとダウンロードしたファイルを漏洩することで。また別の兵士は自分のソーシャルネットワークで自慢しているうちに、同じ秘密をうっかりバラしてしまうかもしれない。

しかしながら、こうした多種多様な痕跡をすべて集め、痕跡の消去にも同調《アチューン》した対抗読解や対抗物語もありうる。ときには微弱なシグナルにすぎないものを再構成し、集まったすべての記録を合成することで、なにが起こったのか、どのような政治的条件がそれを生み出したのかを明らかにできるのだ。微弱なシグナルや薄れた痕跡の解釈には、精読という行為ならではの複雑さがともなう。また、それらのシグナルを互いに関連づけながら編み合わせていくことは、科学的あるいは技術的な試みだけでなく、文化的、倫理的、そして政治的な試みでもあるだろう。そこには人間、物質、そしてコードが語る内容に細心の注意を払うための幅広く多様な方法が関わっているのだ。暴力を実際に経験し、正義に近いものを求める闘いを先導する人々にとってつねに問題となるのは、現在の出来事に関する真実を見つけることがいかに長期的な歴史的プロセスの影を明らかにしうるか、そして現在の暴力を生き抜いた視点から歴史を語ることがいかに自らの政治闘争を支えうるかということである。なにが起こったかについての公式見解に異議を唱えることは、調査、歴史、そして連帯の問題であり、そのような対抗の語りが効果を持つかどうかは、それが一部をなす政治プロセスがどのようなものであるかにかかっているのだ。

＊＊＊

サウジアラビアの戦闘機から放たれた爆弾がイエメンの病院で爆発する。爆弾とは合成物であり、その多くの部品はヨーロッパとアメリカの何十もの工場からもたらされた。これらの部品自体は何百もの下請け業者から集められた素材から組み立てられ、それらの素材は供給業者から提供された原料から作られ、原料は世界中に広がる鉱山から採掘された。爆弾を合成する構造は世界経済と一体化しているのだ。爆弾が標的に命中すると、その破片が四方八方に飛び散り、身体や財産を引き裂き、生命を破壊する。こうした爆弾の破片は組み立て部品や素材に直接対応するものではないが、変形した状態においてそれらにみすぼらしく近似している。

爆撃を生き延びた人たちは、よくこれらの破片を写真に撮って、ネット上にアップロードする。他の人々はそのような写真を見て、そこに写っている断片を比較しながら、それがなにであるかを特定し、その兵器を作った企業を突き止めようとする。法律活動家たちはこの資料を使って、同じ製品のさらなる輸出に対する一時停止を強制しようとする。こうした調査の流れは、まるでカート・ヴォネガットの小説『スローターハウス5』のなかでドレスデンへの壊滅的な爆撃が逆向きに語られるシーンのように、爆撃行為をスローモーションで巻き戻して見ているようだ。瓦礫と破片から爆弾がふたたび組み立てられる。それから空中の飛行機の翼に向けて撃ち上げられ、その飛行機が後方に飛んで飛行場に着陸すると爆弾は取り外され、別の場所に運ばれて部品にまで分解された後、それぞれの部品を生みだした世界各地にさらに送り返されていく。原料金属は深い鉱山のなかの土に埋められ、その土に森林が再植されて、二度と誰かを傷つけることがないようにするのだ[1]。

この本で私たちは、個別の記録を寄せ集めて、集団的なもの——コモンズ——になるまでそれらを組み合わせる反ヘゲモニー的調査が、本質的に感性術(aesthetics)の実践であると主張する。こうした集団的な感知(sensing)と意味形成(sense-making)の能力を理解することで、慎重でありつつも政治的には力強い真実の実践の新しい構想に取り組むことができる。この先のページで提示したいのは、このような編成に賭けられている政治的な可能性についてのいくつかの考察である。著者の二人がそれぞれ異なる方向から辿り着いたこの本は、感性術《エステティクス》と調査の交差(intersection)に関する歴史的な概観ではない。むしろ私たち自身や仲間たちの実践、およびそうした実践のいわばソースコードを組み立てている用語や部品や諸前提について理論的に考えながら、まだ達成しておらず、やり残されたことに関する希望の輪郭を反省的に捉えかえす試みである。

＊＊＊

映像作家のハルン・ファロッキが二〇一四年夏に突然、悲劇的な死を遂げたときに取り組んでいた最後のプロジェクトのひとつに、調査機関「フォレンジック・アーキテクチャー」に関する映画があった。資料収集の初期段階で、彼はこの組織を率いるエヤル・ヴァイツマンに、熱意と微妙な非難が入り混じった手紙を書いた――「建物を設計する方法で映画を設計するのではなく、鳥が巣を作る方法で映画を作りたい」。

都市における巣作りの技法とは、ねじれた小枝を拾った廃材、糸の切れ端、タバコの吸殻や破れたナイロンに加えて、苔、草や蜘蛛の巣などと一緒に編み合わせることかもしれない。ハルンは、私たちが使っていたファウンドメディア、つまりユーザーが作成した不鮮明なビデオの断片や作動中のソフトウェアのスクリーンショットに加えて、物理的な痕跡の記録、航空写真や衛星写真などがほしいと書いてきた。この映画が完成する前にハルンは亡くなったが、彼が開拓した仕事の様式、つまり異なるメディアの要素や、視覚テクノロジー、画像《イメージング》テクノロジー、自動化や検出のテクノロジーを編み合わせて、政治とテクノロジーの交差《インターセクション》を批判的かつ調査的に深く問いただす一連のエッセイ的映画は、私たちが**調査的感性術**と呼ぶ実践の様式を説明する糸口になりえる。

テクノロジーと調査の展望におけるいくつかの変化はハルンがまだ生きているうちにすでに登場しており、彼の好奇心を刺激していたが、彼が死んでからもっとはっきりとしたかたちで目に見えるようになった。近年、技術的なネットワークとソーシャルネットワークのいずれにおいても流通するデータの量、速度と種類が急速に拡大したことによって、伝統的に「オープンソース調査（OSInt）」として知られていた実践の可能性と種類が広がっている。オープンソース調査員は暴力の目撃者や加害者が投稿したビデオや写真、商業衛星イメージ、科学データや出版物のオンライン・データベースなど、一般に入手可能でほとんどがインターネット上で見つかる資料をふるいにかけていく。彼らは存在が目に見えなかったり、秘密にされていたり、否認されている政策の痕跡を探し出し、公式の声明やその他の権威に対抗する事実を制作するために活動する。

このような研究者の仕事、つまり公式の物語に疑問を投げかけ、それを解体すると同時に代わりの新しい物語を構築する活動は、何十本ものビデオやその他の資料のそれぞれが、隠蔽されたり否認されたりしていた大きな事件のほんの一部を示すところからはじまる。すでにパブリックドメインにあり、誰もが目にできる素材を組み合わせることで力強い事実の叙述を作り出す作業は、「物事はすでに存在しており、我々はそれを創造する必要はない。ただそれらの関係を見ればいい」という一九世紀後半のステファヌ・マラルメの詩的な言葉に従っているように思える。(2)

情報の断片は物語構造を含んだシステムにまとめ上げられることで照合と公開が可能になる。フォレンジック・アーキテクチャーが開発した手法のひとつに、デジタル建築環境のなかで証拠の断片を同期させ、再構成することによって、それらの関係を検証するやり方がある。こうして作られたモデルは光学的かつ解釈的な装置となる。なぜなら、そのなかでは個別のイメージやビデオファイルとして表示された複数の視点のあいだを移動し、比較することができるからである。そしてこうした視点間の移動や比較は、逆にモデルの精度をあげるために利用できる。

ファロッキはおそらく生前最後に行なった講演で、ゲームのようなコンピューター・アニメーション空間におけるナビゲーション的な視聴が、伝統的に用いられてきたモンタージュや編集などリニアーな構成を生み出す仕掛けにとってかわり、映画的実践の支配的な形態となっていることを論じた[3]。オープンソースのイメージを調査するとき、建築モデルはそのようなナビゲーション・プラットフォームを提供することができる。それはある事件の入手可能なすべてのビデオのすべての時間を収めた比較のための足場を作り出す。研究者は3D環境のなかでひとつのビデオから次のビデオへと移動する。建築モデルは作動モデル（operative model）、つまりデータベースでありながら同時展開するメディア環境に身を置く手段でもある作動デバイス（operative device）になるのだ。

ヴァルター・ベンヤミンは、絵画の「小さな世界」であるイメージ空間（Bildraum）と、建築における分析的平面図や断面図を対比させた[4]。一方は想像の世界を描き出し、他方は物理世界における建設のための論理的な計画を示している。しかし、フォレンジック・アーキテクチャーの活動の文脈におけるモデルとビデオの関係は、それ自体が分析ツールでもあるイメージ空間を構築する。そのなかで各事件は、建築の平面図を特徴づける上からの視点ではなく、同時に複数のカメラの視点、つまりそれぞれの状況に位置づけられた複数の視点（situated perspectives）から検証することができる。こうして数個、数十個、あるいは数百個の情報素材を、複合的な視点の集合のなかにまとめることが可能になるのだ。このような集合はキュビスム絵画がもたらした複数の同時的な視点を一斉に提示する方法とも響き合う。こうしてさまざまな写真や映像がそれぞれ別の情報源への蝶番や扉となるようなイメージの組み合わせないし編み合わせによって、政治的な闘争や意味形成のアクティヴィズムの可能性が開かれるのである。

私たち自身の活動から抜粋したいくつかの事例を以下に紹介する。それぞれの事例に含まれるのは、証拠の制作に関わるさまざまなアプローチに加えて、裁判所、市民法廷、そして美術館から学術誌にいたる

（と同時につねにそれらを超えた効果を生み出すことを目的とする）芸術と文化の場における証拠の公開展示に関わるさまざまな戦略である。それぞれの調査は、多様な立場と状況に位置づけられた経験を含みながら、その努力において連携した集団を生み出していく。

フォレンジック・アーキテクチャーが行なった調査のひとつに、国家社会主義地下組織（NSU）と呼ばれるネオナチ・グループのメンバーとドイツの国家機関の共謀に関するものがある。二〇〇〇年代初頭、このグループは人種差別に根ざした一〇件の連続殺人事件を起こし、ドイツの移民コミュニティ全体に恐怖を広げていた。私たちの調査は、普通の法的手続きではこれらの殺人事件における国家や社会の責任をきちんと問うことができないと考えた被害者の家族やコミュニティのメンバーと共に活動家たちが組織した「人民裁判（people's tribunal）」の依頼を受けて実施された。(5)

調査は数ある殺人事件のうちドイツ諜報部員が現場にいるときに起きたという点でユニークなひとつの事件に焦点を当てて行なわれた。二〇〇六年四月六日、二一歳のハリト・ヨズガットが、自分の家族が経営するカッセルのインターネットカフェで殺害された。この事件が注目を集めたのは、七七平方メートルしかないカフェの店内に、政府の工作員、殺人犯、そして標的となった移民たちが全員いたからである。画像や動画、当時現場にいたすべてのコンピューターユーザーのログイン情報を含む警察ファイルの大規模な漏洩をもとに調査が行なわれた。インターネットカフェの実物大モデルで殺人を再現したところ、政府の工作員が殺人を見聞きしていないと証言したのは虚偽であり、犯人と共謀していた可能性さえあることが判明した。この調査の結果は、二〇一七年に同じカッセルで開催された著名な現代美術展「ドクメンタ」において、実際の殺人現場からわずか数百メートルしか離れていない会場で発表された。

美術の文脈において注目を集めたことで、ドイツの政治家団体が展示された証拠を見に訪れたため、

「展示」はそれから議会の調査委員会に召喚され、弁護士と政治家は事件の場に居合わせた政府の工作員に私たちのビデオを突きつけた。学問や制度の境界を越えることの難しさを物語るように、美術評論家たちはこの展示を「アートではなく証拠だ」と呼び、告発されて立場を脅かされた当の工作員自身や与党キリスト教民主党の議員は同じ展示を「証拠ではなくアートだ」と呼んで、その信用を失墜させようとした（が失敗した）[6]。

美術の機関が単に証拠を公開するための通常とは異なる中立的な展示の場であるだけでなく、それ自体として人権侵害に関与しうることは、二〇一九年のホイットニー・ビエンナーレにフォレンジック・アーキテクチャーが招待されたときに前景化した。招待を受けて私たちが取り組んだのは、オルタナティブメディアや活動家たちによって武器製造業者であることが暴露されていたホイットニー美術館の副理事長が製造に関わった武器と結びつく人権侵害の調査だった[7]。この闘争を主導する活動家のグループと連携を取りながら[8]、問題の副理事長が製造する「トリプルチェイサー」という悪名高いブランドの催涙ガス弾筒の存在をインターネットに散らばった数千のビデオのなかからすべて検出するために、コンピューターヴィジョン分類器を訓練することにした。

そのような方法でこの催涙弾が誰に売られているのかを特定していくと、パレスチナからメキシコとアメリカの国境を経て、アメリカの大都市の中心部にいたるまで、世界中の市民社会や社会運動の抗議活動に対して使用されていることがわかった。ローラ・ポイトラスと共に制作した調査結果の映像をホイットニー・ビエンナーレで上映したことで、何人かのアーティストたちはビエンナーレの展示を撤回することを決め、そうした集団的な努力はこの評議員が理事会を辞任し、最終的に催涙ガスの生産から手を引くという成果をもたらした。このことによって、フォーラムでの発表がときにそのフォーラム自体を変えるきっかけにもなり、美術館のホワイトキューブやブラックボックスを単に批評的な空間だけではなく、実際に噛みつくことのできる空間に変えることができたように思われた。

物理的な世界からコンピューターの空間に向かうのではなく、その逆方向に向かう動きもある。批判的セキュリティ研究者であるニキータ・マズロフが率いたプロジェクトは、裁判記録、ソニーや他の企業から漏洩したEメール、パブリックドメインにある特許文書やその他の資料をつなぎ合わせて比較し、ビデオファイルを解析することによって、警察や企業の研究所がファイル共有者を追跡する仕組みを明らかにした。(9)このような調査は情報共有に携わる人々が今後より安全に行動するために役立ち、対抗調査がコミュニケーションの場を開くことができることを示唆している。

検索結果の世界最大シェアを誇る企業が「ニュートラル」な検索結果から「パーソナライズ」された結果の提供への切り替えを行なったとき、このことが正確にはなにを意味するのか、「パーソナル」という言葉をどう解釈すべきで、それがどのような経済的価値を持つのかを検証するための調査が行なわれた。検索履歴に応じて検索結果がどのように変化するかを調べるために多くのアイデンティティが作成された。デザイン研究者のマーティン・フォイツが中心となって、何千もの入力が何千もの出力にマッピングされ、比較された。検索エンジンとそのアルゴリズムやカテゴリーにじかに働きかけることは、それらが現在の文化をどのように形成しているかを突き止める手段となる。(10)このような活動の効果は直接的ではないことが多いが、社会的なプロセスやそのようなプロセスを認識するための手段が、デジタルプラットフォームによって促進されるだけではなく、方向づけられ、再編成されていることに対する社会の認識能力を養うことができる。

こうしたプロジェクトは調査的感性術におけるさまざまな関心の方向性と作業の仕方を示している。しかしこれらは議論への入口となるほんの一部の事例にすぎない。他にも関連プロジェクトが多くあり、本書での議論が進むにつれて、そのいくつかを辿っていく。だがその前に、いま根底から変化しつつある状況についてまず論じる必要がある。

＊＊＊

二〇一〇年代の後半になると、重大事件の映像が洪水のように押し寄せ、人間の研究者だけでは到底ふるいにかけることができないほどの量になった。香港における二〇一四年と二〇二〇年の抗議運動の違い、そして米国におけるブラック・ライブズ・マターの抗議運動の主要なふたつの段階（二〇一五年と二〇二〇年）の違いのひとつは、後年の運動においてははるかに多くの、何百時間もの映像が参加者によってオンラインに投稿され、ストリーム配信されたことである。両地域の抗議団体の招きで、フォレンジック・アーキテクチャーは人工知能ベースの機械ヴィジョンを用いて、見るという行為を自動化することをはじめた。

このプログラムされた眼は、ラベル付けされ、注釈がつけられた何千枚ものイメージを示されることによって、まずは見ることを学ばなければならなかった。イメージのデータセットを繰り返し見せることでニューラルネットワークを学習させ、対象を識別できるようにすることは、幼稚園児のようなイメージの読み方を辿る。「これは爆弾。これは戦車。でも、これは警察が使う催涙ガス弾筒では**ない**」。機械学習ツールを使うときは、このようなテクノロジーに固有の問題やバイアスがつきものであることを考慮に入れなければならない。特定のメディアの癖（quirks）を認識し、他のメディアの癖と組み合わせることでその癖を生かしたり、それに抗ったりすることは、なくてはならない内省行為を取り入れる手段である。[11] 機械学習のようなテクノロジーが調査を行なうメディアにますますなっていくにつれ、そのような内省行為、つまりデジタルツールの操作方法やそれ自体の感性術を批判的に検討することがますます重要になってくる。より広く言えば、二〇世紀最後の一〇年間にソフトウェアに対する批判的取り組みや調査的取り組みは増えたが、さらに多くの社会的プロセスと経済的プロセスがオンラインに移行するにつれ、こうした分野の調査は欠かせなくなってきているのだ。

たとえばアーティストのトレヴァー・パグレンは、批判的AI学者のケイト・クロフォードと共に《ImageNet Roulette》プロジェクトに取り組み、多くのAIシステムで使われているデータベースであるImageNet において、どのようにイメージがラベル付けされ、意味を与えられているかを解析した。ラベル付けの作業を行なうのはクラウドソースで集められた、世の中に幻滅していることの多い低賃金の労働者たちだが、彼ら自身の偏見や人種差別的態度がデータベースに再現されがちなのだ。こうして処理されたイメージには、文化的、そして往々にして人種的に偏った仕方で、「怒り」、「逸脱」、「過激」、「危険」などといったカテゴリーがラベル付けされることになる。[12]

プログラマーでアーティストのニコラス・マレーヴは、二〇一九年に同じくImageNet を対象とし、このデータベースの奇妙な構造を暴く作品を制作した。二カ月間にわたって一四〇〇万枚の写真すべてを一枚あたり九〇ミリ秒の速度で表示させながら、その理解不能な映像の激流をときどき一時停止して、ランダムに選んだイメージとそのメタデータを表示したのだ。[13] ImageNet の作業員が画像データをその場で適当に思いついた誤った判断と結びつけたことによって、しばしばイメージにまったく不適切なラベルが付けられていた。これは取るに足らない不具合だと言えるかもしれないが、問題はこのデータベースが他のソフトウェアも使用する「社会問題に対する解決策」を開発するためのシステムに組み込まれていることである。

　これらの事例は、スマートフォンなどのデバイスやストリーミング・サービスからより多くの画像や映像がオンラインに上げられていくにつれて、調査の技術的な文脈と共に、扱うイメージの量が変化したことを示している。しかし決定的に重要なのは、組織的な文脈も変化したことだ。従来の専門分野が根本的に変動し、開放されただけでなく、調査がより集団的な営みになったのだ。ハルン・ファロッキが語った「巣作り」は、もはや一羽や二羽でできるものではなく、熱心なコラボレーションと強い連帯感に基づいた広範なネットワークによる組み立ての作業になったのだ。

　このようなネットワークは、それまで相容れないと考えられていた性質や立場の異なるグループを含むコモンズを形成する。暴力を実際に経験し、自分たちのローカルな環境を記録し、しばしば闘争を主導する当事者たちのコミュニティに加えて、命をかけてそのようなイメージを撮影してアップロードする人々、そして市民や独学のジャーナリスト、ブロガー、画像や映像の制作者、アーティストや建築家などがいる。これらの人々は、さらにボランティア、活動家、人権弁護士などの遠隔ネットワークと連携している。そして世界中に散らばるオープンソースの研究者たちが手がかりを求めてイメージに目を通す。考古学者、海洋学者、歴史家、科学者など、さまざまな分野の専門家が自発的に調査に参加し、映像編集者、アーティストやキュレーターたちと協力して事例を制作し、展示まで持っていく。

　調査の成果は政治、司法やジャーナリズムの場だけでなく、ギャラリーや美術館、市民集会や市民法廷でも提示されるため、キュレーターやアーティストといった文化プロデューサーの関与がきわめて重要になる。また広範な調査ネットワークは非対称的な関係に基づくことが多いため、参加者どうしの特権とアクセスの異なる度合いをきちんと認識し、それを解消するような仕方で構築されなければならない。このような感性術のフィールドの再構成は、本書で後に「調査的コモンズ（investigative commons）」と呼ばれるものの創出を可能にする。調査的コモンズは複数の視点を統合することによって、真実や事実の専門的な裁定者が事件の現場を訪れ、知識を与え、判断を下すという科学と人権研究のいずれにおいても普及している伝統的な調査様式を問いに付す。集団的で拡散した真実の生産様式は、資源だけでなく現実の解釈をめぐって紛争が起こり、事実の解釈と編成の周りにアイデンティティがかたちづくられる現在の政治状況によっても必要とされているのだ。

この種の連携が調査エネルギーのうねりを生み出すと同時に、科学、ジャーナリズム、データ分析、批判的コンピューティング、法律、人権などの分野のなかで、従来から調査に関わると理解されてきた領域に、新しい感性術的《エステティック》な次元が現れてきている。ジャーナリストや人権アナリストは、ソーシャルメディアや衛星イメージ、あるいは音声記録を丹念に調べ、視覚やその他の感覚能力を駆使して、視覚的あるいは映像的な調査を進めているが、必ずしも自分たちの分野が感性術的に活性化されていることを明確に意識しているわけではない。

新たに出現したこうした実践のすべてにおいて感性術が重要であるのは、物事を美化する行為としてではもちろんなく、むしろ注意深い同調（attunement）と気づきの行為としてであり、それが感知と意味形成の正確な方法を発展させていくのである。

調査的感性術とは、ある部分においては、メディアの漂流物から事件の語りを集団的に組み立てるプロセスである。その作業には、弱いシグナルに同調して解釈をほどこし、映像、音声、データファイル、あるいは環境の物質的な構成に登録されている意図しない証拠に気づくことが含まれる。また事件を組み立てるときには感性術的感受性（aesthetic sensibilities）を使って、素材を効果的な映像やビデオ、あるいはインスタレーションとして編集することも必要になる。こうした組み立ての作業において、入手された各要素はそれ自体が証拠のかけらであるというより、むしろ他の要素とのつながりを見つけるための入口であり、バラバラな要素のあいだをナビゲートし、編み合わせていくことを可能にする異質なものの集合の一部をなすのだ。確かにこれは巣作りのプロセスだと言えるかもしれない。

＊＊＊

調査的パラダイムは、特定の細部の集まりを軸に事件を組み立て直すことで、それがその一部をなす世界を理解しようとする。調査は論争、ローカルな議論、事故や細部など、現場や特定の地点からはじまることが多い。そしてこのような個別化された地点から、複雑な因果関係の道筋に沿って外へと広がるさまざまな糸をたどっていく。これらの糸を解きほぐすには、さまざまなかたちの知識、経験や専門性が必要となる。

このような方法を取ることで、事件のなかにより大きな政治的文脈の全体的な状況が姿を現す。そのひとつの事例は《The Long Duration of the Split Second（瞬時の長期持続）》と題された、警察による暴力に関するフォレンジック・アーキテクチャーの一連の取り組みである。それぞれの調査はアメリカ、イギリス、ギリシャ、パレスチナとトルコで警官が罪のない人々を射殺した事件を扱っている。これらの射殺事件はいわゆる「瞬時の議論（split-second argument）」を用いて弁護される。殺した警官は差し迫った脅威を「その瞬間の勢いで」察知したため、容疑者の生存権が停止されたと主張するのだ。この弁護は自然の本能という概念に依拠している。しかし、この本能とやらは文化的そして政治的に生み出されたものであり、その起源は植民地化、人種の隔離、そして支配という構造的暴力の長い歴史に遡ることができる。そのような歴史を通じて、植民地化された人々や奴隷となった人々は非人間化され、暴力をふるっても良い獲物に変えられてきたのだ。

事件の細部からより大きな歴史的文脈まで、横断すべき巨大な認識論的空間、時間的空間、そして地理的空間が存在する。調査は出来事に政治的そして文化的に巻き込まれているローカルなスケールと、広大な地理と歴史のスケールのあいだを行き来する。事件の詳細と広範な理解を組み合わせるためにはさまざまな種類の知識を寄せ集めなければならないが、それらの知識はしばしば互いを試しあう。だから証拠の糸を辿ることは労力と配慮が必要となる。

調査的感性術は特定の事件から出発するため経験に立脚している。それがもたらす視野は、特定の場に属さない「無関心」や中立的な視点ではなく、部分的で状況に埋め込まれていることを隠そうとしない活動家的であり闘争的な視点である。また意味形成（sense-making）は、ある特定の文化への単純な順応、とりわけ多様な特権を与えられている視野の均質な集団がそのような視野に基づく解釈によって形成する文化への適合を意味してはならない。状況に位置づけられた経験は多様であり、さまざまな種類のアクセス、理解、そして解釈の対象となる。

このような状況において感性術とはきわめて注意深く見たり、気づいたりする感性を養う営みでもある。なぜなら感知する能力を開くことは痛みの経験に対して自らを開くことであり、それは調査が理解し、追跡しようとする出来事との密接な関係を取り除いてしまう政治的不公正に対する感覚麻痺（anaesthesia）の危険性とは真逆のことだからだ。感性術的選択、政治的選択、そして倫理的選択はつねに必要である――たとえば、どの事件を追及すべきか、調査対象をどの程度まで広げるかを決めるときに、またどの感性術的印象が証拠になりうるか、そしてなにに対する証拠となるかを見極めるときにも。

私たちは生産的なパラドックスをはっきりと自覚する必要がある。感性術の作用と想像力の作用は、事実の調査とは相反すると理解されがちだが、共に調査活動に不可欠なものである。私たちが必要としているのは、学問的な分類に収まることができないだけではなく、学問的な分類を越えて働くことのできるような想像力である。

＊＊＊

このような結びつきを作り出すことによって、私たちの提案に対していくつかの疑問があがるかもしれない。私たちは感性術の実践を、いや実質的には芸術を、専門性の一形式に、あるいは単なる実用的な道具に変えているのではないだろうか。制度的な真実に到達するためのメカニズムを何十年もかけて念入りに解体し、組み立て直したというのに、事実とやらを探し求めることによって、長いこと捨て去られていた実証主義の概念を甦らせているのではないか。事実が物事を動かすための梃子のひとつにすぎず、ある種のひねりにすぎない政治文化のなかで、どうすればこうした実践を有効なものにできるのだろうか。

実際、日常的に使われる言葉として「感性術」と「調査」がしっくりと結びつくことはあまりないだろう。「感性術」や「感性化する（aestheticize）」という言葉、さらには芸術という概念そのものが、私たちが知っている調査的パラダイムにとっては忌まわしいもののように思われる。なぜならそれらの言葉は真実の慎重な手続きではなく、操作されたもの、感情的または幻想的な策略、気分の表現と修辞の技法を意味するからだ。ときにそれらの言葉は、物事の本質を見極めようとする努力をそぐような、真剣さ、深刻さや誠意の欠如を表すこともある。そしてこのような性質があるからこそ、逆に芸術からすれば調査という活動はすこし不恰好すぎるようにも思えるのだ。

本書は「感性術」と「調査」というふたつの用語の出会いを、その総和よりも大きなものにする試みである。この遭遇の生産性は双方の言葉の組み立て要素をずらし、拡大させることにある。多くの含意を持つこのふたつの言葉は、相互に働きかけあうことで、互いのなかに新しい可能性を見出すようになる。そのとき、私たちが「感性術」という言葉でなにを意味し、「調査」という言葉でなにを理解するのかが変わるのだ。

＊＊＊

感性術的調査は二重の目的をもっている。それは世界に対する探求であると同時に、世界を知るための手段に対する探求でもある。つまり、出来事と出来事を認識するための装置の両方について説明責任を問うのだ。また証拠という概念や、その概念に依拠する知識生産の文化や真実の主張を問い直し、疑問を投げかけながらも、証拠の生産に関わる。事実のプレゼンテーションに携わる一方で、それぞれのプレゼンテーションが、いやプレゼンテーションを可能にするそれぞれのメディアの形式が、生み出される事実そのものを歪めてしまう可能性があることを自覚している。真実を生成するメカニズムを独占する権力と知識の制度を批判しながらも、真実の主張を確立しようとするのだ。

人工知能、衛星イメージ、ソーシャルメディアのプラットフォーム、スマートシティや顔認識カメラなどのメディアテクノロジーは中立的なものではない。それらは特定の政治的、歴史的文脈の産物であり、バイアス、不透明性、偏向性と不可読性を内蔵し、差別と支配を強化する可能性を持っている。これらのバイアスは、既存の社会的規範を固定させるため、抵抗し、修正すべきものだけではない。個別のメディア形式に特有のバイアスもある。それは固有の特異性や傾向であるかもしれないし、特定の方法で情報に質感を持たせたり、情報を生産したりする偏りかもしれない。これらの特徴のいくつかは、状況によっては有用でさえありうる。

私たちは利用可能なテクノロジーを使って、ふたつのことをやろうとしている。ひとつは実践的なアプローチで、調査やプレゼンテーション、そしてデータとアイデアの拡散においてテクノロジーを補助的なツールおよび文脈として使うことである。もうひとつは批判的なアプローチで、テクノロジーを実際に使う機会を利用して、そのような技術が構想され、運用される方法について深く内省ないし自己反省することである。これにはテクノロジーを生み出した権力の歴史、テクノロジーに内在するバイアスや傾向、そして現在におけるテクノロジーの悪用についての調査が含まれるかもしれない。

ここで前提とされるのは、特定のテクノロジーの批判的な検討が、しばしばそれを実際に使用しながら、組み立て直すことによってもっともよく達成されうるという考えである。矛盾、バイアスや限界がもっとも完全に識別され、理解され、可能であれば暴露されるのは、こうした批判的な使用と実践においてである。たとえば、衛星写真を調査目的で使用する場合、その軍事利用の歴史と「解像度バイアス」（世界の一部の地域が低解像度でしか見ることができないことに気づき、その曖昧さのヴェールの下でなにが起こっているか考えたことがあるだろうか）、さらにはアクセスの限定性（一部の地域の人々はこれらのサービスを利用できない）を自覚しないわけにはいかない。

機械学習と人工知能の批判的使用に関しても、同じ目的を掲げることができる。フォレンジック・アーキテクチャーは、オンライン上に増え続ける大量の証拠映像をふるい分け、選別するために機械学習を使うが、その機会を利用して、さもなければ不透明で責任を負わせられないプログラムの裏側にある計算プロセスにいくばくかの光を当てようとする。つまり調査的感性術はテクノロジーを利用しながら、利用するテクノロジー自体の政治性を問いに付す。公に物事を表現するために複数のプラットフォームを使いながら、こうした表現の場の限界と政治性に疑いを差し挟む。知識の生産を行ないながら、権力と知識の結びつきに批判的な眼差しを向けるのだ。

このように調査的感性術は批判理論というルーツを手放したわけではないし、古びた実証主義に立ち返ろうとしているわけでもない。「事実」、「証拠」、「真実」、「知識」といった言葉に疑念を抱きつつも、それらを放棄するのではなく、別の仕方で枠づけ、開放しようとするのである。こうした言葉は、批判的洞察という生産的な成果をもたらす方法で再利用される。メディア論、批判的環境主義や科学技術論などの分野でここ数十年間に行なわれた研究をもとに、調査的感性術は「fabrication」という言葉のふたつの意味、すなわち「制作（*making of*）」と「捏造（*making up*）」を共に動員するのだ。

もうひとつ重要なことは、知識を求めるあらゆる実践が、あれこれのテクノロジーの使用にしろ、ローカルな知識や特定の存在様式の獲得と伝達にしろ、政治や法律の言説へのアクセスにしろ、政治的アクティヴィズムの経験にしろ、なんらかの専門性に依拠しているということである。調査的感性術は、専門性や経験を平坦化するのではなく、民主的な方法でそれらをネットワーク化すること、つまりさまざまな形式を再結合することを目指している。複合的な視点を認識することは、複数の出どころを持つ知識や経験の形式をまとめる方法になりうるのだ。

このような活動は、異なる分野と実践に属する人々の一連のコラボレーションを通じて調査を行なうための方法論的なダイアグラムを作り出そうとする。それは、ある出来事に対する人々の直接的な経験と、不活性物質ないし活性物質に残され、計算コードによって認識され、技術者によって解釈されうる痕跡を組み合わせる。こうした連携の適切な編成に関するとても大きな倫理的問題がある。もっとも重要な原則は、連携が闘争の最前線にいる人々によって導かれなければならないということだ。それゆえ、調査の前提条件として学習に重点が置かれる。

調査的感性術を通じて生まれる「認識の共同体（epistemic communities）」には、人間だけではなく、植物、鉱物、動物や多数のテクノロジーとのエコロジカルな共同構成を認め、それらと共に活動する方法を探る集団も含まれる。[14] このことはひるがえって、ラボラトリー、フィールドやスタジオなど、異なる種類のシグナルに同調できるように設計された場のなかとその傍らで調査を行なうことを要請するだろう。

さらに真実と感性術は、いままでとは異なる共存の様式を見出す必要がある。そうすることで調査的感性術は真実を語る場を法廷、大学や新聞から、ギャラリー、街角やインターネット・フォーラムへと拡大していく。そうした現場はそれぞれ、複数の集団、複数の実践、さらには複数の感覚的な対象やその表面のあいだの関係を再構成するために、さまざまな種類の横断性を必要とする。そこでは異なる知識文化の複合（conjunctures）が不可欠になるが、そのなかには慎重に扱わなければいけないものもある。

＊＊＊

しばしば「ポストトゥルース」と称されているが、**反認識論**（*anti-epistemology*）とも呼べる動向の台頭は、調査的感性術の活動をいっそう緊急なものにしている。最近の反認識論は、事実の隠蔽、ぼかしと操作を権力にいたる道としてきた人種差別主義的で超国家主義的なデジタル志向の潮流の専売道具となっている。調査的感性術は、近年になって存在感を増してきた反動的な諸政府とそのオンライン上のボランティア軍団や代理人たちが、事実を歪曲し、あからさまな虚偽を広めることによって繰り広げる支配の露骨さによっても必要とされている。

調査的感性術は、つねに複雑である真実の問題をめぐって既存の権力構造に異議を唱える。この異議を差し迫ったものにしているのは、つねに条件付きであるはずの真実の概念を、心が弾むような確実性の感覚に置き換えることを目指す政治権力の台頭が同時に起こっていることである。こうした確実性は、固定観念という意味においても、主体を形成する規範やルーティンの束という意味においても、イデオロギー的な目隠しとしてもたらされることがある。さもなければ、「誰もが知っているが、言うのを恐れていること」をぶっちゃけて言ってしまう連中の「自由な」言論として冷笑や大言壮語と共にもたらされることもあるが、そのようなものは、自らを技術的専門家や弱者たちに対する勇気ある抵抗として自賛する、反イデオロギーを装った日和見主義にすぎない。

確実性の信奉者にとって、生態系、社会、政治、技術、経済といった複数の危機が連動している現在は、真実が手に負えなくなった状況に見える。彼らは科学を褒めたたえると同時に戒める。科学の理念は、あまり複雑ではない事実の出どころになる場合には支持され、逆にその実践が自分たちの信念に対する疑いの必要条件となる場合には攻撃される。

このような態度の上に築かれた個々の政府はそのうち消え去るかもしれないが、攻撃的な反認識論の方法は生きながらえるだろう。事実の形成は、真実に到達しようとするのではなく、順応を通じた反抗のスリルを分け与えようとする手段によって損なわれていく。これらの手段は、大量虐殺の歴史、白人至上主義や家父長制の構造、国家や企業による暴力のシステム化、そして植民地化や収奪の行為を自然化し、疑問を差し挟む余地をなくしてしまうのだ。

反認識論は、あれこれの事実を個別に攻撃するのではなく、事実が作られ、検証されるための条件そのものを攻撃することに主眼を置いている。検証されていない主張の上に権力があぐらをかくため、市民団体や人権団体、大学、科学者、調査メディアなど、事実の理解にたどりつく手段に取り組んでいるグループや組織が攻撃と弱体化の格好の標的となる。芸術や人文科学のように、真実が到達され表象される方法を批判的に問いつめ、意味の編成に人々が疑問を持つように仕向ける営みは、「価値の低い」ものとして非難され貶められる。(15)

さらに、特定の政治基盤への忠誠を証明したい政治的な日和見主義者たちは、批判的人種理論のような研究分野を誹謗するなど、公的な場でのいじめを行なう。政治的レトリックが事実無根であればあるほど、またそのレトリックが表向きにであれ問題に対処しようとする最低限の努力よりもイデオロギーの自己目的化したパフォーマンスに向かえば向かうほど、彼らの支持層は熱狂するのだ。すこし違った仕方で、科学者も所詮「他の人々と同じように」欲得ずくで党派的であるという、ふたつの意図的な卑下を含んだメッセージを広めるマスコミ内の中傷屋もいる。いずれにしても、事実と関わる手段を腐食させることは彼らにとって生産的である。なぜならそこで作り出される空白は、なんであれ権威主義的な指導者が真実だと言うもの、あるいは怒りや憤りといった感情のざわめきによって、いかようにも埋めることができるからだ。

近頃ではドナルド・トランプ、ジャイール・ボルソナーロ、ヴィクトル・オルバーンといった人物に例示されているようなポストトゥルースの問題は、解決に向かっているかもしれないし、そうではないかもしれない。しかし、真実に対するこうした態度は決して新しいものではなく、とくに植民地化された人々にとっては非常に親しみのあるものである。辺境で試されたプロセスが帝国の中心部に跳ね返ってくる「ブーメラン効果」は、ハンナ・アーレントとローザ・ルクセンブルクによってすでに指摘されていた。(16)パレスチナ人や黒人運動のように、何世代にもわたって植民地主義に立ち向かってきた人々がつねに認識してきたことが、より一般的に見えるようになっただけなのだ。知覚を管理する技術、暴力や所有権剥奪の不明瞭化、証拠の隠滅と誇大妄想的な言い逃れは、植民地紛争の前線から西洋における政治の主流の岸辺に死骸のように打ち寄せられているにすぎない。

植民地主義や帝国は科学とテクノロジーを味方につけたかもしれないが、さまざまな形式の知識や知覚を粉砕する認識論的な破壊球であったし、現在もそうあり続けている。大量虐殺と環境破壊は、それら自体が抹消の形態であることに加え、それらが起こったことを明かす証拠の隠滅と否認をつねにともなってきたし、あるいはそうした認識論的荒廃の形態を「進歩」として自然化してきた。帝国が盛衰するにつれて、その支配者と技術の作動領域も変化していく。

反認識論はしばしば既得権益に貢献し、資金力のある政治権力や企業権力に由来するにも関わらず、自らを反体制的な立場として描き出したがる。抑圧の歴史から目を背ける反認識論者たちは、事実とその意味、そしてそれらが必要とする正当な配慮を打ち砕き、知識の抹殺という焦土を使って偏執的で陰謀的、国家主義的で植民地主義的な社会を構築するが、それは身近な経済構造と非常に折り合いの良いものでもあるのだ。

私たちの時代のこうした認識論的異議申し立てには前例がなく、一部の論者が示唆するように「ポストモダニズム」や「ポスト構造主義」の批判的認識論に由来するものでもない。後者のような傾向は、真実の制度的な形式を積極的に問いに付した。文化理論におけるそうした批判的潮流は、権力としての知識の現状に挑戦する抑圧された声に対して開かれ、しばしばそのような声によって推進され、作り上げられた点で重要であった。反認識論の組織的な展開は、それとはまったく逆の道を辿る。それは特権の形式や、国家の暴力、生態系の破壊、人種差別の絶えず更新される形式を無視したり、隠蔽したり、さもなければ正当化したりする集中的かつ戦略的な試みであり、さらにはそうした試みをこれまで抑圧されてきた少数派の立場であると薄笑いを浮かべながら主張するのだ。

反認識論の分量、到達範囲、速度、そして標的は、インターネット上に出現した「デジタルな囲い込み（digital enclosures）」によって拡大されている。フェイスブックやバイドゥのようなプラットフォームは、情報をコントロールし、偽情報を助長しながら、自らを多様性と個人化の場であるかのように偽装する。それらはコミュニティのサイトとして振る舞う一方で、そのようなコミュニティが形成される仕方に対して独自の文法を当てはめている。このようなプラットフォームの集中的な権力は、ウェブのさまざまな区域に複数の真実もどきを供給したり、バブルを作り出したりするが、そのようなバブルや区域こそが反認識論の敷居を枠づけているのだ。

実際のところフィルターバブルは、それが装う公共圏の理念とはまったく異なる種類の空間である。人間やボットで構成され、ソーシャルメディア上で嘘を拡散し、自動で疑いを広め、既存の社会を悪化させるためにその亀裂を探し当てる偽情報・誤報部隊を多くの政府が設立している。情報戦とマーケティングは、同じ基本技術から発せられる異なる色合いにすぎず、さまざまな文脈で類似の戦略が適用されていることが知れ渡ってきている。

既存の制度的な専門性への反認識論による攻撃が、古い秩序の破壊と権威主義に基づく情動的な権力の掌握を求めるものであるなら、それに対する応答として、「リベラルな認識論的秩序」を支えているように見える事実的権威のおなじみの管理者たちである学術界、ジャーナリズム、行政、司法、警察、さらにはＦＢＩやその他の諜報機関などを強化することを訴えたくなるかもしれない。だが制度的な専門性のもつ力を批判的な評価に晒すことなく、それ自体として擁護しはじめると、古びた国家制度をふたたび盲目的に信じるだけになってしまうだろう。これでは、ひとつの虚偽の力学を別の虚偽の力学にすり替えただけであり、政治文化的な消耗戦に逆戻りするほかない。

否認と妨害の戦略に対するいかなる抵抗も、私たちが絶対的な測定を行なうためにと採用できるただちに普遍的な基準や規範がもはや存在しないという現実と折り合いをつける必要がある。だから調査的感性術は、ポストトゥルース主義者の異議申し立てを部分的に引き受けながらも、その挑戦と闘わなければならない。また調査的感性術は、国家が承認した権威の主流の諸機関にも疑問を投げ続けなければならない。だが決定的に重要なのは、それら以外のなにか、つまりこれまでとは異なる、厳格でありつつ集団的で多様な真実の実践の枠組みを提案することである。

科学的権威を真実よりも高め、それを疑う余地のないものとしてきたことについては、社会自体がある程度の責任を負っているかもしれない。原子力発電、人種差別的なアルゴリズム、石油会社による地質学などの学問分野の支配、公害による果てしない「偶発的な」破壊、集約農業による伝染病、そして研究資金を提供する者であれば誰でも熱心に味方してしまう傾向などはすべて、科学に対する信頼を低下させる要因となっている。科学的プロセスはオープンで集団的であると考えられているが、政治的通貨として使われる場合、科学的真実はしばしば「一般大衆」が貢献したり疑問を呈したりするにはあまりに複雑なものとして提示される傾向がある。その結果、科学という制度は、ときに神学という歴史上の前任者のような装いを見せることになる。つまり内在的に真実であり、非難を免れ、超越的な特質を備えている実践であるように思われてしまうのだ(17)。

したがって、今日さまざまな場所で科学に対する漠然とした反抗心のようなものが見られることは不思議ではない。もし真実の制度が単なる忠誠というかたちで信仰を要求するなら、間違いなく反対者は異端として吊し上げられるだろう。このように、科学の専門家や事実を支える制度に対する反抗はある面では宗教改革のローマに対する反抗に似ている。実際、現在の反認識論者は権力に対抗して真実を訴える反乱分子というイメージを自ら纏うことが多い。こうした権力闘争はあまりにも馬鹿馬鹿しくて苦笑を誘うかもしれないが、そのように振る舞う利点も確かにあるのだ。

反認識論者たちは、制度的な真実の廃墟をいったん想定した上で、真実をすでに手元にあり、その重みが単なる表明によってもたらされる単純かつ所与のものとして提示する。ある権威の否定は、別の権威の肯定に置き換えられるだけである。しかしこのような闘争において、専門性に対する受動的な懐疑論が蔓延する現在の状況は、知識を生産し普及させる別の方法の模索を促すものとして考えることもできる。反認識論者たちの大風呂敷的なシニシズムの下で、事実に対する単純化された考え方、実証主義のカリカチュアが出現してきた。事実（fact）と真実（truth）は同義語のように思えるかもしれないが、反認識論者の体制において「真実」は一種の表明であり、その権威は異議を唱えたり、検証したり、批判的に分節化することができないなにかを示す。「真実」は超越的なのだ。だがそれに対して、言葉の本来の意味において、「事実」は異議申し立てと検証のプロセスに根ざしている。

別の筋道があるとすれば、それは反認識論者たちの方法に反対し、対抗しつつも、知識の制度的な権威に対する異議申し立てをきちんと受け入れることである。真実の価値が不安定なとき、公共領域と国民の監視の外で議論され決定される専門家たちの知識制度の権威に頼ることができないときにこそ、事実と事実形成の双方を問い直す必要があるのだ。そしてこの議論を公衆に届ける方法を見つけなければならない。おそらくそれは社会学者ノールティエ・マレスが提案するように、公衆を特定の問題の周りに集まる能動的な存在とみなし、そのような公衆を作り出すことに関わることを意味するのである。(18)

モデルとは厄介なものである。計算にはいつも警告がついてくる。権力者にとっては、真実とはそれをめぐって闘い、力を合わせて勝ち取られなければいけないものとするよりも、一方（彼らの側）では単なる権力の行使として、そして他方では単なる視点の問題であり本質的に些細なものであると強調するほうがはるかに都合が良い。調査的感性術は、真実とは注意深く扱うべきものであると主張することでこのような傾向に対抗する。哲学者のイザベル・ステンゲルスが『スローサイエンス宣言（*A Manifesto for Slow Science*）』のなかで論じているように、創発的な事実、その事実を信頼に足らしめるための知識と立場、そしてそれらを取り巻く可能性の周縁部との緊張した相互関係を慎重に認識することが必要なのだ。(19)

確実性に還元された真実に関わる種類の感性術は、**ヴェリタス**（*veritas*）という認知的に手頃な単純化によって日常の雑踏から屹立する準宗教的な理想を提供する。ヴェリタスとは、その本性上うまく定義することができないが、端的に事実であるとみなされるものである。ここでは世界の複雑さへの恐怖への応答は高揚した単純化として現れ、生物種、ジェンダー、人種、国家、そして資本の優位といった防御的な囲いを茶番的に作り変えることで対処される。

これは世界の複雑さを満喫しながら、それに真っ向から取り組む種類の感性術とは正反対のものである。ある意味で、本書には感性術じたいのさまざまな定義の内と外における対立の痕跡が刻まれている。それは諸感性術どうしの紛争を描き出し、ある種の屈折と共に、感性術の内戦に向かっているのかもしれない。感性術がなにでありうるのか、その境界はどこにあるか、そしてそれがどのように拡張されうるかをめぐる闘争である。

＊＊＊

ある事実に到達するための手段は時代と共に変化し、ひとたび到達された事実も情報が増えたり、感受性が高まったりすると変化していく。さらに現在、「事実」という言葉の意味は、モデル化と論争、予測とテストといった検証的な実践との関係において機能するようにますますなっている。事実はつねに仮説および反省作用との関係をともなう。つまり事実とそれにアクセスする手段は、厳密さと共に、なにが可能かを探る想像力をもって構築されなければならない。

権力としての知識の社会的な中枢に対する疑念を部分的に共有しつつも、ポストトゥルース主義者の相対主義や陰謀論の代わりに、調査的感性術はより重要でリスクの高い調査的生産という形式を提示する。反認識論者たちがあらゆることをしでかしながら調査だけはしないのに対して、調査的感性術は多くの場合、複数の視点を統合し（ただし均質化せずに）、調査の輪を広げ、さまざまな種類の現場や様式や機関のあいだに新しい連携を確立しようとする。そこには科学の研究所、芸術家のスタジオ、大学、活動家の組織、被害者の立場を拒否してエージェンシーやリーダーシップを求める社会集団、国内外の法的フォーラム（それらが効果的に利用できる場合）、メディア、そして文化施設などが含まれる。このような活動は、開かれた認識論的かつ感性術的な複数性を持つ多視点的な集合体を作り出そうとする。そのため調査のプロセス自体が、フォレンジック・アーキテクチャーが「開かれた検証（open verification）」と呼ぶ、真実の生産と普及のための集合体に参加するものすべてを含む社会契約を成立させるかもしれない[20]。公共の意思決定に関わる事実は、公共の空間で作成され、提示され、検証されなければならない。そのような論争の場が存在しないとき、あるいは現在多くの場所で起こっているように、コミュニケーションの状況が公共圏と同じくらい内戦を思い起こさせるときは、事実の生産が社会的生産を促しうる。ここではコミュニティが生産の手段を担うようになる。それはもっとも貴重なメタ政治的条件、すなわちコミュニティを取り巻き、コミュニティを形成する現実じたいの生産である。

そして事実は実際に力と結びつく形で生産されるが、それは感知および意味形成の能力だけでなく政治の力でもある。一九世紀の帝国的実証主義の過信に対する攻撃として、ニーチェが述べた「事実などなく、解釈だけがある」という格言がここでの指針となるだろう。(21) ニーチェにとって事実それ自体は存在しない。(22) 事実として安定するものはすべて、多くのもの──現象を記述する言語やその他のシステムの能力、出来事を感知したり記述したりしようとする制度や装置を貫く政治的関心、事実の狭い読み方をつくりだす物質の形成、そして確率の再帰的計算など──からなる合成物である。事実は複数の視点の収束点に形成されるのだ。

ニーチェの乱用される格言は、事実が体現していると思われる自然化された超越的な確定性よりも、むしろ事実そのものに対する攻撃であると曲解されてきた。これはすべての発言が等しく有効であるという相対主義の問題ではない。ニーチェの洞察を批判する人たちは、彼がポストヒューマン的な意味で書いていたことを見逃している。たとえば気候変動の被害に関する知識を例にとると、それは単に科学者、企業とお抱えの政治家、その周縁にいる興奮気味のコンサルタント、PR商人、そしてさまざまな種類の活動家のあいだで起こる小さな真実のゲームではない。むしろそれは水、天気、気候や生物種に具現化された事実が、自らの力の発現として強くその存在を示している状態なのだ。私たちの社会に問われているのは、私たち自身の知識と返答の適切さである。

この本で私たちが強調したいのは、さまざまな立場を持つ既存の制度、組織や実践のあいだに新しい一連の関係、すなわち新しいダイアグラムを作り出すことである。それはまた、今世紀の政治運動で登場し、知識の形成を意思決定の中心に据えようとする集合《アセンブリ》=集会のような発展中の形式とも連携可能な関係であるべきだろう。

このように調査的様式は、大学における知識形態のアレンジメントのようなシステムに対する異議申し立てでもある。調査を知的な関与の形式として追求するためには、異なる種類の教育が必要となる。もちろん大学は権威づけの枠組みであるだけでなく、知識の分割という学問の論理と、それにともなう予算の蛸壺化、狭く深い井戸のような引用の網と、ライバル関係に基づいている。[23] こうした構造自体が、帝国や植民地化との関わりを持つ近代化の遺産である。[24] 新しい種類の探求が進められるにつれ、それに見合った別の教育が必要となってくる。

この流れは私たちが教えている教室にも見られるもので、提示されるあらゆる用語に関する事実関係の議論にオンラインですぐにアクセスできることは歓迎すべき変化である。これは細部や解釈が明らかにされるあいだ、非常にゆっくりと進み、無闇に学究的になりがちな人文科学の特質を解体しつつ、分裂させていく傾向でもある。そしてこの傾向は、単に記憶された情報の呼び出しとして理解される知識に基づくヒエラルキーを緩やかに平坦化していくことにつながっていくだろう。教育は既存の議論や枠組み、情報源や技術のあいだを行き来する形式にならなければいけない。

＊＊＊

感性術と調査を結びつけるために、私たちはこれらの用語のそれぞれについて一連の考察を展開したい。本書の第一部は感性術について、第二部は調査について、そして第三部はさらなる活動のための提案である。

第一部では、感性術《エステティクス》という概念が持つ幾重もの層について考えはじめる。ここで主張されるのは、感性術は知覚の様式であり、感知《センシング》と意味形成《メイキング・センス》の組み合わせであり、複数の視点と状況に位置づけられた登録器《レジスター》を組み合わせることで足場を固めるものであるということだ(25)。感知が意味形成と組み合わさると、解釈が重要になる。感覚の流れのなにが前景化されるべきなのか。なにが注目されるべきなのか。感性化される(aestheticised)とはどういうことなのか。これらの問いは非常に抽象的なものに見えるかもしれない。だがそれらを政治的な問いと結びつけ、さらには感性術を通じて権力がどのように流れ、どのように形成されるかの分析と結びつけることによってできあがる定義の土台は、活動を展開する基盤として重要なのだ。とはいえ、ある主張がなされるときの条件自体もまた調査の作業に引きずりこむ必要があるという意味で、これらの基盤も絶対的なものではない。

先に述べたように、ここで言う感知とは人間が行なう感知だけではなく、物質が行なう感知にも関係している。感性術は人間を越えた広がりを持ち、感知作用は複雑な技術の集合にも、生態系にも、そしてそれらのあいだにある多数の関係にも認められるという私たちの主張は、自然科学と人文科学のあいだの学問区分の対立が薄れてきたことに依拠している。それはまた人間の理解が、地球上のほんの一部の裕福な人々の上に固定された静止軌道に留まることをやめてさらなる変化を示す必要があるという、より一般的な感覚からももたらされている。西洋や北半球は地球の辺境であり、その認識論的な文化はすこし遠慮することを学んだほうが良いのだ。

こうした定式化を冒頭で行なった後、第I部では異なる種類の感性術的編成のあいだの相互作用と緊張関係について論じていく。そこでは「感性術」という用語から派生したふたつの新しい用語を提案する。**超感性術《ハイパーエステティクス》**(*hyper-aesthetics*)は、感性術がさまざまな形で権力関係に入り込み、感知と意味形成の編成に対する分裂した感受性となっていく様子に注目する。また**感性超過《ハイパーエステシア》**(*hyperaesthesia*)とは、感覚的な過負荷によって感覚が「クラッシュ」し、感知と意味形成が分離してしまう状態である。

第II部では本のタイトルを構成するもうひとつの用語である「**調査**」を取り上げる。まずは私たちが「調査的様式(investigative mode)」と呼ぶものを、他の種類の探求から区別する。とりわけ調査が、私たちが芸術と人文科学の分野で慣れ親しんできた批判的探求に依拠しながらも、そうした探求をどのように補完するのかを示す。

調査の実践的な手段と目的はきわめて多様な分野を提示する。事件への取り組みは知識を得るための方法であるため、反省的な考察だけではなく介入もともない、学際的で実践に根ざしたものとなる。だから本書では、巣作りをする鳥の他にも多くの調査員の形象《フィギュア》が登場する——ネコ、天使、私立探偵の目と耳、プログラマー、事務局(国家調査)、そしてイメージとコードのとめどない漂流物を調べ尽くすオープンソースの調査員たち。これらのキャラクターたちは、アーティスト、建築家、映画監督や映像作家、キュレーター、そして私たちの学生、旅の道連れや同僚などといった、一般にそのカテゴリーに属すると理解されている人々と並んで、ある種の「感性術の実践者」である。[26] こうしたすべての実践者たちが、世界に関する証拠を作り出し、組み合わせるために、ジャーナリスティック、科学的、技術的、そして芸術的感受性を混合した新しい種類の調査に従事しているのである。

これらの形象は調査をさまざまな方法で可視化し、図と地、知覚とフィールド、モデルと現実のあいだを行き来し、それらの相互作用を辿りながらそれらの構成要素を分節化していく。だがそこで提示されるのは単に発見の手段が増殖していく進歩の過程を示す地図にとどまらない。むしろある特定のトーンで語り、ある特定の色合いで描くという認識論的な作業自体が、調査で動員される感知と意味形成の能力を構成するひとつの方法でもあるのだ。

重要なのは調査には媒介作用も含まれるということである。事件はさまざまな種類の同調と感性化（sensitisation）を必要とするのだ。調査の歴史的発展は、情報の生産、保存、流通と分析のシステムとしての多様なメディア形式の増殖と不可分だった。そしてメディアは反対に、調査が行なわれる地平をますます構成するようになっている。私たちはこのように変化していく調査の状況を追跡し、少なくともその手始めの指針を提供しようと試みている。また調査という問題の周辺に現れるさまざまな認識論的編成が、同時に感性術的なもの、技術的なもの、そして政治的なものの再構成であることにも注目する。

最後の第Ⅲ部において私たちの提案をより明確にすることを試みる。そこでは感性術の実践が批判的調査の新しいダイアグラムを構築できることが示される。知識によって整えられ、特定の出来事とより広範な問題の周りにできるかぎり正確に分節化された編成として、調査は必然的に集団性を構築するひとつの形式となる。

この見込みによって、組織の新しい形態や、ラボやスタジオのような古い組織形態の再構成について考えることが可能になる。調査や感性術の実験を行なう特定の組織におけるこうした変化はひるがえって、感性術や調査の本性をコモンズの一形態としてより幅広く再考する機会を与える。感覚的なものが私たちの思考の大部分を占めていることを考えると、この試みは自然化された認識論的現状という従来の意味とは異なる、新しい「コモンセンス」のあり方を提示することさえできるかもしれない。もちろん、コモンズは必ずしも調和のとれた維持と永遠の合意の場ではなく、交渉の場であり、闘争の場でさえある。同時に、そのような場を共有のものとして確立することは、その場を動かすことにもなるのだ。

第Ⅰ部　感性術　Aesthetics

第1章　知覚を超える感性術

感性術《エステティクス》とはなにか？　私たちが提唱する感性術の概念は、日常的な使い方や専門的な使い方とは異なる。なにかを感性化（aestheticize）するとは、それをきれいにしたり飾りつけたりすることではなく、感知《センシング》により同調できる（attuned）ようにすることだ。そのため、芸術や文化の実践者がよく使う用語法とも異なる。むしろ、私たちはこの言葉の古典的な意味の変奏を採用している。

古代ギリシア人は、感覚に関わるものを表すために「**アイステーシス**（*Aisthesis*）」という言葉を使った(1)。**感性術**とはこのように世界の経験に関わるものである。それは**感知**（*sensing*）――出来事を登録《レジスター》したり影響を受けたりする能力――と、意味**形成**（sense-*making*）――そうした感知がある種の知識になる能力――を含んでいる。このような効果を達成するための手段を見つけたり、発明したりすることが感性化することである。

このように感性術を定義することで、もうふたつの用語が導き出される。**超感性術**《ハイパーエステティクス》（*hyperaesthetics*）

とは、そのような経験を増幅させ、より精巧にすることであり、**感性超過**《ハイパーエステシア》（*hyperaesthesia*）とは、経験の増幅が過剰になって崩壊し、その結果として感知作用が意味を形成しなくなることである。

この拡張された意味において、世界を感知する方法としての感性術は、人間だけの特性や能力を指すのではない。その担い手には動物や植物など、自らの環境を認識する感知能力をもった他の生物も同じように含まれるのだ。さらに衝撃の痕跡やもっとゆっくりとした変化の過程が登録される物質の表面および実体にも感知の作用は見つかると私たちは論じるが、そこには複数の新しい方法で検知し、登録し、予測するデジタルセンサーや計算センサーも含まれる。

だが感性術は感知作用や受動的な行為として理解される情報の受信だけに関わるのではない。それは知覚、つまり感知されたものの意味を形成すること（making sense of what is sensed）でもある。このことは物事を理解するための様式《モード》、知識の生産様式を含んでいる。したがって感知は、より複雑な問題である意味形成の一部にすぎない。前者は感覚器官、物質やシステムの受容行為の結果である。後者は感知されたものの経験と理解、つまり知覚と概念化、あるいは世界観に関わっている。

意味形成には感知の手段を構築することが含まれる。これはテクノロジーや技術の設計と開発、つまり文字どおり感知作用を作り出すこと（making senses）を通して、あるいは感知についての反省や探求、つまりさまざまな種類の推論として行なわれうる。物質の感性術における意味形成の側面はもっと複雑で、つねに物質と生物のあいだの関係性を含んでいる。また、人工的な意味形成の形式が台頭しうるかどうかについては、偏見に囚われないほうがいいだろう。

感性術のふたつの意味、すなわち感知と意味形成は互いに還元することができない。むしろ互いに相容れないことすらある。たとえば人は自分の感覚に惑わされ、イデオロギーや思想の転向に惑わされ、装置における正確さの認識に惑わされることがある。つまり感知と意味形成はいずれも必然的に他方との緊張関係をともなうのだ。そしてときには相手を覆そうとさえする。

そのつどの感知という出来事は、組み立て要素の特定の混ざり合いによって特徴づけられている。感知するそれぞれの存在物や意味形成プロセスの展開において、感性術は状況に位置づけられ固有の視点を持つ。経験の特定の形式はそれをかたちづくるだけでなく、構成もする本質的にユニークな側面を持っている。このことを踏まえると、感性術はさまざまな個人やグループ、物質やコードにおける多様でときには相容れないように見える複数の位置づけられた経験をまとめ、内部からの複数の視点を組み合わせて、状況の多視点的な描写を作り出す集団的な実践となりうることがわかる。このように捉えられた感性術は、知識の分野への他の入口とは異なり、普遍的な先験的知識に訴えるものではない。感性的判断をくだす特権的、あるいは外在的な立場は存在しないのだ。それはむしろ集団的かつ加算的なものである。たとえば、さまざまな人々の経験はそれぞれの場所、特権、そして文化的歴史によって異なる。人間の経験はコウモリ、パンゴリン、類人猿、植物、雲、デジタルカメラ、温度計、岩など、人間以外のものの経験と大きく異なる。実際、私たちは即座に同定可能な存在物の感知能力についてだけでなく、経済などのより拡散したシステムの感知能力についても話しているのであり、それは膨大な数の感知ポイント——単なる価格だけではなく、金利、レバレッジのパラメーター、利益率の変動などに加えて、欲求、知識、そして社会プロセスとの複雑な関係——が関与する、複雑で変化に富んだ感性術的なフィールドと見ることができる。つまり感性術とは根本的に、多種多様な感知作用を集合させ、それらを認識する手段を見出すためのアプローチなのだ。

さらに感性術は人や物、植物といった個別の存在物だけに関係したり、そこから生み出されたりするものではない。私たちは感性術がつねに関係的であると主張する。関係的であるとは、個体化された存在やダイナミクスの背後に、そしてそれを超えて、つねになにかが起きていることを意味する[2]。実際、ポストヒューマニティーという学問分野の拡大が強調するように、計算機システム、新しい生物医学の形式、そしてエコロジカルな理解の緊急性は、個々の人間の知覚という理解の枠を超えていくことを強いる[3]。

感性化とは感度を高めるプロセスや行為であり、感情が関係的で、正義が集合的であるように、対話的であり集団的である。それに参加するためのプロセスもあるが、感知する自己自体がいかにひとつの出来事であるかを認識することも必要である。意識を持つ主体は、多数の存在物、システム、そして経験の相互作用によって構築されている。これらの構成要素はそれぞれまったく異なる感知能力を持っている可能性がある。複数のプロセスのあいだの感性術的関係という出来事は、ダイナミックな変形として現れる。

とりわけ重要なのは、感性術が存在物の内部と相互の物質的な関係、そしてそれらが属する生態系の問題であるということだ。物質が招集者としての人間の知覚や介入を必要とせずに、互いに感性術的な関係を結んでいることに注目しなければならない。コミュニケーションとは、単にシグナルを送ることではなく、変形をもたらす相互接続なのだ。そのような基本的な感知の事例としては、電子が原子核と濃厚なコミュニケーションをとっている様子、分子が互いに組み合わさったり反発しあったりする様子や、月と共に潮が揺れ動く様子などが挙げられるかもしれない。感性術にとって重要な問題は、このような複数の感知作用に対応する意味形成の能力を開発することである。

感性化の逆は麻酔化（anaesthetisation）であり、感覚を麻痺させることである。また感性術は知性にも関わる。それは知覚する能力を意味する。これには（物理的な意味だけでなく）痛みを認識する能力も含まれ、政治的な領域でそれを感じることも含まれる。たとえば、不正の感覚は感性化されたり、麻酔化されたりすることがある。実際そのような感覚が思考になる前は主に気分（feeling）として存在しているのかもしれない。このことは、人が暗黙のうちに知覚し見聞きしたこと、見聞きしたことについて人が感じること、そしてそれが人の善悪の感覚に及ぼす影響のあいだに結びつきを作り出す。この意味で、政治的になることは、世界に対する感性化の能力を高めることである。

ときには影響力のある領域から抜け出し、傷口を焼灼するために自己麻酔化が必要になることもある。しかし麻酔と相補的に、人は現象の感性的な次元に対する同調を学ぶこともできる。このような感性化は、知覚的な現象にとどまらず、経験や注意や勉強によって実存的ないし概念的な気質を作り出すことも含まれるかもしれない。知覚を押し広げ、親和性や洞察を照らし出すような気質や装置を作り出すことで、感性化を拡大し、拡張する作業が超感性術である。

超感性術とは、感性術的な注意力が拡張された状態である。あるレベルでは、宇宙的な夢想に似た方法で物質や生物学的実体の感知的な性質に同調することが含まれる。これは詩人や芸術家がよく言う状態で、世界と共に展開する気分に自己を溶かしていく経験である。またそれとは異なる仕方で、新しい感知テクノロジーの発展にも見られることである。たとえば物理学の拡張された理解をもたらしているCERNのような素粒子衝突型加速器においては、加速された粒子同士の衝突が巨大な測定器群によって一〇〇〇分の一秒単位で感知される。そしてなにが存在するのか、あるいは存在しないのかを識別するために、その衝突によって生じる物質がとりうる瞬間的な状態を計算することで、その感知作用自体が調べられるのだ。

しかし超感性術的な状態は単に肯定すべきものではない。コントロールスクリーンやダッシュボードを介した全体的な監視に対するアクセス権を持つ人々にとっては、哲学者ベルナール・スティグレールが惑星規模の文化の**文字化**（*grammatisation*）と呼ぶ事態——ソーシャルメディアを通じて特定の限られた振る舞いのパターンが据え付けられること——から、ある種の超感性術的なスリルを得ることができる(4)。だが別の政治経済的条件の下では充実した新しい経験や分析をもたらす集合体となるかもしれないシステムであっても、低レベルのアクセス権しか持たない人々に対しては異なる面を見せる。一方でソーシャルメディアは無限にスクロールできる生産ラインとなり、他方では束の間で部分的な親近感のパッチワークが構築できる場となるのだ。

また超感性術はさまざまな形式の感知作用の統合を構想する上でも重要である。第一に超感性術は、人間の感知が監視し、計測し、測定する装置のネットワークに組み込まれることによってとりわけ明白になる。現在出回っている前例のない数と質の高い媒介センサーは固有の政治性を持つ。センサーはなにを感知するように同調され、なにを見逃すように設計されているのか。なにが感知可能な敷居の下にあるのか。そして複数のセンサーはどのように組み合わされるのか。

顔、遺伝子、足取りなどのバイオメトリクス監視は、こうしたテクノロジーの「家系図」のひとつの枝である。もうひとつの枝は、パンデミック時の検査手段や体制に見出すことができる。ウイルスに対して感性化できる検査を見つけることは、人脈、富、権力を持つ人々ないし国家にとっての特権である。技術的なセンサーの不平等な分布とアクセス可能性が一部の人々の感覚器《センソリウム》を生み出し、増殖させていく。このことは支配の新たな形状を規定する感性術の差異＝微分化体制（differential regime）を現実化する。新たな権力の編成が超感性術を飽和させるのだ。

第二に超感性術は感知と意味形成の生態系を認識することによっても出現する。拡張された感性術において存在物は、物質から物質へ、植物から植物へ、コードからコードへと横方向に関係しあう。そして異質な存在物のあいだにおいても、たとえば植物からコードへ、あるいは植物から植物を介してコードへと、ますます新しい構成を作り出し、人間の意識を介さないかもしれない超感性術的なプロセスを増殖させていく。単純な例を挙げると、たとえば湿度センサーによって換気が自動的に調整される温室では、湿度が指定された閾値を超えると、窓を開けるか閉めるかが決定される。この場合、最初のプログラムが設定されたら、人間が「ループに入る」必要はない。もっと複雑で、複数のレベルや種類の感知と意味形成を必要とするのは、気候変動のダメージを認識するための呼吸、成長、汚染のマッピングに関わる地上、空中、軌道上からの感知の連鎖である。

このような説明は、小説家ロナルド・スケニックが次のように書き記す重要な事柄がなければ、機能主義に還元されかねないだろう——「人（one）は自分が属しているものを支配することはできないし、それを完全に定式化することもできない。人はただより深くそのなかに参加することができる」[5]。超感性術の一端は、このような参加の深まりと、そのような状態においてスケニックが言う「人」が出現する可能性の認識に見出すことができる。

推論と増強を通じて感知と意味形成を含む知識を深める方法の事例として、アートグループ Electronic Disturbance Theater 2.0 と b.a.n.g. lab によるコラボレーション《Transborder Immigrant Tool》がある[6]。二〇〇七年に、より大きなキャンペーンのなかのアプリというかたちではじまったこのプロジェクトでは、いくつかの機能が組み合わせられていた。まずＧＰＳを利用した地図作成ツールとして、移民がアメリカとメキシコの国境を超えて北上し、アクティヴィストのグループが設置した水などの資源を見つけることができるように設計されていた。だが同時にこのアプリは、プロジェクトのために特別に書かれた詩も配信した。これは国境超えを単に危険な体験としてではなく、内省のための経験とすることを目的としていた。ＧＰＳという軍事的なインフラを、政治的かつ物質的なエンパワーメントの手段と感覚的な内省手段に組み合わせることで再構成したわけだ。一部の学者やアクティヴィストが「移住の自律性」と呼ぶもの、(7) つまり人類の一般的条件として自分の意志で別の場所に移り住むことが生み出す絶え間ない混沌への対応として、国境を越えるための道具というきわめてプラグマティックなものが、特定の目的に従事するために作られたのではない詩の「贅沢な」思考と経験に結びつけられていたのである。このプロジェクトは公共サービスを提供し、そうすることによってテクノロジーのデザインについて問いを投げかけた。誰の実践と経験が増強され、増幅され、誰の経験が無音にされ、失われるように指定されているのか。この意味で移住という経験自体が、知覚に同調し、対抗監視とカモフラージュに従事する超感性術的なプロセスなのだ。

超感性術において重要なことは、もっとも抽象的なものからもっとも具体的なものまで、異なる存在物が感知作用のなかでコミュニケーションし、物事を共有し、競争したり協力したり無関心を貫いたりしながらも共存していく仕方である。これは私たちが提案する**調査的コモンズ**（*investigative commons*）、あるいはコモンセンスの土台となるものである。超感性術とはこのように、感知の拡張様式であると同時に、複数の異なる感知作用が集まることで事実が組み立てられるための条件でもある。

しかしときに感知は意味形成を迂回し、それに穴を穿ち、必ずしも快適ではないが創造的な方法で再編成を強いることがある。感知が意味を形成しなくなったときに起こる感性超過《ハイパーエステシア》の状態では、情報の過多が理性の論理や内省の能力を短絡させ、場合によっては精神の崩壊にすらいたらせる。これは狂気の感性術的形態だが、単に臨床的な意味ではなく、精神分析家のフェリックス・ガタリが狂気を境界が崩壊した世界を把握するためのバラバラの手段であると考えたような意味においてそうなのだ。(8)

さらに感性超過は、多くの異なる登録器《レジスター》で経験される情報の痙攣や適合でもある。これは個々の生物の神経系のレベルで起こりうることだ。またしばしば感性超過を生み出すのは、感知作用を増幅、歪曲、あるいは空白にする感性的ショックとして経験され、感知と意味形成のあいだのフィルターとして存在するトラウマである。私たちが論じる事件の多くは、さまざまなかたちで現在進行中の紛争に浸されているため、個人や集団のトラウマにおける感性超過は感性術的調査にとって不可欠な要素である。

このような理由から、感性超過は拷問や「拡張された尋問」の一種として使われることもある。激しい音や光、匂いの間隔を長時間の感覚遮断と交互に繰り返すのだ。別のスケールでは、システマティックに相手の感覚を麻痺させ、同時に多くのシグナルが届くようにして、なにが起こっているのかを見たり理解したりする能力を失わせることを目指すある種の軍事戦略における理想的な方法にもなっている。感性超過は現在を枠づけるエントロピーの端における過負荷や瀬戸際戦術のひとつである。感性超過のこうした側面は、軍事的・情報的支配の戦略的鳴動や、現代政治の膨大な密度を特徴づける偽情報キャンペーンにとくに見られる。情報の過負荷の投影は、感覚を鈍らせると同時に感覚することを強制もする。このような状況下において、ある種の工作員や組織にとって、サイバー戦争があらゆる領域におけるコミュニケーションを理解するための基本的なパラダイムとなることを理解するのはたやすい。

第2章　感性術

本書における「感性術《エステティクス》」は、他の歴史的な用法とは一線を画している。近代的な枠組みで言えば、「aesthetics」という言葉は一八世紀の哲学者アレクサンダー・バウムガルテンによって確立されたものである。彼の目的のひとつは、美術史の基礎を制定することであり、より広くは「良い趣味」のための訓練メカニズムをつくりだすことであった。(1)バウムガルテンの研究は、後に哲学者イマヌエル・カントが感性術固有の活動を無関心な観照行為として定式化する上での源泉ともなった。カントは感性術を日常生活の差し迫った事柄よりも重要でなく、おそらく俗世間とは異なる意味を持つものに対して知性を磨く方法であると考えた。社会的な決まり事の外にある別種の経験を発芽させる能力を感性術が持つという理解は、それに潜在的な破壊力を与えた。

その後、ワーズワースやバイロンといったロマン派の作家たちによって、詩の分野で感性術に関する思考の豊かな流れが展開された。それは科学と産業の重みに対抗することを目指し、もっぱら合理性に特化された領域の外にある感性の育成や経験への瞑想に関わる思想を紡いでいった。彼らの作品は社会的に疎外された人々や自然の力を問題にし、いまなお汲み尽くされていない遺産を残した。

またカントの哲学において感性術が部分的に根ざすとされた主観的な快の経験には、美のような現象を普遍的に理解する可能性があると考えられた[2]。しかし哲学者で詩人のフレッド・モーテンなどの理論家が論じるように、このような普遍的な概念はなにを文化と見なすか、誰を人間と見なすかに関わる暗黙的ないし明示的な排除を前提とし、またそのような排除を推し進めるために使われてきたのである[3]。特定の条件下で共存することへの誘いを装った普遍性の提示によって、そのような普遍性が従う規範が確立された。この規範が当てはまる相手は「究極的に」同じか、条件さえ整えれば従順に同じになる能力の萌芽を持つと見なされた。そもそもそのような場に招かれざる客のことは口にしないほうがよかった[4]。

こうした理由から、感性術はここ数十年の間にカルチュラル・スタディーズ、視覚文化論、ポスト植民地主義研究《コロニアルスタディーズ》などの分野において根本的に見直されてきたが、現在ではさらに作り直されることが必要であろう。感知の能力は人間に限られたものではなく、ましてやある種の人間に限られたものでもない。それは藻のような最小のものであれ、象のような複雑なものであれ、知的な生物に限定されてすらなく、非常に異なる多様な形ですべての物質に存在しているのだ。このように拡張された感性術の概念は、人間の感性を沈黙に追いやろうとするものではなく、むしろそれを補強し、戯れに誘い、試し、他の種類の感知と意味形成へと議論を押し広げようとする。

その結果、感知作用《センシング》、もしくは感知器《センサー》であることは、特定の種類の装置に固有の性質ではなくなる。それはむしろ接触するものに対して感性を働かせるあらゆる物質的なものの活動の名になるのだ。

たとえば壁のなかにあるレンガはあまり注意を引くものではないかもしれない。しかしその内部組成と骨材の経年変化において、焼かれた土の種類、敷かれた時間、受けた圧力の種類とその上の構造物の重量を記録しているし、衝撃を受けたレンガの場合だと建物の構造を走る運動力の広がりを正確に登録《レジスター》している。こうした情報は、荷重、振動、気温、湿度や汚染などとの関係で、たとえ微視的であっても絶えず変化している。

これらの影響を媒介するのは、レンガの素材の構成、粘土やその他の素材の性質、焼成方法、そしてレンガのなかに存在する誤差、亀裂、弱点や特異点などである。レンガはそこに止まるブヨを感知することはないが、風雨に晒されることで変化する湿度には反応するかもしれないし、ブルドーザーの重み、狙撃手の弾丸の衝撃、あるいは爆弾や手榴弾の爆風には確実に反応する。また気温や湿度、塩分や大気中の汚染など、環境に対しても反応し、それゆえに感知することができる。レンガが世界に対して行なう感知は、その比較的単純な物質的構成と切り離すことができない。より複雑な存在であればあるほど、より複雑な方法で感知する。またもっと長いつながりの連鎖をともなう感性化もある。たとえば一画の地面は、自らの変化を通じて生物または化学物質の存在を登録することができるかもしれない。[5] そしてそのような存在のそれぞれはひるがえって、軍事政策や経済政策が引き起こした事件の痕跡であるかもしれない。

より抽象的なレベルでは、理論的な公理のような「非物質的」に見えるものにも、感性術的能力があると言える。これはたとえば、その公理が持つ命題を説明する能力や、他の公理から影響を受ける能力によって表現できる。公理のような抽象的なものでさえ言語に関与し、言語に埋め込まれているが、言語は考えを表現し、創造し、把握するための特別な能力を持ち、またなんらかの認識システムを通過しなければならず、それぞれの段階で感性術的な翻訳と修正が行なわれる。

したがってすべてのものが異なる方法で感知する。しかしながらすべてのものが意味形成に関わっているわけではない。だから私たちは世界のあらゆるものがなんらかの感覚を持つと考える汎心論を提唱しているのではない。また意味形成がいつも同じ物質やプロセスで構成されているわけでもない。それゆえ感知と意味形成のあいだの動きが差異化の重要な敷居となるのだ。

感知作用自体もいくつかの差異化と抽象化の敷居を通過するかもしれない。ここでいう抽象化とは、観察可能な現象に関連しているかどうかにかかわらず、パターンを認識する能力である。つながりを見出したり、直接の観察を超えるパターンの発生を予測したりできるようになる。抽象化するとは、観察可能な事象や展開されつつある事象、そして純粋に概念的な事象でさえも解釈することである。このように直接的に感知される証拠を超えた理論的あるいは数学的な解釈が、私たちが意味形成と呼ぶものには必要なのだ。

抽象化は差異化を含む変形や翻訳の形式として機能する。人間どうしの触れ合いは単に物質的な接触を超えた意味を持つ。文化的な翻訳や特定の関係構成を通じて、同じ接触行為であってもたとえば叩く、愛撫する、なでる、殴るなどと多様に理解されるかもしれない。このことはすべてを等価にするような平板な理解を意味しない。それどころか差異化によってこそ感知は意味を持つのだ。感知とは変形であり、変形のパターンもまた感知されうる。

ときには異なる力が互いに干渉しあうため、感知される痕跡が直線的ではなく、複雑な干渉の残滓を帯びている場合もある。実際のところ、物質的な記録が完全に純粋であることなどない。記録とはつねにさまざまな形式の記録の相互作用であり、それぞれの記録は以前の状態を部分的に消去してもいる。つまり感性術の基本をなす変形とは、データとして読まれうるものの登録と同じくらいに喪失でもある。情報は「形成中の物質（matter in-formation）」として理解されるべきである。そのプロセスには情報の獲得だけではなく、情報の歪み、そして情報の喪失も含まれる。ここでなにが情報を構成するのかは、関係する感性術的プロセス、センサーによる捕捉と処理の様式、意味が形成されるかどうか、そして特定の複合状況やそこで召喚されるものに依存する。

＊＊＊

配管工はある種の植物の根に関する不思議な現象に気づいている。根は暗い地中を通って庭の水道管に向かう傾向があり、パイプに巻きついて侵入口を探す。この根はどのようにしてパイプに水があることを感知しているのだろうか。これには地中の水分勾配を辿る能力から、パイプのなかの水の流れを「聞く」能力までさまざまな説がある。動きや振動を感知する能力を持つ植物も知られている[6]。こうした好奇心旺盛な根は、ヒマワリのような恒温性の植物が光に対して感性化されているように、振動に対して感性化されているのだ。

生態系にはさまざまな特性を持つさまざまな種類の感知と反応のプロセスが無数に含まれている。これらのプロセスの多くは非常に微細であるため、従来は原因と結果のあいだの単純な機械的関係以上のものとして認識することは困難だった。

フォレンジック・アーキテクチャーの同僚の一人であるパウロ・タバレスは、アマゾンの先住民であるワイミリ＝アトロアリ族が完全に虐殺された後、彼らの生活世界だった森の木々がその地域に人が住んでいたという事実と彼らの生き方の痕跡を残す唯一のメディアとなったことを示した。この人たちが環境に残した痕跡は脆弱で最小限のものにとどまり、彼らの建物が破壊されたときその建物を作っていた素材はなんであれ森に消化された。その結果として原生林のなかに特定の樹種、それも実のなる木や薬効のある木が密集している場所が見られるようになった。このような森を歩いていてある種の木の頻度が高いことに気づけば、そこにはかつて人が住み、果樹園でも手つかずの原野でもなく、その中間のような形で手入れされていたことが推測できるのだ。

土を数センチ掘ると木々のあいだにある土壌にたどり着く。もしその土が比較的黒くなっていたら、それは火と接触していた証拠かもしれない。このような地上レベルでの調査は「地上の真実（ground truth）」と呼ばれ、衛星写真の色の変化や数学的モデルの予測能力を較正するために使われる。村の面積は衛星イメージ上の一ピクセルより小さいかもしれないため、一方から他方への翻訳の具体的な条件が重要になる。同じ森を航空写真や衛星写真で見ると、どこまでも続く緑の海のように見える。しかし光合成や炭素貯留の度合いに較正されたアルゴリズムで波長フィルタリングすると、視覚的なパターンが浮かび上がってくる。光合成の効率が悪い森林の地域は細い糸で結ばれた幾何学的な円形に見えるのだ。それはあたかも形式論理のかすかな輪郭が森に刻み込まれているかのようである。ワイミリ＝アトロアリ族は、この地に居住したとき小さな森を切り開いて村々を作り、そのあいだに道を開いた。民族の虐殺と村の破壊から五〇年経ち、これらの地域は長いあいだずっと草木が生い茂ったままになっていた。だが村の跡地の木は周辺の木々よりも若く、光合成の速度が遅いため、こうした方法で検知することができるのだ。

光合成は感性術的な記録形式になりうる。そのことをハンナ・メスザロス・マーティンは、コロンビアでの米国主導の「麻薬戦争」における空中燻蒸の証拠に関する研究で示した。[7] 葉は太陽に反応し、細胞内に葉緑素を取り入れ、呼吸しながら自らが変化する状態を記録する。そしてこれらの葉が、人工衛星に搭載された他の技術的なセンサーによって「複合イメージ表面」に翻訳されることで、生物学的センサーとして解釈される。[8] さらにこの翻訳が生み出すデータが、機械ヴィジョン・システムの感知によって分類され、解析されることで林冠の変化が登録される。このようにして研究者は、センサーと解析アルゴリズムの組み合わせによって、円や楕円状の移動のネットワークとパターンを見ることができる。そうすればこの地形に存在した場所どうしの関係、村々や道や水路のネットワーク、そしてそれらのネットワークを複雑に分節化された森のバイオマスと編み合わせていた生活様式が浮かび上がってくる。[9] この地域で起こった大量虐殺は、現地における黒い土の発掘という「地上の真実」から衛星写真のパターンを解釈するアルゴリズムにいたるまで、生態学的センサー、計算機的センサー、メディアセンサーなど多数の感知装置を組み合わせることによってその出来事を認識するという課題を私たちに投げかけるのだ。

複雑でダイナミックな生態系のパターンを追跡するには、その生態系自体の感性術的な反復や変奏に注意を払うことを学ばなければならない。この場合、植物が世界を能動的にかたちづくっていることを認識する必要があるのだ。樹木は人間の行動を感知するだけでなく、互いの存在やそれ以外のさまざまな要素も感知している。多くの森の木々は競争だけでなく、洗練された相互依存関係のなかで生きるように進化してきた。[10] このような生物は菌類と植物との共生関係を通じて、また葉から放出される植物ホルモンを利用するなど空気を通じて、コミュニケーションのネットワークを構築している。[11]

社会的かつ物質的な意味におけるハイブリッドな感知の共同体（sensorial communities）を実験的に構築するためには、とても豊かな歴史を参照することができる。人類学者のエドゥアルド・コーンが『森は考える（*How Forests Think*）』のなかで、ルナ族などアマゾンの先住民社会の生活に依拠して示したように、さまざまな種がさまざまなかたちのコミュニケーションと解釈によって結びついた社会を構成しているのだ。[12] この「複数の自己の生態学」には、同じ森に住む他者の記号や論理に対する命をかけた無数の思弁プロセスが関わっている。そこで暗示されるのは、心、犬、精霊や道具などのなかにあり、またそれらを通して働く理性の形態である。そして私たちも物事を生み出す複数の論理に目を向けることができる。

環境条件が個体化された存在の内部組織とどのように関連づけられるかは、単に直接的なコミュニケーションの問題ではなく、つねに変形の問題である。空に浮かぶ水蒸気の雲は、それが通過する丘陵地帯とそれが漂う大気の圧力との関係によって特定の場所に配置される。それは間接的に外部環境を自らの形状に写し取り、直接的な取り込みによって情報を抽象化する。雲はその能力の範囲内で大気の媒介によって岩石の力強い物質に反応し、それらを雨や氷で覆う。このようなプロセスが何千年にもわたって山をかたちづくっていく。つまり感知するということは変形すること、形状や性質を変えることなのだ。実際のところ、人が主に感知するのは岩や水ではなく、こうして繰り返され、中断されたダンスのかたちなのかもしれない。

生態系の破壊が進むなか、このような時間軸上に分散した相関的な感知作用を理解することは非常に重要である。氷山が溶けると数千年前の空気の痕跡が現れ、長いあいだ眠っていた致命的なウイルスが放出されることもある。伐採される樹木の年輪は気候変動の痕跡をあらわにする。このような生物は数百年かけて環境との相互作用の履歴を徐々に蓄積していく。そのため個々の木だけでなく、森や土も適切な注意を払えば、特定の出来事の痕跡を残すアーカイブとして読むことができるのだ。

＊＊＊

これらの事例は知覚を超えた感性術の働きを示している。マグロやニワトリのような感覚を持つとされる存在物が、環境や自分自身を多くの複雑な方法で感知していることは容易に観察できる。しかし同時にそれらの存在物は人間やチューリップのように、感覚以外の次元で他の出来事のセンサーとして機能することもあるのだ。たとえば生きている有機細胞は放射線に対して固有の反応を示す。その複雑な体は鈍い物質のように反応し、その感知はただ外側から作用を受けることに還元される。これはフォレンジック調査から導き出された「あらゆる接触は痕跡を残す」という考えである。

作用を受けるとは、他の身体やプロセスから受けた力や汚染などが物質の構造によって翻訳され、媒介され、作り直されることである。たとえば浜辺の砂利を考えてみよう。周期的に打ち寄せ、徐々に石をふるい落としていく波と協力しながら、浜辺において石が隣の石と相互作用し、ぶつかり合うことによって、砂利は構成されていく[13]。

感性術はここで存在物（entity）の感知能力として理解されている。存在物とは遠くにあったり近くにあったり重なったりする他の事物や諸力の存在や作用を通じて、さまざまなかたちで物質に内在している相関力から生まれる束の間の凝固である。感知とは存在物の組織への環境条件の内在化、つまり媒介作用である。そのような存在物は、ほとんどの物質やすべての生物と同様に合成物である可能性が高く、関係から生まれ、関係を通して現れるものとして、他の存在物によって横断されている。

別の事例を挙げると、ある有名な植物学の実験において野生のタバコの一種（Nicotiana attenuata）は放出する化学物質と花の形状の両方を調整して、夜行性のスズメガ（葉を食い荒らす毛虫の卵を葉に産むためできれば避けたい）と昼間に活動するハチドリ（植物を捕食しない）という二種類の異なる送粉者を操作して利用することがわかった[14]。このような植物は進化した選好と能力の複合体を生み出しながら、他の生物のそのような複合体と相互作用する。また送粉者とだけでなく、同種の生物ともコミュニケーションを交わす。たとえば葉がかじられるとジャスモン酸という化学物質を放出し、近くの植物の防御的変化を誘発する。

こうした説明は存在物を他の存在物との関係において記述し、それらの存在物をさまざまな種類の相互作用する関係の集合として構成する。関わる諸要素は環境に関する情報を含み、表現することにおいてメディア的である。

私たちは文化的に「モノ（things）」や「物体（objects）」について話すことに慣れている。これらはときに便利な概念であるが、さまざまな負荷をともなってもいる。たとえば世界は互いにぶつかりあい、互いの周りを旋回しあう離れたものの集合に満ちているというニュートンのような機械論的生命観をこうした概念が受け継いでいるという読み方があるかもしれない。あるいは現実のあらゆる断片は交換可能であるという資本主義的な理念によって、これらの概念が制限されているという解釈もありうる。さらに別の見方では、「モノ」や「物体」は個人の選択というリベラルな考え方や、思考と経験を実験的に分離しようとするデカルト的な主観と客観の考え方に基礎づけられていると考えることができるかもしれない。

私たちが物体について話すとき、こうしたからくりに適合するように作られた存在物を相手にしているのか、それともある種の概念的な錯覚が働いているのかを見分けなければならない。物体として現れているものを扱うとき、感性術は世界の構成についての異なる理解がどのように作用しているかを登録する必要があるのだ。

だからこそなにを感知することが意味を形成するのか（what makes sense to sense）に関わる感知の文化が根本的に重要である。実際、感知の形成を感知することは（ある組織もしくはワニによって、自分が感知され、品定めされていることを感知するように）、感知作用が多層的で矛盾し、異なる方向、ときには反対方向に推し進められることを示唆する。

感性化は特定の物体自体に注意を払うことよりも（原子力発電所の部品など厳しく監視されているものは例外だが）、物事のあいだの関係を観察し判断することに関わることが多い。たとえばそれは人、車、コンピューター、そして別の人のあいだの関係の連鎖に関わり、そこから別のネットワーク、人とデータの関係、領土とお金、市民権のステータス、人種的カテゴリーとのあいだの関係に広がっていくかもしれない。こうした関係はすべて無数の歴史的レイヤー、法的レイヤー、もしくは人や機械と地表（車のタイヤの跡、鉱山、有毒廃棄物）のあいだにある他のレイヤーのなかに積み重ねられているかもしれない。これらはしばしば直線的に記述することができない複数の同時進行する物語を形成するが、過ぎ去った関係または予測される関係の分岐していく筋道をそれぞれ注意深く追い、知覚的または計算的な能力をそこに割り当てることが必要である。

＊＊＊

ここでとりわけ大きな帰結をもたらすのは、今日の世界に存在する部分的に編み合わされたふたつの基本的な変化である。そのひとつは現在進行中の生態系の破局であり、それは（価格、コスト、利益といった）わずかな変数以上のものを考慮に入れることができない資本主義の無能さによって引き起こされ、その結果として自然はごみのように捨てられるか、いらないものをそこに捨てるごみ溜めのように扱われる。もうひとつは計算機的なエージェンシーの増加である。現在は（価格、価値、制御の計算など）どちらかといえば凡庸な用途に支配されているが、コンピューティングは複雑なルーツや類縁関係を持っており、多くの興味深い能力を提示する。

世界をデータに変換するシステムと、コンピューティングにおける新しい地平の生成によって特徴づけられる計算機的な感知と意味形成への移行は、計算処理と機械による再帰的な理解手段の速度と密度の増加と共に、これまでとは異なる感知と知覚の様式を切り開く[15]。たとえば、その一端はコード表現の複雑さや特殊な機能に見出せるだろう。さもなければニューラルネットワークに見られるように、感知された存在物がパラメーターのマトリックスによって配列される一定の結果のクラスタに属するかどうかの計算に現れるかもしれない。もっと言えばネットワークにおけるウイルス的な炎上感染の感性術は、ここ一〇年の政治情勢にとってきわめて重要だった。各プラットフォームが採用し、かたちづくる暴露と中継の特殊文法はこのような発展の一面を担っている。たとえばフェイスブックがソーシャル・ネットワーキング・サイトからソーシャルメディア企業に変わったとき、その根本的な存在論に大きな変化が生じた——それは史上最大の監視装置となったのだ。

パターン、フェーズやトレンドの検知や相互接続、またそれらの意味の計算などにおいて、このような感知や意味形成が関与している場合はいつも必ず感性術が立ち現れている。多次元のデータを生成し選別することは感性術的な行為であり、データ化という世界の物事や行為のデジタル版をつくるプロセスに関わるフォーマット化、順序付け、フィルタリングなどの変形操作も同様である。このような側面から捉えた感性術は、情報をもたらす存在物どうしのつながりを集め、ふるいにかけ、保存し、配置する手段や様式を含んでいる。それゆえなにをもって情報とするかがますます意味を持つようになる。とくに現在とても重要なのが生態系とのつながりである。分析およびモデリングの能力を備えた計算機的な探究の様式と、生命力と不均質性を備えた物理的なシステムをつなげるには、ある領域から別の領域へと意味が翻訳される方法に注意を払わなければならない。

たとえば戦場と化した地形において特定の化学物質の存在や気流の方向ないし速度などをどう読み取る

かが重要な意味を持つ場合がある。そのような現象をどれだけ信頼性のある較正によって感知することができるのか、そしてそのデータがどのように扱われ、集められたシグナルのうち操作者あるいはソフトウェアの形式や構造によってなにが余計なものとみなされ、フィルターにかけられて排除されるのかが、意味形成が行なわれる仕方にとって決定的な意味を持つかもしれない。

情報科学においてはデータから情報、情報から知識にいたる複雑さの伝統的なヒエラルキーが存在する。各レイヤーでより高度な構造的複雑さが達成される。このピラミッド状の構造には多くの暗黙の前提が含まれているが、そのひとつはそもそも世界の存在物は正確ではないにせよデータとして記述できるということである。

感性術はこのような知識の編成が探求する現象を自らかたちづくっていく仕方を観察し、そのことでヒエラルキー的区分の敷居を越えていく認識論的かつ手続き的な操作である。場合によっては、感性術はそうした物事をただ組織化し承認するだけのこともあるが、物事が知られる方法に反省的かつ再帰的に働きかけることもある。たとえばある知識がとる特定の形態や様式はそれ自体がデータとして扱われうる。テクノロジーに埋め込まれた知識の様式が効果を生み出す仕方は、ある次元ではデータを整理するために使われるが、別の次元の探究においてはそれ自体が示唆に富む記号であり、小さな証拠の断片になりうるのだ。

ひとつの事例として、デジタル・フォレンジックスの技術や、アーティストやビデオ編集者の熟練した目によって「ディープフェイク」ビデオを認識する方法がある。念入りな注意を払うことで特定のパターンやズレが明らかになる。こうした注意はパターンから外れたり、パターンを順守しすぎたりするピクセルの編成を識別するときのように計算機的なものでもありうる。あるいは脳を欺くにはまだ不十分な偽物の不気味な身振りに対する人間の直感的な注意でもありうる。でっちあげを隠すために注意深く加工されている映像の場合には、手がかりの「都合が良すぎる」不在自体が、そこで作動している複数の媒介作用が織りなす生態系の徴候であるかもしれない。

第3章　超感性術

超感性術《ハイパーエステティクス》は、拡張され、増殖していく感性術《エステティクス》であり、感知《センシング》と意味形成《センスメイキング》いずれもの強化をともなう。それは感知作用を三つの異なる方法で拡大する。

第一に、存在物が周囲の環境を検知する感度を増幅させる。同調のための能力が概念的および物質的な仕方で増していくのだ。超感性化とは、身体やテクノロジーやその他の物質が感知する能力、そしてときには感知したものを記録する能力を高めることによって、意味形成の経験を増大させることである。

第二に、存在物がセンサー（感知器）として作用する仕方を増やし、多様化させる。この増殖はたとえばデジタルセンサーが物理的なセンサーを読み取って解釈するという風に、感知作用の垂直的な連鎖における翻訳をともなうかもしれない。

第三に、複数の感知作用を水平方向に合成する集合を作り出し、組み立てていく。あらゆる物質はセンサーとして読まれる可能性を秘めているが、有機的なセンサーと無機的なセンサー、人間とコンピューターのあいだの関係を再編成すれば、ヒエラルキーをもたないセンサーの集合体を増やし、何層にもわたる消去の下から痕跡を採取したり、「救出」したりすることさえもできるようになる。超感性術とは感性術の一般的な条件であるこうした相互連結性を発展させ、それが変異して再帰的になるところまで推し進めたものである。

このように超感性術の三区分とは、増幅、増殖／多様化／翻訳、そして合成である。

＊＊＊

あらゆる物質が対話相手と情報提供者になるくらい感知の技術が蓄積していくために、やるべきことがふたつある。まず物質の感知能力を高めること（そのような同調を認識する手段を開発することも含む）、そして異なる性質を持った複数の感知面と感知システムを、相互のコミュニケーションを誘発する仕方で連携させることである。

感知装置を研ぎ澄ませること、たとえば都市のような環境に置かれたセンサーの際限のないモニタリングなどは、もはや既存の身体の人工的な拡張ではなく、新しい感知する身体に関わる。そのような新しい身体は、人間、ダニあるいは樹木などの有機物、ＣＣＴＶ画像などのイメージベースのデータ、それを解読する機械学習、そしてその他の物質平面の相互作用から生みだされる。分散している個別の感知する身体を集合させること自体がテクノロジーになるのだ。このような状況において重要なのは、支配的な権力による超感性術的な捕捉を麻痺させるような、対抗感性術ないし反感性術的な戦略、逃避、回避、そしてカモフラージュの手段である。

つまり超感性化とは身体やテクノロジーやその他の物質が感知する能力を高めたり、引き出したり、激化させることで、知覚経験を増大させることである。それは感度の向上をともない、おそらくは気配り(care)する能力を増幅させることもできる。というのも、関係性を情報論的に記述する観点からすれば、超感性化とは存在物や関係性の内部組織に対する情報入力に取り組み、それを強化し、微細な差異を感知できるようにすることだからである。超感性術はそのような変形の瞬間において、またそこで生み出される残滓のなかにおいて生じる。ここで言う「情報」とは決して実体のないものではなく、アイデア、化学物質、メディア、生物、写真など、つねにモノ(stuff)のなかに、モノとして現れる。それらすべてのモノがこうした変形プロセス自体を変形し、翻訳していくのだ。ひるがえってなにかを情報として読み取ることができるのは、アクセスやフィルタリングの手段を通じてのみである。そしてこれらの手段はつねに独自の視点を持つ。そのような視点は情報として扱われるものの出どころと調和していなかったり、非対称的だったりするかもしれない。この不一致はそれを翻訳したり、組み込んだりする方法自体を通じて、さらなる情報を生み出す。

たとえば二〇一八年の夏にヨーロッパ上空でジェット気流と呼ばれる大気の流れが失速した。活発な気候被害の多くの側面のひとつとして、これは明らかに情報論的な出来事にとどまらない事件である。しかしそれは感知作用と感性化の多くの登録器《レジスター》に情報を与える、複数の構成形式を持つ出来事だった。またそれは化石燃料への依存を維持するために強い勢力が行なってきた犯罪行為の係数でもあった。歴史的に大西洋からヨーロッパを横断して流れてきた冷気の回廊である風が狂ったのだ。

通常であればその風が運んでくるはずの冷気と水分が別の場所に行ったり、散逸したりした。それは人間や人間以外の住民によって経験され、体験され、気象学的な技術やテクノロジーによってマッピングされた。この出来事は、人工衛星や水・気象観測所の感知能力、そして最終的には私たちの皮膚の汗に関わっていた。大陸の南部では自動車を溶かし、命を奪い、建物を燃やす火災が発生した。もっと北では暑さのなかでより多くの糖分が生成され、寒い地域で育つように進化した野生のキイチゴの種類に珍しい甘さがもたらされた。さらに北部では北極圏でも三〇度を超える気温が記録され、火災も発生した。これは私たちが超感性術的現象と呼ぶものの一例である。

この出来事を感知するためには、複数の経験と多種類の感知作用を考慮に入れる必要がある。こうしたセンサー的出来事の政治性は、国家や都市といった既存の政治的な編成を結びつけながらも、それらを横断し、南欧の木々、北部の氷、宇宙の衛星といった異なる要素からなる新たな編成を生み出すのだ。

このような変形は、超感性術を調査という営みにとって価値のある対象に仕立て上げる情報論的変化だと見なすことができる。超感性術は感知の次元を増殖させることで、感知の強化にいたる道筋をつくりだす。新しい経路と通路が感性術のより一般的な感知を分節化し、変形させていく。超感性術とは感知が敷居を越えてその登録器の幅を押し広げ、通常学習され、進化論的に最適化された範囲の外側にあるものとのさらなる関係によって分岐していく「あの瞬間（that moment when）」のことだ。「あの瞬間」という、自らの言動が自覚していなかった二重の意味を持っていることに気づいたときの人の顔のイメージにつけられたインターネットミームが典型的に示す意味がここに当てはまるのだ。

この意味の増殖の理解＝意味形成《メイキング・センス》にあたって、超感性術的な強化は感知する身体の合成や増幅、あるいはネットワーク化を必要とする場合がある。また感覚器《センソリウム》を解析し、分離しなければならない場合もある（たとえば、人間の場合だと視覚、聴覚、嗅覚などに、他の場合だと重力を感知する電磁波の感受性などに）。このような分離は時間を遅くし、ひとつの「経路」を増幅して、そこからより多くの情報を採取するために行なわれうる。

超感性術は、したがって物事を寄せ集める方法に関して非常に多くの次元にわたる条件を指し示す。それは規則的にも、不規則的にも整えられうる。一方では、地質学的編成における堆積物の積層のように、あるいはレバーを持ち上げることで単純な機械的効果を作動させるときのように、強く確定された側面と現れをともなうことがある。しかし他方では人の記憶の積み重ねのようにかなり偶発的でもありうる。このようにして超感性術的な出来事に関わる変形の様式は、それ自体が微分的な変形の対象である。それが多様に異なっていることが重要なのだ。

温度計のような人工的にデザインされたセンサーは、うまく設計されていれば、緩かったり長かったりする翻訳の連鎖を持つ他のセンサーに比べて、感知する対象とのあいだにより線的な因果関係を結ぶ。こうした設計されたセンサーには、データを明確に読み取ることができるようディスプレイが搭載されていることが多い。伝統的な温度計の場合、読み取られるのは「間隔データ」、つまり摂氏や華氏で刻まれた目盛り上の値である。対照的に超感性術は、同じようなものを扱うとしても異なる活動と解釈のアレンジメントによってそれらを捉える。なぜなら超感性術が関わり、要請するのはディスプレイの読み取りでなく、物質センサー、有機センサー、あるいはコンピューターセンサーの能動的な解釈であり、しかもそうしたセンサーを状況の外部にあるものとして理想化せずに、状況に根本的に組み込まれたものとして捉えることであるからだ。

このように内在的であることによって、超感性術は感性術の差異=微分化をもたらす。つまり感性術を収束させたり、拡張させたりするのだ。そのような関係がどれだけ情報を表現し、登録する能力を持つのかを詳しく調べることもできる。微分的性質は、変化と変化のあいだの関係をしるしづけたり、生み出したりする。

光に晒された皮膚の複雑な変化、特定の化学物質に晒された組織の突然変異、あるいは器官の正常な動作にしても、人間は多くの場合、自覚することも知覚することもないまま無数の異なる現象に晒されている。超感性術的な状態とはこうした無意識の作用や変形に対して不気味なほど意識が高まった状態である。この状態の奇妙さは、自分が認識できないにもかかわらず感覚的には顕在化し、場合によっては自己を構成することもあるなにかの印象を感知していることに由来する。これは感性術的な気質が生まれる土台となりうる。

もう一人ここで貴重な導き手となる人物は、環境社会学者でデザイナーのジェニファー・ガブリスである。彼女は著書『プログラム・アース（*Program Earth*）』のなかで、センサーと感知作用の存在論を拡張している。感知するとは、空、地上と宇宙空間にある近接・遠隔のさまざまなセンサーから構成されるネットワーク化された行為でもありうる。ここにおいて感性術的感知は、気象観測所のネットワークから大量のデータを処理する機械的感知の形式にいたるまで多様な現象を登録し、処理する方法を必要とする巨大な構成の部分をつねになしている。

ガブリスは都市環境が新しい感知作用の集合や実践の場を提供すると考えている。環境汚染を懸念するコミュニティによって設置され管理される環境検知器を用いた自分のプロジェクト《Citizen Sense（市民感覚＝感知）》[1]について、彼女は次のように説明している——「環境の微細な変化を検知する一連のセンサーを設置し、その情報をローカルに伝達・処理し、人間が検知すべきデータを送信する」[2]。このようなセンサーには有機的なものだけでなく電気化学的なものも機械的なものもある[3]。たとえばコンピューターに取り付けたカメラでコケのような生物の密度や色の変化を観察し、その変化が示す特定の環境条件を記録し、監視することができるのだ。

またアーティストでエンジニアのナタリー・ジェレミエンコは、電子センサーとコンピューターを使ってムール貝のコミュニティをネットワーク化し、ハドソン川やメルボルン湾の環境汚染がどのようにこれらの生物によって経験されているかを感知して示した。[4] 水が汚れているとムール貝は殻を閉じて自らを封印し、水がきれいになって食べやすくなると殻を開いて流れてくる物質をふるいにかけはじめる。この動きを登録するセンサーを取りつけ、さらに水面で効果を発揮する照明や音響装置と連動させることで、人間の観客を水中の生の経験に同調させることができるのだ。

このようなテクノロジーと生物の連鎖のなかで新しいセンサーや感知能力を進化させたり設計したりすることは、現実の新しい形象化と、ひとつの感知システムから別の感知システムへの通過点を構築することである。そうすると科学研究は相互対話とさらなる感知のためのリソースの集合として、世界の感知における能動的なコラボレーターとなる。とはいえ、動植物に対して科学が用いるセンサーは、感知する生物自身がもつ複数のシステムとしてのセンサーを感知するという意味で二次的なセンサーである。[5] 実際のところ、これらは三次的なセンサー、あるいはN次的なセンサーでもありうる。こうした段階のそれぞれにおいて感知とはセンサーを感知することである。だからそこに関わる翻訳の性質を認識することが重要になってくる。

ときには人間もジェレミエンコのムール貝のように振る舞うことがある。アーティスト集団である The Otolith Group（オトリス・グループ）は、オーディオビジュアル・エッセイ《Medium Earth（霊媒地球）》を、彼らが「アース・センシティブ（地球感受者）」と名づけた、自分たちを地球の媒体であると考えている人々の話からはじめている。この人たちは地殻の小さな地質学的破壊に関連した低周波の電磁シグナルを自らの身体で認識できるとされている。彼らが行なう超感性術的な同調から、オトリス・グループ

(コドウォ・エシュン、アンジャリカ・サガー)は、地球の表面にある他の存在物――岩やインフラ・システム、カリフォルニアの駐車場のコンクリートの床など――が地殻変動センサーとして振る舞う方法の説明に移る。「ミディウム・アースはカリフォルニア州の地震心理に同調する」と彼らは書く。「砂漠の声に耳を傾け、石の文字を翻訳し、膨張亀裂の筆跡を解読する」(6)。

すべての物質とすべての表面は周囲の環境に晒されている。ある印象は残り、登録され、別の印象は消され、失われる。センサーや化学検査などのテクノロジーは失われるものに対する登録されるものの比率を高め、ある程度の鮮明さや精度で保存できるように調整されている。環境内にある近くの諸力から流れ出る熱、湿度、運動衝撃、重力、電磁波などは、物質に影響を与えうるものの一部にすぎない。

センサーの翻訳にはいくつかの次元や段階がある。まずセンサーとして分類されるかどうかにかかわらず、あらゆる物質の諸編成は一次的センサーとして機能する。これに人工的な二次的センサーを加えることができる。二次的センサーの役割はアナログの物質変形を行なったり記録したりする一次的センサーの知覚可能性と測定可能性を高めるだけだとも言える。温度計の例をふたたび持ち出せば、ガラス管と膨張計はそのなかで膨張したり収縮したりする水銀の一次的センサーに対する二次的センサーである。

別の事例に布地の糸の本数を測定する装置がある。一九二〇年代に発明され、現在も使われているこの装置は、その発明者であり、後にIBMの先駆的なコンピューター科学者となったハンス・ピーター・ルーンの名をとってルノメーターと呼ばれる。このセンサーは非常に高い精度で線模様を印刷したアクリル製の帯にすぎない。しかしルノメーターを布に押し付けると、布の糸の本数に由来する独特のモアレ現象が発生する。このモアレ模様のゲージの中心の横にはっきりと現れる、アクリルに印刷された数字が布の糸の数を表している。この創意工夫に富んだシステムは光学的な効果を応用して、二次的な感知作用を生み出しているのだ。[7]

温度計にまた話を戻すと、水銀の純度、ガラスの振る舞い、管内の圧力、数値表示の精度に関する標準化と安定化のプロセスが必ずある。これらは感性術的な洗練のプロセスである。だが特定の温度の発生を参照しないまま、数値の読み取り自体が出来事になることもある。また温度計よりもはるかに複雑な数値が得られる感知システムも存在する。この場合、三次的、四次的、五次的など高次の感知作用のオーダーがあるかもしれないが、それぞれの段階がある種の翻訳を含む。これらは非線形的に整えられ、読解のために割り当てられた数値のなかにはさまざまな程度の偶発的な変動がありうる。[8]

たとえば単独の温度計を先に述べたグローバルな気象観測システムと比較してみよう。何百万もの温度計とその上で作動する無数の解釈層は、ある正確な検索要求に従って統合され、ひとつの複雑なイメージを作り出すことができる。[9] このような超感性術的なイメージは、建築家のアン＝ソフィ・ロンスコグとジョン・パルメシーノが設立した研究グループであるTerritorial Agency（テリトリアル・エージェンシー）の展覧会で見ることができる。水、地上の空気、宇宙といった異なる自然のセンサー的表象を重ね合わせた合成レンダリングによって、人間が引き起こした海洋空間の変形の複雑さが描き出される。海という概念と現実は彼らの手を介して、それを感知する複数の様式の産物として浮かび上がってくるのだ。[10]

超感性術とは一次的な感知作用がより広い感知の連鎖に枝分かれしていくことである。[11] 一次的や二次的なセンサーの設計と洗練、またさらなる感知と解釈の層に対してそれらがもたらす影響は、医学、戦争、科学やその他の分野の歴史のほとんどを占める重要な問題である。このような抽象化に関わる物質的プロセスの構成は調査的感性術の鍵でもある。秘密であるはずのものに対するアクセスがもともと媒介され、遮断されているときにそれを発見できる手段とはなにか。[12] ある出来事から一連の感知を得るためにそのつど設定できる条件はなんであるのか。そしてそうした条件は物質の秩序化や無秩序化としてイメージや空間的配置や音にどのように登録されるのか。さらにそれらの測定、評価や記述の手段がどのようなものであれば探求に重要なものをもたらすことができるのか。

感性術と同じように、超感性術も権力のフィールドとの関わりにおいて形成される。なにが注目され、誰に耳が傾けられ、誰が重要な存在として数えられ、どのような無関心の計算が働き、どの構造がその本性上ある特定のものを知覚することができないのか。政治的であると認識されているものを、そこから排除されてきた人々や存在物の感知や意味形成に開き、そうすることで政治を組み立て直すための方策がとられなければならない。

＊＊＊

イネス・ヴァイツマンは、自らが「ドキュメンタリー建築(documentary architecture)」と呼ぶ方法によって建築史に物質的＝センサー的次元を導入した。この方法論では建物そのものが資料(document)として捉えられ、塗料、石膏、コンクリート、湿気、黒黴や塵などの素材が織りなす諸層が、変化する環境における建物自体の存在の記録として前景化される。同時に、写真、フィルム、トレーシングペーパーや手紙など、より伝統的な記録方法は二次的センサー、つまりセンサーのセンサーとして後景に退き、さもなければ単に世界に存在する他の物質と見なされる。こうしてヴァイツマンは、インクに、ドローイングの表面に剃刀がつける切り傷に、データの物質的な消去に、コーヒーやワインの小さな染みに、紙に残されたインクの滲みに、注意の焦点を当てるのだ。

彼女のアプローチに対置される建築史の伝統では、ほとんど男性のみからなる偉大な建築家たちの伝記、壮大な時代、技術や様式の進化、あるいは内輪向けの学問的ないし国際的な議論にいつも焦点が当てられ、建築の物質性が歴史を記録する方法はないがしろにされてきた。だが建築をその使用者の振る舞いや環境変化を登録する記録装置として読解することはユニークな洞察をもたらしうる。

たとえば「白い街」と呼ばれ、シオニストたちの純潔と再生神話の一部として理解されているテルアビブのモダニズム建築の塗料としっくいの層の裏にヴァイツマンは意外なインフラシステムの痕跡を見つける。それはもう長いあいだ機能していない配管システムの細部というごくありふれたものなのだが、ただひとつ特異な点があって、ナチスドイツにおいて製造されたものなのだ。それは犠牲者であるユダヤ人難民とその加害者とのあいだで交わされた合意が有効であったことの証拠である。一九三三年、ナチスとドイツのユダヤ人組織、そしてパレスチナのユダヤ人入植者たち（イシュヴ）は、パレスチナに移住するユダヤ人の財産の一部の移動をナチスが助けるかわりに、残った彼らの金でドイツ製品を購入し、国際的に反ナチスのボイコットの声が高まっていた当時のドイツ産業を支援する取り決めを交わした。[13] テルアビブのローカルなモダニズムが、古く、枯れつつあり、過剰であるヨーロッパの古典主義からの新鮮な出発、いや抹消としてすら提示されるというイスラエル国家が打ち出した物語を複雑化したのは、秘密の文書資料ではなかった。それはヴァイツマンが階段の吹き抜けで見つけた、当時ドイツでのみ製造されていた特定の白いセメントの物質的な特異性だったのだ。

この議論に直接関連することだが、イネス・ヴァイツマンの編集した本『埃とデータ（*Dust & Data*）』では、建築的物体の往々にしてフェティッシュ的な性質がより小さなものの集合体と見なされ、建築に関わる物質のうちでも最小のものへと解体される——つまり埃である。「埃は決して単一の物体ではない。埃は環境であり、私たちの空気の厚さである。その物質的な中身は、乾燥した人間の身体組織、生物学的物質、鉱物学的物質、そしてもちろん建築の残滓や建物を作り上げる物質である。近くで見れば、そのなかに堆積した歴史的な層を見ることができるだろう」[14]。

このように構想された超感性術は、政治的、認識論的な探求に対する後知恵どころか、むしろ重要な入口となるのである。また必ずしも「有益」な角度から取り組む必要もない。決定権を持つ側の視点からすると世界はただの混沌に見えるときが多い。物事は解決可能なものと解決不可能なもの、決定可能なものと決定不可能なもののあいだで揺れ動く。実際、ときにはわざとそのような状態が保たれるように設計されていることもある。権力を行使して関係性を洗い出すと、注目すべきものとなり、データが滲み出てくる（軍隊がまずは小規模な攻撃で敵国に探りを入れ、それに応答して通信網が光り輝くのを確認する「扇動的攻撃」のようなものだ[15]）。しかしながら権力の編成、たとえば社会運動の編成などは、闘争的でもあり、超感性術の戦略はこの方向から用いることもできる。物体、人々、生物、言語を権力の収束システムに統合することでその感性術的次元を再較正するのだ。

このプロセスがいったん進行していくと、ある目的のために開発されたモジュールを、より容易に、より低コストで組み合わせ、より統合されたシステムを実現することができるようになる。これは多くのデータベース、記録管理、そして監視システムで起こることで、たとえば健康記録、クレジット歴や前科などがデータ主体の利便性のためと称して統合されることがある。そしていったん統合されると、追跡され記録されるものの本性が変わるだけでなく、人生の複数の次元を多くのパラメーターにわたって読解可能にし計算可能にする分析の幅広い文法に枠づけられることで、追跡され記録されるものの環境も変化していく。

記録される人生は同じままであることができない。なぜなら、以前は存在しなかったかもしれない、あるいはデジタル化以前にも存在していたかもしれないが容易に統合されなかったような探究の諸カテゴリーを相互照合することによって、そのような人生は精査され、介入され、部分的に構成されるようになるからだ。ひとつの事例として「いいね！」をすぐに数値化することで、社会的な相互作用に対する認識が変化することが挙げられる。これはアーティストのベン・グロッサーが、フェイスブックのインターフェースから数値データを削除するブラウザのプラグインである《Facebook Demetricator》プロジェクトでうまく示したことである(16)。これらのプロセスは特定の傾向ないし可能性を引き出したり、増幅させたり、取り込んだり、報酬を与えたり、壁で守ったり、不適切にしたり、困難にしたりするのだ。

＊＊＊

しかしながら、対抗読解や対抗戦略もある。フォレンジック・アーキテクチャーに関連した研究グループである Forensic Oceanography [FO]（フォレンジック・オセアノグラフィー）は、地中海で難破した船を数多く調査してきた。これらの難破船は、海を渡ってヨーロッパを目指す南半球からの不法移民が荒波にもまれ、しばしば遭難するという事態に対するヨーロッパ諸国の失策に結びついている。

それぞれの難破は異なる時期に発生し、異なる軌跡、歴史、そして政策の結びついた結果である。これらの「事故」から引き出される糸は、移民の移動と航路、移民を封じ込め阻止するための政策、彼らを粗悪な船に乗せた密輸業者、途中で彼らに遭遇し、衝突したり救助を拒否したりした軍艦や商船の軌跡と出自にまで及ぶかもしれない。さらには天候や海の状況、移民と一緒に移動するスマートフォンなどの機器、通信インフラによる移民の移動記録がそこに付随してくる。ＦＯはそれぞれの難破から因果関係の糸を外向きにたどり、ヨーロッパの敷居にある長期的な人種差別と支配の新植民地主義的政策をとらえた。

FOのディレクターであるロレンツォ・ペッツァーニとチャールズ・ヘラーが言うように、船は水に痕跡を残さないため難破の復元は困難である。そこで彼らは海を超感性化し、水の持つ感性的な潜在能力を二次的なセンサーで増強し、束の間の消えゆく痕跡を翻訳することにした。水深と水面の両方においてデジタルセンサーを駆使し、空中や波高を測定する環境センサーからのデータを利用したのだ。これらのデータは、それから衛星レーダー画像やOSR（光学堆積物記録装置）と比較され、海の炭素貯留量を測定することで海面の変動を感知した。

FOは生存者に話を聞き、海、風、そして致命的な事故につながる一連の出来事の記憶を再構成する手助けをした。また移民船の差し押さえに対して、情報公開制度に基づく訴訟を起こし、海に投げ込まれる前に乗客が衛星電話で行なっていた遭難電話の位置データを召喚した。その後、共通プラットフォーム《Watch The Med》および関連する《Alarm Phone》を設立し、それらを使って移民と救助者の双方が救助にあたって連携をとれるようにした。このようにFOは、国境の暴力に抵抗するには見聞きできるものの境界線に対抗する必要があること、そして過去の難破船の証拠を提供することは移民が将来の戦略を決定するのに役立つ情報の提供でもあることを示したのだ(17)。

第4章　超感性術的イメージに住まう方法

超感性術《ハイパーエステティクス》に光明を投じる感知作用《センシング》のカテゴリーがさらに三つある。運動感覚（kinaesthesia）、共感覚（synaesthesia）、そして時間超感覚（chrono-aesthesia）である。**運動感覚**《キネステシア》は位置や動きの自覚に関わり、生物種によって異なる。たとえば、カエルの感覚は動いているハエを認識するように進化しているため、食べられるハエが周りにいくらあっても、それらが死んでいて動かなければ食べずに餓死することがある。異なる身体のレイアウトは異なる感知能力を提供したり遮断したりする。[1] 運動感覚は身体や物体が空間のなかでどのように感知して動くのかに対する注意力を発達させる方法として重要である。だがそれは感知の異なる形式が新しい種類の空間性を生み出す方法にも関係する。

新しい運動の記録形式はそれを理解する意味形成《センスメイキング》の身体を必要とし、そのような身体は新たに発明されなければならないかもしれない。この問題はスタマティア・ポルタノヴァやニコラス・サラザル・スーテイルといった書き手による現代のダンスと運動の研究で前景化されているが、そこでは概念的なもの、身体的なもの、そして技術的なものがさまざまな仕方で組み合わされている。[2]

フォレンジック・アーキテクチャーが調査する警察の暴力事件では、体勢や手の動きなど参加者全員の微細なコレオグラフィーが決め手となることが多い。これらの運動は多くのカメラで撮影された事件のビデオを使って追跡されることもある。どのビデオも単独では空間における人々の相互作用のダイナミズムの全体像を捉えることはできないが、３Ｄモデルを使えばそれぞれの映像から得られる部分的な情報を統合することができる。ビデオによって一連の静止画に変換される各瞬間において、それぞれの人物が相手の動きをどれくらい見えるのかに人々の相互作用が左右されるため、問題はさらに複雑になる。手、手首、胴体、脚の小さな動きから、意図、脅威あるいは追従に関する謎が解き明かされることがよくあるのだ。

感性術的《エステティック》自覚のもうひとつの形式は**共感覚**《シネステシア》である。これはアートの歴史において、色に音を感じた作曲家アレクサンドル・スクリャービンや、音もイメージも半音階として経験したワシリー・カンディンスキー、あるいはもっと最近では光、色、音のそれぞれがほとんど交換可能になるブライアン・イーノのインスタレーションなどの事例を通じて知られている。[3] 共感覚は超感性術的に言えば異なる感覚要素の合成と組み合わせである。これがとくに感性超過《ハイパーエステシア》に発展するのは、人間の感覚を超えて異なる感知面や感知物質と交わるとき、つまり他の論理によって感知作用が覆われるときである。

共感覚では特定の感覚を軸に構築ないし発展した刺激の解釈が他の感覚を経由して行なわれる。ある感覚や認知の経路、たとえば視覚に入力された任意の色や形の組み合わせが、別の感覚、たとえば嗅覚や味覚を不随意に刺激する。日常生活におけるさまざまな感覚の経験は通常であれば滑らかに混ざり合い、そのあいだにはっきりとした敷居やギャップがないのが一般的である。しかし共感覚という言葉は、諸感覚が同期することで、意味形成が立ち上がることのできる隙間が感覚に生じる事態を指す。そのためとくに感知経験の敷居が揺れ動くなかで調査を行なう場合に有用な概念となる。

シリアのサイドナヤ拷問刑務所では内戦の政治犯がつねに感覚を奪われた状態で収容されていた。囚人は目隠しをされるか、両手で目を押さえることを強制されながら暗い独房に入れられた。そして独房の内でも外でも、ささやく、話す、叫ぶといったあらゆる音を発することを禁じられた。視覚と聴覚の両方が極限状態にあったため、囚人たちは温度、湿気、光、振動、反響などの違いの感知を通じて空間を認識することを習得した。

私たちが行なったサイドナヤにおける拷問と殺人に関する調査の基本にあったのは、すべての記憶が極度の剥奪状態によって条件づけられているときに、これらの感覚の敷居を問い直すことで、元囚人たちがこの場所について説明できるようにすることだった(4)。感覚はここで、テクノロジー、社会構造、感知の関係やプロセスを寄せ集めることによって出現するのだ。環境そのものが分散した多様な感知作用の集合であり、全体化されない感知領域の連結体である。このような集合を横断する感知と意味形成の経路を張り巡らせることが支配の鍵であるのと同じように、そこに入り込み、その作動を描き出す方法を見つけることが調査の鍵となりうるのだ。

この調査においてフォレンジック・アーキテクチャーは、サウンド・アーティストで音響調査員でもあるローレンス・アブ・ハムダンと協力した。暗い刑務所を再構築するためには、囚人たちの音に関する記憶に同調する必要があった。視覚が制限されていたため、囚人たちは音の微細な変化やニュアンスに対して鋭い感度を持つようになった。しかし音は被拘束者を恐怖に陥れ、支配するためにも使われていた。囚人は殴られ、拷問されるとき、苦痛のために叫ぶことさえ禁じられた。もし音を立てたらその場で殺されるかもしれなかったのだ。

この刑務所を経験した人々は、配管や換気口が殴打の音や痛みと恐怖の沈黙を増幅し、建物のあちこちに運んでいたことを思い出した。音は看守が使う拷問道具のひとつだった。なぜなら拷問の場面に晒されることと自体が効果的な拷問だからだ。アブ・ハムダンの説明によると、看守たちはこの空間の音響を楽器のように演奏していたそうである。彼の耳には「殴打の音が周囲の空間を照らし出している」ように聞こえた。

この建物の音を聴き、再構築することは、調査的な感知と意味形成の行為だった。聴覚的な記憶を理解のための方法として引き出し、刑務所の形態や出来事を分析するために、周囲の音や文脈に応じた背景音が再現された(5)。エコーや反響モデリングを用いて、監房、階段室、廊下などの面積が計算された。そしてその正確さを検証するために、計算によって導き出された空間モデルのなかで事件が注意深く再構成された。この音響的に組み立てられた空間によって、「耳撃者(ear-witness)」による証言の収集が可能になり、記憶を組み立てるという忍耐強い作業が始まった。

超感性術においてトラウマが顕在化する。それは増幅され、高められた感覚として存在し、ときには苦痛の度合いとして蓄積される。トラウマは感知と意味形成のあいだにそれらをねじ曲げる第三の層である分厚く厄介な媒介を導入するが、ときには苦悩する記憶を通して感知と意味形成へのアクセスの形式も作り出す。

トラウマはまた、**時間超感覚**《クロノエステシア》の状態を誘発することもある。それは過去の記憶、現在の感覚、想像上の未来のシナリオを同時に体験する能力または意図せざる衝動によって特徴づけられる。たとえば暗闇のなかで拘束されたり、感覚を奪われたりした囚人によく見られる現象である。サイドナヤに収容された囚人のように、時間超感覚は睡眠という概日リズムの係留から人を解き放ち、時間経過の感覚から切り離す。

＊＊＊

二〇一七年六月のグレンフェル・タワーの火災では、ロンドン市内にある二四階建ての集合住宅の可燃性被覆材が燃え、警察と消防の救助活動の不手際から七二人がゆっくりと恐ろしい死を遂げた。このような状況下で生き残った人々の多くは、トラウマによって特定の感覚経路が増幅され、他の経路が減衰していた。火災と煙を感知したタワーの住民は目を覚まし、窓に灯りがともった後、建物の東側から北側のファサードを通って上層階へと広がっていく煙の匂いと呼応して緊急通報が立て続けに鳴り響いた。

警察や消防の通信路は情報でごった返していた。住民は家族に助けを求めたり、最後のお別れをしたりするために電話をかけていた。だんだんと都市全体が通信の猛威によって目を覚ましたようだった。街の真ん中で住宅用タワーマンションが炎に包まれていることに衝撃を受けたロンドン市民は、携帯電話の電源を入れ、目の前で繰り広げられる恐怖を数秒間にわたって記録した。そしてその映像をネット上にアップロードする人もいた。これらのシグナルは、私たちがこの街で目撃したもっとも恐ろしい夜の歴史を物語っている。だが消去された部分も多くあった。トラウマを抱えた目撃者たちは、言いようのない記憶を説明するのに苦労した。そしてゆっくりとした苦痛に満ちた息苦しさをもはや表現することができない死者たちもいた。

一二〇戸のアパートに住む数百人の人々はそれぞれこの同時多発的な出来事を独自の仕方で体験していた。脱出できた人たち、あるいは救助された人たちは、みんな異なる逃げ道によって建物を通り抜けた。各住民が辿った経路は、他の住民、約二五〇人の消防士、一〇〇人以上の医療従事者、数十人の警察官の経路と交差していた。

グレンフェル・タワーの公式調査は、報告書の第一段階で生存者一人ひとりと多くのファーストレスポンダーの証言を盛り込もうとした。証言の収集は重要だがこの文書の構成には限界があった。問題はそれが数百ページにわたる逐次的で線的な文章として書かれていたため、記述が時間を前後させながら異なる体験を描写するか、切れ目のないひと連なりの体験を長々と説明するかのいずれかになっていたことである。後者の場合だと、たとえば一六階の住人が濡れタオルを顔に当てながら濃煙のなかを命からがら駆け下りていったときに起こった他の人との遭遇や衝突の記述と、同じ瞬間にタワーを駆け上がっていった消防士による記述が、おそらく数百ページも離れて掲載されていることになる[6]。

生存者や遺族、そして彼らの法的代理人のグループからの依頼に応え、フォレンジック・アーキテクチャーは、この悲劇に織り込まれた同時進行する複数の物語を伝える別の方法を模索した。まずは建物のモデルが、空間的にも時間的にもナビゲート可能であるインタラクティブな空間データベースとして設計された。次にこのモデルを使って、何千ものユーザーが携帯で撮影した動画クリップ、ニュース映像、ヘリコプターから撮られた映像、数台のCCTVカメラなど、建物内で撮影されたか建物を撮影したすべてのビデオが、何千もの作者によって作られた3D映像に統合された。そこに電話、SMS、ソーシャルメディア上のメッセージなど、可能なかぎり多くのコミュニケーション行為の記録が付け足され、さらにすべての居住者と消防士の動きも知られているかぎりにおいて盛り込まれた。

またこうした情報は、何千ページにも及ぶ報告書からデータとして抽出されたファーストレスポンダーや生存者の口頭での証言とも同期させられた。そして記憶の一部を取り戻したいと願う生存者を支援するため、フォレンジック・アーキテクチャーの研究者は、建築モデルのなかを目線の高さで歩く没入経験をしながら失われていた詳細を思い起こす「状況に位置づけられた証言（situated testimonies）」をいくつか記録した。

時間の経過と共に変化していくモデルは、さまざまな情報のインデックスとして機能する。このモデルは起こったことを説明する効果的でアクセスしやすい方法を求めていたコミュニティの要望に応えるために設計されており、それを使えばいまは亡き愛する人の行動の記録を見ることができた。また複数の証拠を合成することで、遺族の弁護団が出来事の相関関係や関連性を観察し、検証するのにも役立った[7]。

グレンフェル・タワー火災の原因について明らかになりつつあるのは、この大惨事が人種差別的な自由主義国家の怠慢に後押しされ、規制緩和による迅速な利益を求めた強欲の結果として引き起こされたということだ。本書で描写されるすべての事件と同じように、その概要を説明した後で、理論的な考察にすぐさま転じるのはすこしためらいがともなう。この残虐な事件の名前を出すだけでも、それが残酷な仕方で結晶化させた問題の解決に心を向けることができるかもしれない。しかしながらこのような変化はそう簡単に起こるものではなく、変化を強いるためには対抗勢力（counter-powers）が必要である。そしてそのためには経験から学び、理論を生み出すことがやはり重要なのだ。

＊＊＊

超感性術のさまざまな形象化は、ある種の感知と意味形成の特定の増大、同調や減衰を通じて感覚を問いに付す。一七世紀に光学が科学として確立される以前の古代や中世における視覚に関する考え方には、イメージと目の両方が活性化する方法についての説明が含まれていた。おそらく無限に薄い皮膜が万物から剥がれ、互いの上に落ち、そして目に入ると思われていたのだ。あるいは目は光を求めて世界に伸びていく多くの触手の源であった。また別の定式化に従えば、目とそれが見るものとの接点に世界そのものが立ち上がるとされた。

科学としての光学が発展した後に展開された、視覚的感知の新しい形態を機械が精巧に作り上げる幻想的な感性術の系譜を描き出すことができる。たとえばメディア考古学の分野では、複合イメージやサウンド・イメージを作り出したり、その他の新しい知覚の存在論をともなったりする歴史的なシステムや装置について豊かな説明が編み出されてきた[8]。このような研究と並行して、故ポール・ヴィリリオは武器とイメージ技術の歴史を分析し、イメージの撮影がいかに力の投射と結びついているかを示した[9]。現在の私たちは、「個々のイメージから抽出される価値が、イメージ間の関係性から得られる価値と比べて少なくなる」と理論家カトリーナ・スルイスが説明する、ポスト写真的状況(post-photographic condition)を経験している[10]。イメージ間の関係性の複合体が、視覚文化の新たな基礎条件としてふるいにかけられ整理される。つまり写真でさえも超感性術的な意味でのイメージとなり、互いを感知し、多数の他者との相互作用における意味形成を目指すようになったのだ。

このことは端的な事例を通じて確認することができる。私たちのスマートフォンに搭載されているソフトウェアは、イメージとイメージのあいだに地図上やタイムライン上にプロットできるような単純な時空間の関係を築こうとする。また同じように、イメージがクラウドに到達したときイメージ間の複雑な予測・構成関係が計算される。こうした操作は、私たちが特定の被写体に注目しがちであることや、一枚のイメージをなんらかの特徴を持つ存在物の集団の一部として見がちであるということに関わっている。より洒落た携帯電話では、単一の瞬間の単一のイメージとして保存されているように見える写真が、実際には二枚または連続した一連の写真から最適な要素を合成したものでありうる。だからたとえば集合写真で誰かが瞬きをしている場合にその補正ができるのだ。

ポスト写真的状況はしたがってふたつの異なるプロセスによって特徴づけられる。ひとつは、イメージの数、頻度と解像度、そしてイメージ間の関係が指数関数的に増大したことである。この複数性のなかで、鑑賞者、調査者、あるいは人工知能システムが、特定のイメージをふるい分け、大量のイメージに埋もれることなくナビゲートし、あるいはそれらを物語として織りなす。もうひとつは、超高感度デジタルセンサーによって、写真ではない物質表面（建築物や自然環境の表面）が接触や遠隔の作用を登録する写真的な刻印として読み取られるようになったことである。何百万枚ものデジタル・イメージのクラウドは、それ自体がイメージとして機能するようになった物質表面と合わさって、人がそのなかに住まう**イメージ空間**（*Bildraum*）となる。それはベンヤミンの言葉を借りれば、つねにまた**生存空間**（*Lebenraum*）でもある[11]。超感性術的イメージに住まうことは、このような写真的環境の出現と、そのなかを移動することによって私たちがそれを変形させる方法を認識することを意味するのだ。

＊＊＊

ある特定の種類のイメージを超感性術の真髄として提示するのではなく、超感性術的な状況自体がイメージの形成過程になりうることを考えてみたい。超感性術はあらゆる物質的な事象を、それぞれが固有の視差を持ちながらイメージとして解像しうる顕在化の表面やポイントに変える。「視差（parallax）」とは、見ることの軌跡の連携や変位を示す便利な用語である。視差の一般的な例として、さまざまな素材が光線の通過を変化させることが挙げられる。たとえばレンズと水は異なる種類の視差効果を持つ。ある出来事がどのように起こるか、もっとも広い意味でどう結集するかには、なにがそこで目撃されるかが関わってくる。（物質的表面の一例としての）地球の表面は、それを写した衛星写真がネット上で流通したりテレビに映ったりするからではなく、そこに含まれる要素の総体が非常に多様でそれぞれ異なる相互衝撃と相互作用を絶えず登録しているからこそイメージとみなされるのだ。

このような物質的な相互作用をイメージとして見ることは、世界に対して自分を超感性化することである。だがこれから説明するように、超感性化とは住まうことでもある。イメージに住まうことは、あらゆる物質的な表層がイメージとして存在すること、そしてそのなかでの自分自身の行為や形成を受け入れることである。それはアーティストや写真家などイメージを専門的に扱うとされる形象《フィギュア》の立場の相対的な二次性を認識することでもある。落ちていく雨粒はすべてレンズであり、正しい目と想像力さえあればそれを通して世界を見ることができるのだ。

スーザン・シュプリは、二〇一〇年にメキシコ湾で起きたBP社のディープウォーター・ホライズンの原油流出事故を研究し、海面に広がる原油が光を多色に屈折させる様子に新しいタイプのイメージの創造を見出した。その洞察をもとにしたインスタレーション作品《Slick Images: The Photogenic Politics of Oil(滑らかなイメージ――石油のフォトジェニックな政治)》を手がけた彼女は、次のように述べる。「油流出のフォトジェニックな性質は、惑星システム全体が写真的エージェントに変換されたジオ・フォト・グラフィック時代の一部をなしている」。このインスタレーションで彼女はこれらの写真を「ハイパーイメージ」と呼んでいるが、それはサイズが大きいからだけではなく、それらのイメージが生態系の急速な変形を登録し記録しているからだ。

極地の氷冠の融解や砂漠化の加速による光の回折の変化など、地球表面に対する人為的な損傷によって視覚や他の感知の形式は歪められ、またそのような損傷を体現している。[12] ダメージを受けた生態系は「汚い図像(dirty pictures)」を生み出すとシュプリは言う。[13]

超感性術的イメージは象徴的な表象体制の一部ではなく、物質的関係やそれらを引き出すために組み立てられたメディア的な構造の実際の痕跡や残滓である。それらはプロセスを表象するのではなく、変形操作を通じて分析を行なうプロセスそのものである。このようにイメージはそれ以外の物質世界と絶対的に異なるものではなく、その一部をなしている。だがこれらの物質的現象をあえてイメージとして考えることは、物質性を調査するための異なる方法を作り出すのに役立つ。それぞれの存在物、プロセス、出来事、装置、生物や種は、超感性術的イメージに住まい、それを屈折し、媒介し、翻訳し、具現化し、再構成する。行為すること、生きることは、絶えずイメージし、イメージされることなのだ。

このことはある本質的な変化をもたらす。出来事とイメージの関係は、行為とその表象の関係ではなく、もっとも抽象的なものからもっともあからさまに物理的なものまで、物質の行為が絶えず自らをイメージする関係なのだ。この状態は逆説的に、現実を自己言及的なイメージ、すなわちメタイメージとして読む必要があることを示唆している。ここでイメージは、センサー的な痕跡あるいはセンサー的な痕跡の集まりとして形象化され、ある特定の視点に基づく条件下で凝縮する能力ないし持続する能力を獲得する。

しかし物質的であるイメージは、たとえそれがコード化されたデータであっても現実の物理的な抵抗力を持ち、その物質的な表面、すなわちマイクロ地形は、伝達される意味を介することなく出来事に参加し、出来事をかたちづくることができる。したがって物質的なものと概念的なもののセンサー的表面としての次元、そして意味を凝集する能力つまり意味形成の次元は、出来事やその読解の異なる側面（宝石商が石に面をつけるように）であり、それ自体が出来事となりうるのである。

ある種のイメージは、出来事として登録されることなく、実際にそれ自体が危機となったり、危機のなかに存在したりする。その逆もまた然りで、危機がイメージになることもよくある。たとえば生態系の破壊はそのようなイメージに満ちており、この点で世界は非常に生産的である。調査的感性術はこうしたイメージを顕在化させる方法、それを私たちが取り組むことができたり、理解や感覚の新しい様式を要請したりする条件に翻訳する方法を模索する。イメージの物質性を強め、それを物理的な道具として、ときには乗り物として、また他の状況では強化の行為として使うのである。

その根底にあるのは、感性術の一般的条件である媒介作用の認識である。この作業にはつねに変形が関わっている。なぜなら物質、視点、そして状況の多様性のあいだのより微妙な、あるいはより重大な差異は、感知作用の移行をともなうからだ。なにかが事実や仮説として安定するためには、そのような翻訳プロセスの敷居や一貫性を遵守したり観察したりする移行が必要である。事実を引き出すには、事実の生成プロセスの一部として、事実を捉え、数えることに同調したセンサー的媒介（sensorial mediation）の発明と展開が必要とされるのだ。

たとえばプラトンの洞窟からドゥボールのスペクタクルまで、これまでの理論が「生のすべてがイメージになった」ことを示唆し、それがある種の幻想であると指摘してきたのに対して、イメージとしての世界に超感性術的に住まうことの衝撃は幻想さえもすべてが現実になってしまうことにある。しかしそのような状況下で現実にアクセスしようとすると複合的な困難が立ちはだかる。なぜならそこにはしばしば圧倒されるような無数の制約や翻訳、そして生成への奔流といった現実形成の諸帰結が絡み合っているからだ。

実際そのような状況が全面化すると、そこで成り立つ感性術は人間にとってあまりにも強烈であるため、ほとんどアクセスすることができなくなる。あまりに多くの情報が、あまりに多くの経路で流れてきて、あまりに多くのことが起こり、どのような生物種であれ対処するにはあまりに大きな進化論的コストがかかる（逃れるためにはあまりにも大きな脳が、そしてすべてを処理するためにはあまりにもたくさんのエネルギーが必要である）ため、組織化された感覚に登録されなくなるのだ[14]。感性術が携わるのは、このような状況に対応するための抽象的ないし具体的な手段の開発と、その対応を可能性に満ちた生き生きとした経験にする試みである。

第5章　感性超過──意味を形成しないこと

感性超過《ハイパーエステシア》は感覚による知覚が根本的に過負荷になる神経学的疾患を指す。この状態では歪みそして剥離すらした感受性（sensitivity）がほとんど崩壊するか、崩壊にむけて傾きながら発生する。こうした情報過多の危険地帯は感性術的政治の重要な条件でもある。それは感性術《エステティクス》とは意味を形成することだという考えが成り立たなくなる瞬間である。感性超過において感知《センシング》が意味形成《センスメイキング》に歯向かうのだ。

神経学的疾患として感性超過はしばしば光や音の刺激に耐えることの困難と関連づけられる。場合によってはこの感覚の飽和が耐え難いほどになることもある。実際、感性超過は肉体的・精神的なトラウマの一部になりうる。トラウマでは感知作用の過剰登録（overregister）によって、もはや情報が追加されずに、消去されるか歪曲されてしまう。トラウマの強度は自らの存在を消し去る痕跡として現れることがある。危険な状況やショックにおいては感覚による知覚が過剰に活性化させられ、情報量が増幅されて神経回路が詰まったり、交差したり、分裂したりする。トラウマの記憶断片があまりに強力かつ無秩序に噴出し、主体が依存している心的連続性を破壊してしまうため、記憶の検索がしばしば耐え難いものになる。トラウマ研究の分野では、記憶の誤りやその結果として生じる欠落を受け入れ、そこに同調することを長らく学んできた。目撃者はトラウマが刻まれたものの長さ、幅、高さや数を間違える。光と音は増幅する。エラー自体、脳がその出来事の激しさや暴力性をどのように知覚したかを示す指標であるため、事件の記録となる。逆説的なことにギャップや歪みこそがトラウマを裏付け、結び目の存在または不在がその証拠となるのだ。出来事の記録としての感性超過は、激しい痛みや情報の断絶（たとえば視覚と聴覚の剥奪など）と感覚の過剰刺激（たとえばグアンタナモ収容所で使用されている大音量の音楽の繰り返し）を交互に繰り返す拷問を受けた被害者に見られる。[1] 過剰な痛み、渇きや飢えのトラウマに苦しむことは、記憶の連続性を通した人間の自己構成手段の能力を歪め、増幅し、暴力的に引き起こされた感覚によって経験の時空的統一を切断する。

　トラウマの現れとしての感性超過は、心的な状態だけでなく、メディア的な状態でもある。そのためそれは超感性術《ハイパーエステティクス》の極限状態でもある。たとえば写真フィルムの光に対する感度を上げることは、光に対する感性化と見なせるが、感度が光の情報量を保持できなくなる点が必ずあり、それを通り越すと光を登録するのではなく、登録の可能性自体が抹消されはじめる。ネガは「焼け」て透明になり、写真は真っ白になる。このように過度の感度を通じてもたらされる、登録が消去に変わる瞬間が感性超過の基本的な形式のひとつである。

　特定の感性術的印象、それ以前の痕跡を消してしまうことがある。磁気テープをなんどかくりかえし録音すると、録音のたびにすこしずつ異なるかたちで電磁粒子が再チャージされる。しかしこのプロセスにおいて以前の録音の残滓が残ってしまうことがある。[2] スーザン・シュプリのすばらしい著書『物質的目撃者（*Material Witness*）』は、フィルムのネガから氷河の氷まで、物質が記録と消去の両方において人間以上の目撃者となりうることを扱っている。三五ミリフィルムが太陽や核放射線などに晒され、摩耗し、ひび割れはじめると、当初の露出に関する情報が失われる。だが消去自体がつねに登録の一形態であるため、そこから他の情報が得られるのだ。

シュプリはこの原理の事例を一九八六年のチェルノブイリ原発事故を扱ったウラジーミル・シェフチェンコのドキュメンタリー映画に見出す。上空を飛ぶヘリコプターから撮影されたフィルムのセルロイドには放射線の跡が爆発する星のような白い斑点のパターンと不規則な音声の歪みとして残されていたのだ。シュプリは映画のナレーションを引用している。「それは匂いも色もない。しかし声はある。これがそうだ。私たちはこのフィルムが不良品だと思っていた。しかしそれは間違いだった。放射線はこう見えるのだ[3]」。このようにシュプリは、感性術や超感性術が感性超過に陥るさまざまな仕方を示す。

感性超過はひとつの表面の感度が増幅されることだけによって引き起こされるのではない。それは情報とみなされるイメージの大量増殖によっても生じる。戦争犯罪の否定論者が最近使う手口のひとつは、自分たちの責任を明確に示す情報、たとえばイメージを削除しようとするのではなく、むしろ他のイメージや情報の洪水のなかにそれを埋没させることである。これは処理できる以上の情報を生み出すことによって、疑念の種を蒔くことを目的としている。二〇一八年四月七日にダマスカス近郊のドゥーマで数十人の市民が死亡したシリア空軍による化学攻撃の後、ロシアのメディアのプロパガンダは、証拠となるイメージがすでに流通していることを認識しながら、この事件に関連する他の多くのイメージを増殖させて混乱を引き起こし、同盟国の責任から目をそらせる煙幕を作り出そうとした。

感性超過は感知の断絶の形式であり、意味を形成する能力の閉塞である。それは新しい感知作用、新しい感性的な知識の対象、そして新しい意味形成の手段を発明するという芸術実践につきまとう限界である。だがそれは同時に、手の届かない知識の追求によって毒され、気が触れてしまった古代の錬金術師や魔術師の姿にも似ている。このような文化における形象として、それはひるがえって意味を形成する能力を向上させ、増殖させるためにも使えるかもしれない。

計算機の集合体における意味形成能力の高まりの背景には、テクノロジーの感性化が進んだあまり、スペクタクルのフランチャイズが機械ですら楽しめるようになるまで拡張されていった軌跡を辿ることができる。ギー・ドゥボールの言葉を借りれば、生きている現実はイメージに変わるが、同時に数値の巨大な配列にもなるのだ(4)。それは社会的関係と共に、言葉と建物などのイメージとのあいだの関係を計算する一般的なパラメーター主義であり、何千ものバリエーションを生み出す数百万の変数を扱いながら、ある壮大な最適値になるまで計算が続けられる。ここにおいてスペクタクルの社会は制御不能となり、自らのコミュニケーションと圧倒的な量のメッセージの重みで崩壊してしまう。

感性超過は崩壊の淵に見出すことができる。そのため危険なほど制御不能な状態である。また感性超過は制御という観念の一時的な地殻の下に横たわる不定形の溶岩のなかにも見出される。感性超過に対する恐怖とその危うい魅力は、支配の合理性とそのポスト合理的な類似物につきまとい、それらを推進させる。ややこしい事柄を二項対立に還元するなど過度の単純化への要求があるときはいつでも複雑さに対する恐怖が作用していると考えて間違いない。こうした恐怖は予期されすぎた感性超過によって引き起こされるパニックである。

このような状況下における感性超過とは、スペクタクルによって引き起こされる真正性の喪失というよりも可塑性の喪失であり、痛みをともなう痙攣や衝突から抜け出せなくなることを特徴としている。感性超過は複雑な集合にも起こりうる。生態系は独自の仕方でトラウマに苦しむことがある。しかし希望それじたいを与えずとも、このような状態からなにかが生まれる可能性があることは観察できる。

詩人のキリル・メドヴェージェフは、モスクワの地下鉄に降りるエスカレーターで他の乗客たちの神経症のすべてが突然自分に「迫ってくる」のを感じたとき、感性超過に近い経験をしたと述べている。(5) これは暗い、恍惚とした夢想だ。世界とそれを構成する無数の力、ノイローゼ、経験や能力がいますべて成就しつつあるという圧倒されるような意識である。そのようなものとして感性超過は、抽象作用やアイデアとの遭遇、あるいは物事の初期状態に欠かせない厄介な繊細さにともなう印象の感覚によっても引き起こされうる。知性、神経系や都市の複雑さは、このような出来事の発生だけでなく、その解釈も誘うかもしれない。感性術的実践のための課題は、いかに感性超過を集合的な出来事もしくは社会的な条件として発展あるいは認識することができるかである。

感性超過を紹介する際に、感覚が過負荷に陥って破綻することであると説明した。この状態の一端はメドヴェージェフがほのめかしているものだが、他にも不本意ながら怯えと恐れをもってそれを体験した者がいる。そのなかでもおそらくもっとも典型的な事例は、アントナン・アルトーによる伝説的なテキスト「神の裁きと訣別するため」の描写であろう。(6) 神経系は脳の組織を通して折り重なる複雑な内部ネットワークであると同時に、頭蓋骨という敷居があたかも通過すべき物質層のひとつにすぎないかのように世界に向かって広がってもいる。それは何千本もの鋼鉄のワイヤーを何層にも重ねた一キロメートル以上にも及ぶ放物線の骨格を描く電波望遠鏡のように感じられることがある。そこで読みとられるのは遠い銀河のパルサー音として想像できるものだが、感知されるのはもっと身近でありながらもっと宇宙的でもあるもの、ビッグバンから残り続ける背景雑音であると同時に電磁波通信や残虐行為の騒々しさでもあるかもしれない。受信されたり呼び起こされたりしたシグナル自体によって、そこから意味を形成する能力が抹消されたり、あまりにも繊細な解きほぐしが必要であるためそれを理解するのに必要な時間が確保できなくなったりするかもしれない。

さまざまな政治技術の設計の原動力となるのは情報過多への対処だが、そこでつねに問題になるのは情報が増加の一途を辿るという事実だった。たとえば警察が作り出した写真や指紋のアーカイブは、初期のころから反体制勢力、犯罪者、敵対者や革命家たちの存在や位置に関する情報をただ捉えるだけでなく、とめどなく増殖させていくようにも思われた。過負荷と過多はアーカイブとデータベースを定義する条件そのものであり、それゆえに感性超過は国家と帝国の基盤でもある(7)。そこでコントロールを確立するための適切な政治的・技術的手段を見出そうとする試みは、その手段が官僚制であれ、人生の美徳と罪を集計する天使であれ、あるいはＡＩによって処理されるビッグデータであれ、情報パニックが引き起こす感性術的かつ心的条件に対処しなければならないのだ。

感性超過とは、こうした問題をより単純な問題の集合に還元することができなくなった瞬間に、現実が強制的に作動させる状態であるかもしれない。要するにそれは、進化もしくは設計によって作り出されたフィルターと制約が適切なレベルのふるい分けと安全を維持できなくなった瞬間に、個人的または分散的、生物学的またはプログラム的な認知システムにおいて発生するのだ。

単一の障害点が存在することもあれば、起こりうるすべての破壊点が同時に作動して、衝動的に超感性術的な新しい身体、つまりあらゆる感知シグナルと意味形成を飲み込むブラックホールが作り出されることもある。これが感性超過がチャンスでもある理由である。この危機の瞬間において、感知可能なもののフィールドを意味形成との関係と共に再編成することが可能になるのだ。

だからこそ私たちは実験の場を求めている。それは政治的・文化的な介入を援助し、ときにはそれを構成するために、感知の諸様式を読みとり、知覚し、結びつける手段を発展させる場である。実際、感知と意味形成が崩壊するような感性超過でさえも、感知と意味形成の方法を新たに学び直すことの要請として捉えれば、ただ拒否するのではなくそれに向き合って克服することができる。知覚の廃墟と化した感性超過の余波のなかでこそ、感知と意味形成が新たに組織化されることもあるのだ。

感性超過は軍事的な分野でも使われている。「衝撃と畏怖（shock and awe）」のような教義は、圧倒的な感覚的、信号的効果を用いて、感知と意味形成のつながりを断ち切ることを明確な目的としている。つまり巨大な力によって敵から正常な感覚を奪う過負荷状態を作り出すのだ。過剰な刺激と情報構造への同時攻撃によって崩壊を誘発する「衝撃と畏怖」は、テロリズムが「迅速な支配を達成する」ための国家間の手法となった二〇〇三年のイラク戦争の納骨堂を象徴している(8)。そこで感覚を壊すためには意味形成能力の集積が必要とされたが、それは今日の感性術的権力にとっても重要な課題であり続けている。その意味で感性超過は国家テロの中心的な手段であるのだ。

感性超過という混沌とした状況にシステムを持ち込むことは、調査的感性術の戦略のひとつでもある。私たちはつねに意味を形成する必要はない。予測不可能性、カオスや無秩序は、有用であったり必要であったりする。国家の機密文書から不正に引き出されたペタバイト級の情報の漏洩のような予測不可能な情報の放出は、結局のところシステムを氾濫させ、超感性術的なカオスを生み出すことになる。その結果、情報過多によって騒然となる。この情報は意味を形成するというよりも、情報を処理できないことによって支配勢力をパニックに陥らせる。こうした感性超過の使用法については、第Ⅱ部でもっと詳しく述べよう。

第6章　感性術的権力

歴史的に見れば、感性術《エステティクス》は「実際の権力」から排除された時代遅れの知識形態である。またこの用語としばしば同一視される「アーティスト」という人種は信用できない二重スパイまたは道化師とみなされ、秩序の安定ではなく自分自身のために働くとされている。その結果、感性術の実践は現状を外部からあざ笑ったり批判したりする力を獲得した。(1)この役割はときに正式に認められることもあるが、そのような許可はすぐに取り消されうるものにすぎない。

他方で感性術はときには日和見的に、ときには真摯に、最高の価値を持つものと見なされてもきた。それは現実の権力があらゆる苦労と努力を払ってでも目指そうとする高潔な状態を実演しているとされる。つまり感性術は「文明」の代名詞だと思われることがある。この極端に分裂した二重の性格は感性術の作用に、意外な場所からの攻撃やお飾りにすぎないと思わせながらの破壊工作など驚きの手段をもたらす。

おそらくこの両義性ゆえに、近代の政治家の多くは実際の政治的意思決定の領域から感性術を追放することが必要だと考えた。とはいえ、この追放が宣言されればされるほど、政治権力の操作術は逆に感性術的次元を帯びてきた。権力が感性術によって飽和されるようになったのだ。

今日の感性術的権力の展開にはふたつの明確な傾向がある。その第一の様式は**情動**（*affect*）を介して作用する。政治家などがイメージや言葉、ミームや身振り手振り、あるいは怒りに満ちていたり、魅力的だったり、傷ついていたりするフレーズを使って感情の揺らぎを強化するのだ。それはスキャンダルと危機を売り物にする二四時間報道体制の精神である。この意味での感性術的権力とは、怒りや憤り、心配や恐怖、興奮や淫乱を誘発する力である。スキャンダルは真実が認識されるよりも早く伝わり、政治指導者は現状を内側からあざ笑ったり批判したりする許可を与えられて道化師の役割を担うのだ[2]。

感性術的権力の第二の様式は**効果**（*effect*）を求める。それは検知、予測とターゲティングに対するより多くの投資を駆り立てる。その目的は機械による注意の形式を精緻化することによって人間という種に備わった知覚の限界を迂回することにある。地図製作は権力の植民地主義的手法として現実の抽象化を導入したが、「地図と領土」のあいだの有名な区分を維持した。それに対して感性術的権力の第二様式はあらゆるものを自らの地図と監視装置として統合する[3]。そうすることで新しい正確さの体制と行動の文法、そして新しい種類のエラーが導入されるのだ[4]。

政治権力が感性術として現れるこれらふたつの仕方は必然的に交錯し相互に影響を与える。第一の様式は古典的な芸術的感性の感情に働きかける能力、あるいは感情そのものを見事に具現化する能力に関わっている。実際、感情に明白な陰影を与えることは、合理的で体系的な秩序に代わるものとして、あるいはそれに対する抵抗として、芸術家が何世代にもわたって携わってきたことである。それと対照的に政治は感性術のレパートリーを放棄してしまった。そのなかには最高の価値にまで感覚の高揚を膨らませていく扇情主義（センセーショナリズム）も含まれていた。おそらく現時点における最重要な政治的「主義」である扇情主義は、感知の分配を消し去り意味形成を阻害するが、もともと感性術の一種であったことが忘れられているのだ。

扇情主義のルーティンが、ミリ秒単位のライブ・アップデートと、強制力を持つオンラインのペンによって切り刻まれた二四時間報道体制の表舞台で上演されているとき、その裏では別の物事が動いている。扇情主義の体制と、参加の力学としてのその拡散は、より広範にわたる非常に曖昧な変化の一部をなしている。そこでは感情として受け止められるものが誠実さ、つまり単なる事実ではなく真実に辿り着く能力を意味するようになっている。このように、効果《エフェクト》に関わる感知技術の拡張は情動《アフェクト》の技術が作動する基盤を作り出す。

古代の哲学者ディオゲネスのような本物の皮肉屋は、倫理的で身体化された疑いの能力を拠り所にしていたが、その疑いはまず自分自身に向けられていた(5)。その反対に、感性術的権力の第一様式の結節点であり、その理想的な主体である騙されやすい皮肉屋は疑いを持たず、熱烈な信念と怒りに満ちた不信の両方を見せびらかす。その信念と不信は感情によって煽られるだけでなく、感情によって保証され、単純なスイッチと刺激のシステムにつながれている。情動《アフェクト》と効果《エフェクト》は互いに重なりあい強化しあう。このような状況に対して、科学の根幹にある教えは貴重なものである。それは私たちの感情や理解や感覚を単なるデータとして扱うことを促す。つまり誤差の尺度、あるいは立場の偏向の表示としてのみ意味を持ち、他の要素と組み合わさることもなく、それ自体としてはまったく些細なものであると見なすように駆り立てるのだ。

これと同じようなことが、今日の国家権力や企業権力の主要な現れのひとつである感性術的権力の第二様式、すなわちターゲティングと予測にも見受けられる。この種の感性術は、表象の体制——威厳と華やかさのスペクタクルの組織化――を通じてではなく、むしろセンサーのシステムを用いて近未来の対象の位置、動きや振る舞いを確立し、予測するための作動的感性術（*operative* aesthetic）として働く。ここで感性術的権力とは、広告であれミサイルであれ、人々を追跡し、監視し、標的にする様式のことである。[6]その特徴は個別化された検知（感知）と行動予測（意味形成）を高めるという二重の能力に基づいている。検知と予測は共依存関係にある。時間軸に沿って事象を検知する力が予測する計算能力を可能にするからだ。このような感性術的権力は、行動、動きや傾向を検知する高感度なデジタルセンサーによってだけでなく、通常の感知と意味形成の条件を超えるさまざまな情報源からの膨大な数の感知ポイントにアクセスし、統合する能力によって達成される。つまり超感性術に基づいているのだ。

こうしたメカニズムが技術的だけではなく、感性術的でもあるとはどういうことだろうか。レンズを通過する光であれ、表面と接触する化学物質であれ、ネットワーク内で発生するプロトコルや通信に関わる出来事であれ、あるいは重力場の変化であれ、世界に存在するなにかを検知するためには特定の現象に感化されたシステムが必要である。エドワード・スノーデンの暴露以来、多くの人が電話の会話、電子メール、WhatsAppやテレグラムのメッセージ、グーグル検索のキーワード、クレジットカード決済などに対するスパイ機関の感性化についての自覚を強めている。

なにが感性化され、なにに対して同調すべきかを決めることは、なにかに対して感性化することを強いられるのと同様に、政治的な帰結をともなう意味形成の行為である。たとえばフランツ・ファノンは人種とそれに付随する社会の要塞を構築すると思われるものに対する感性化（sensitisation）について書き、ジュディス・バトラーはジェンダーの仕組みが自然と見なされるものになるまで学習され繰り返される感性化のプロセスであることを示す。[7]両者ともこうしたシステムの拠り所となる支離滅裂で暴力的な編成、強制と誤認、欲望と嫌悪への巻き込み、そしてそれらすべての習慣への翻訳を明らかにしている。

＊＊＊

感性化はまた計算的なものでもある。だが計算の多くは「デジタルの囲い込み（digital enclosure）」という分散したブラックボックスのなかに存在するため、私たちには知ることができない[8]。そのような計算にはふたつの方向性がある。第一に計算は過去に向かって、検知がどれだけ信頼できるか、つまり検知された出来事が実際に起こったのかどうかを評価する。ある出来事の発生確率はさらなる計算の積み重ねによって反復的に算出される。それぞれの計算で入れ子状になった尤度の閾値が決められ、その閾値のなかで評価が行なわれる。

第二に計算は予測との関わりにおいて未来に向かう。予測は人類の文化におけるもっとも古い技術のひとつである。たとえば魔術から宗教、そして科学へと、知識の種類が変化するたびに新しい予測方法が開発されてきた。人間が行なう推論から自動化された理性への変化もその一例にすぎないだろう。サイバネティックスは第二次世界大戦中における対空兵器用の自動標的捕捉と追跡技術の開発から生み出された。それと同様の技術開発が、新しい医薬品の開発から、その開発を取引する企業の株式価値にいたるまで、今日はるかに広い範囲にわたって繰り広げられている。

これらの技術は民衆に対しても適用され、そこでは介入が観察と組み合わされる。購入履歴、性別、郵便番号、年齢からするとどの顧客がどの特典の影響を受けやすいか。ヒット曲のアーカイブからするとどのような曲がヒットしやすいか。ソーシャルメディア上のさまざまなトピックに関する投稿からするとある集団のなかのどのクラスターが選挙で投票する候補者を一番変えやすいか。ここでは予測とあらゆる意味における思弁＝投企（speculation）が密接に重なっている。[9]

予測はふたつの重要な点で感性術に関わる。第一にそれはなにを感知可能と見なすかに拠っている。行なわれるのは、いつも起こること、起こりうること、そしてまれにしか起こらないことの計算であり、そこにはなにが緊急の問題あるいは機会であるか、またなりうるかについての理解が含まれる。第二に未来の行動や出来事を予測し、その予測に基づいて行動できるようなメカニズムを設定することで、予測自体が未来に起こるとされる出来事の実現を導いてしまうということがある。これは一方ではさまざまな行為者が予測されることを避けるため別の行動をとったり、検知されることを回避したりすることで起こる。また他方では特定の出来事をより認識しやすく、回避あるいは達成しやすくすることによっても起こる。このように未来に起こるであろうことの予測は、可能な未来の計算から実際の現在にフィードバックし、ときには決定的な仕方で現在をかたちづくっていくのである。

予測が未来に及ぼす効果の最近起こった悪名高い事例として、二〇二〇年のコロナウイルスのために対面の試験を受けることができなかったイギリスの中学生の成績を、わずかなデータを使って粗いアルゴリズムで作成した事件が挙げられる。このアルゴリズムはさまざまな形式の予測、ランキングや過去のデータを組み合わせて、これまで成績の良かった学校の少人数クラスの生徒が有利になるように結果を偏らせたのだ。[10]

また現象を分節化あるいは自己実現に持ち込むことで、それを煽って検知可能にする方法もある。[11] こうした文脈においては、予期しない結果が計算された未来からフィードフォーワードされたり、進行中のプロセスからフィードバックしたりする。だから「願い事には気をつけろ」という古い格言を心に留めておいたほうがいいだろう。このような計算が生み出してしまう多方向のノイズという事態は、権力が働きかけているのが、まだ起こっていない現象に対する反応を打ち消すために自らが仕掛けた行動によって確立される予測の亡霊であることを示唆する。このような事態の分節化は感性術的である。なぜなら物事や出来事を認識し、区別することは分析的であるだけでなく、知覚的な行為でもあるからだ。測量や検知は過去のデータの受動的な分析だけではない。感性術的権力は予測されたもの自体を動かし、かきまわし、影響を及ぼそうとする。情動を作り出し、それが人々、組織、社会集団やその他の対象にどのように作用するかを見ることで予測はより正確なものになっていく。たとえばメディア化された政治的スペクタクルの不条理さに対する私たちの反応を、家具職人と音楽とジムカーナ競技に対する関心の度合いで三角測量することによって、食料品の買い物パターンを導き出すことができるかもしれないのだ。

ここでは感性術的権力のふたつの様式が組み合わされ絡み合っている。感情をかきたてる能力と、そうした挑発に対する私たちの反応から得られるシグナルの傍受が、予測をより正確にするのだ。人間の振る舞いの監視、ターゲティング、調整と変調は、個々人の嗜好、欲求と感情を梃子にすることで完璧なものになっていく。個人的な経験が振る舞いを予測するための材料となる。人々の気分のサイクル、欲望と関心の各段階に関する情報が束ねられ、商品として売られる。感性術的権力のふたつの様式——感情の操作と検知／予測の技術——は互いに絡み合い、統治と抵抗の双方がどのように感性術の形式を纏うのかをかたちづくっていく。

相互に編み合わせられた感性術的権力の現れは、国家権力の系譜のなかに位置づけられる。ミシェル・フーコーが一七世紀と一八世紀の「主権的権力」と呼んだものと、一九世紀と二〇世紀の「規律的権力」との区分が成り立つのだとすれば、現在の人と物の統治形態は「感性術的権力」と呼ぶことができるかもしれない。

エンギン・イシンとイヴリン・ラパートは、彼らが「感知権力（sensory power）」と呼ぶ権力様式について似たような議論を展開している。[12] これはビッグデータによって可能になった感知の技術を通じて、振る舞いを検知、組織化、促進、予測する統治形態である。しかし感知は感性術的権力の一要素にすぎない。意味形成もまたその一端を担っているからである。気分を利用し、感情を変調させ、反応を記録することはこのような欲望と行動の統治形態に不可欠である。こうして欲望は予測に必要不可欠な要素となる。

歴史的に見れば、感性術的権力は二一世紀初頭を特徴づけたふたつの展開、すなわち一方では「テロとの戦い」、他方ではデジタル経済とソーシャルメディアの発展にその存在を負っている。いつまでも続く対テロ戦争と、その結果として起こったイラク、リビア、イエメン、シリア、中南米などでの一連の残忍な内戦で培われた不安感を基盤にして、一般市民のあいだで監視を受け入れる傾向が強まった。「隠すことはなにもない」「秘密はない」という呪文のような言葉が特権階級のアイデンティティの決め台詞となり、監視は自分の安全のために行なわれるものであり、つねに他人に対して行なわれるものと認識されるようになった。自国内でも対テロ戦争の最前線でも、デジタル監視と振る舞いの予測分析が文明が自らを守るための唯一の方法として提示されたのである。

このような不安の感覚は、欧米人を自分たち自身の監視の王国に誘導するというきわめて困難な目的を達成するための鍵となった。同時にグーグルやフェイスブックなどのハイテク企業は監視に対する無関心をうまく利用して、あらゆる政府の諜報機関を合わせたシステムを凌ぐ個人の監視システムを導入した。

＊＊＊

さまざまな制度的枠組みを通じて検知は違った振る舞いを見せる。たとえば司法はネットワーク中心型の戦争に従事する戦闘集団とは異なるテンポを持っている。そのスピードは通常遅く、その焦点はこれから起こるかもしれないことや先制すべきことよりも、起こったように見えることに向けられる。だが別の面では、とりわけ予測の問題に関して両者に共通する部分があるかもしれない。たとえば法律と軍事行動の時間枠の違いを示す事例として、標的暗殺(targeted assassination)が構想される仕方がある。国際法上、すでに起こった犯罪に対する報復として暗殺を行なうことは許されない。遡及的処罰は司法の管轄である。そのためには人身保護、証拠の提出、そして公正な裁判が欠かせない。刑法はすでに起こったことに大きく関わるのだ。

しかし標的暗殺を規制する条例のもとでは、「切迫した脅威」と枠づけられる出来事を防ぐために先制攻撃を予測的な仕方で行なうことができるとされている。この言い分にしたがうと、人はすでに行なったことではなく、行ないうることについてのみ殺されうる。そしてそれは脅威が差し迫ったものであり、間近であると予測される場合だけである。だが時が経つにつれ、また多くの乱用によって、切迫性の定義はどんどん緩くなっていき、時間的即時性の感覚は引き延ばされ、ねじ曲げられていった[13]。二〇二〇年一月に起こったイランのカセム・スレイマニ将軍の暗殺もこの定義に概念的に依拠していたが、もはや切迫性という条件はなんの意味ももっていなかった。

スレイマニはより広く普及した傾向のなかでとりわけ目につく存在であったにすぎない。二一世紀の最初の数十年間における標的暗殺の全盛期は、それが行なわれたパキスタンのワジリスタンなどの地域が将来起こりうる犯罪のための殺害が許される例外的な時空間と定義されていることに依存していた。そしてそのような暗殺はしばしば一般的には知られておらず、説明できないため責任を負わせることもできない(unaccountable)アルゴリズムのプロセスに基づいて実行されたのだ。

この切迫した時間という概念は時間の流れのなかに窓を開く。しかしこのような帝国的手法は、ガザ、イエメン、パキスタンでの演習を経て、北半球の大都市へと戻り、そこで他の論理と交差している[14]。たとえば同じような切迫性の概念がもっともよく表されているのは、警察の「一瞬（split-second）」の防衛という考えである。米国における警察による民間人――その圧倒的多数が黒人――の殺害は、しばしば「一瞬の判断」に基づいている。ここでは空間と時間が凝縮され、混同されている。警官は一瞬のうちに、対面している相手が手の動きを一時的に見えなくするダッシュボードから取り出すのが銃であるか免許証であるかを判断しなければならない。その警官の頭のなかには複数の可能性が描かれる。合理的に起こりうるとされる未来は、黒人に対する罪の意識にもとづく恐れの文化や、他の警官がこれまで行なってきたことの経験など、学習されたバイアスに染まった解釈に晒される。つまりその警察にとってもっとも現実的だと思われる可能な未来を暗黙のうちに計算するにあたって、相手の人種カテゴリーがしばしば決定要因として前景化されるのだ。これほど多くの黒人が警察に殺されているという事実は、「一瞬」のなかに人種差別による暴力、奴隷制度、隔離政策やアパルトヘイトの長い歴史が折り込まれていることを意味している。

フレッド・モーテンは、二〇一四年にミズーリ州ファーガソンで起きたマイケル・ブラウン殺害事件と、パキスタンやアフガニスタンの辺境に位置するコミュニティ内でＣＩＡなどの米国機関が行なった先制的標的暗殺を結びつけている。ブラウンを殺害した白人警官ダレン・ウィルソンを「武装したドローン」と呼びながら、モーテンは攻撃されるのは決まって支配秩序を脅かす生命であると主張する。「なぜなら、あの日、ダレン・ウィルソンというドローンが撃ち殺したのは、反乱分子である黒人の生命だったからだ。彼は自分が代表し、守ることを誓った秩序に対する脅威であると暗黙のうちに理解した仕方で道を歩いていた黒人の社会性を破壊したのだ」。

黒人の生命は反乱的な脅威として構成されているので、それを破壊することは、すでに存在している白人至上主義の支配秩序を維持することを目的とした先制攻撃である。「このように読めば」とモーテンは続ける。「「秩序の維持」は、黒人の生命に対する制度的暴力の、礼儀正しさを装った婉曲表現として理解されるべきである(15)」。

この文脈においては、署名によって発動する攻撃と標的暗殺のプロセスを導くアルゴリズムのプロセスが、免罪符によって守られているバイアスと憎悪に条件づけられた警官の脳内の神経回路に置き換えられる。その結果のひとつが、二〇一八年七月一四日にシカゴのサウスショア地区に用事を済ませるために出かけた黒人理容師ハリス・オーガスタスの射殺事件である。警察は彼が銃を持っているのを見て「捜査のための停止（investigative stop）」を実行した。ハリスは銃の免許証を見せようとした直後に撃たれた。シカゴ警察の監督官は、オーガスタスの射殺は「一瞬の判断」であると主張した。

フォレンジック・アーキテクチャーは、シカゴの反人種差別主義団体 Invisible Institute（インビジブル・インスティテュート）と共に調査を行なった。警察のボディカムとダッシュカムのビデオ八本（警察の正当な手続きによってではなく、このグループが情報公開訴訟を起こした後にようやく公開された）と通行人の手持ちカメラの映像を同期させて相互参照したところ、シカゴ警察の警官が対応しただけと主張した出来事そのものを自ら煽り、実現した方法を明らかにすることができた。警察は事態を挑発し、エスカレートさせ、彼らの挑発に応じたハリス・オーガスタスが逃げようとした隙に射殺した。この遭遇を通して状況は、警戒、捜査のための停止、逮捕、圧倒する力、そして致命的な銃撃などいくつかの明確な法的空間を通過した。だがそのどれも理髪師側の挑発が一切なくして起こったのだ(16)。

「一瞬の判断」という正当化の論理と、「一瞬」には定義された時間幅がないことを踏まえ、フォレンジック・アーキテクチャーはミリ秒、秒、分、時間、日、年という六種類の時間スケールに沿って銃撃事件を解体した。それぞれの時間スケールは異なる方法で事件に関与している。ミリ秒単位での分析では、ハリスの視点と彼を撃った警官の視点から見られた光景を比較しながら、脳内で起きている神経学的プロセスの持続時間を解き明かした。これは学習された「本能」という暗黙のバイアスが、長期的な社会的・政治的プロセスをどのように再生産しているかを示すものである。そして長い年月を単位とする分析では、サウスショア地区の計画立てられた社会的・物理的退廃、数十年にわたる銃刀法の緩やかな変化、そしてこの地域の警察の残忍で殺人的な歴史が、数秒の事件のなかに現れるさまざまな要素をどのように条件づけていたかを明らかにした。シカゴ建築ビエンナーレで発表された調査結果は、市長と警察の取調べにつながり、警察本部長は何時間もかけて展示された調査を研究し、インビジブル・インスティテュートのメンバーと議論した。

警官が行為の帰結にかかわらず一瞬の判断という名目で無罪になることがあるという事実は、「一瞬」という不特定の時間幅（一秒の半分なのか、一〇分の一なのか、一〇〇分の一なのか、一〇〇〇分の一なのか）そのものが命を奪うことの禁止が無効になる例外領域であることを意味している。これは時間的な例外状態である。つまりジョルジョ・アガンベンが提唱した強制収容所（そして後の難民収容所）や、アキーユ・ンベンベが述べた植民地の前線といった概念のように、空間的に適用される境界づけられた領域ではなく、マイクロ時間的に適用される切迫のフィールドであり、そこに入る、多くの場合、差別を受けている人種社会の構成員の生命権を予測に基づいて否定する。(17)

一瞬の判断を解釈するとき、法律家——裁判官や陪審員——は、証拠、リスク、予測、確率、合理性、先取り、決断、行動といった、ドローン攻撃を規制するために持ち出されるのと同じカテゴリーを加害者である警官の視点的知覚、感知と意味形成のなかで起こっていることに当てはめる。最終的に殺人の判断は先制的自衛の原則によって清められるが、フォレンジック・アーキテクチャーが示したように、オーガスタスは警官が威嚇と見なす動きをするように警官自身によって追い込まれたのである。脅威と危険という主観的な感覚が警官による殺人を正当化する。ちょうど、数ビットのパターン認識による「脅威」警報の発動が、ドローンのオペレーターが赤い攻撃ボタンを押すことを正当化するのと同じように。

私たちが主張したいのは、こうした新しい監視、コントロールと支配の体制（そしてそれらが計算される方法）が、学習と報酬を通じて強化される人種主義と植民地主義的特権に基づく振る舞いなど、本質的に政治的でもある感性術的な登録のからくりを通して作動するということである。またそれらは今日出現しつつある計算的関係の飽和状態を通じても発展する。そこでは、情報と解釈的予測、ターゲティングと予期、あるいは統計的論理によって確立された計算空間内の出来事とそれほど形式的理性と表象に完全に統合されていない空間内の出来事などの結びつきに関する命題を自動化するために人工知能が用いられるのだ。

こうした感性術的な意思決定プロセスは、おそらく一八世紀から一九世紀にかけての感性術が自らを理性を超え、計算を超えた存在だとみなしたのと同じように、精査の対象にはならないとされている。行なわれる翻訳の各段階は感性術であるが、それはそこに人間の裁量によって下される美の評価判断が必ず含まれるからではない。こうした登録のからくりが感性術的であるのは、さまざまな文脈における感知と意味形成の複雑な政治的プロセスが関わるからであり、それらの文脈自体がそうしたプロセスの継続的な蓄積の結果だからである。(18) 感性術的権力に対するいかなる挑戦も、この問題を認識することを学び、感性術的な作動のフィールドのなかから生じなければならない。

第Ⅱ部　調査　Investigation

第7章　調査とはなにか？

調査とは動きを追跡すること、状況の成り立ちを解き明かすこと、事件の発端を探ることである。ときにはハッカーや漏洩者の仕事のように隠されて不明瞭にされた事実を明らかにすることを目指し、ときには探偵の仕事のようにすでに公開されている手がかりを組み合わせて解釈することに関わる。

おそらく調査と区別されるべきもっとも類似した探究の形式は「批判＝批評（critique）」である。事実を確定することに関わる調査的様式《モード》は、既成の真実の権威を疑う批判的様式とは正反対の方向に向かうようにも思える。批判的様式はどこかしら地質学的な世界観を想起させる。それは層位学的レイヤーからなる世界で、通常「表象」と呼ばれる観察可能な表層現象――すなわち政治的言論、映画や写真、あるいは大衆文化の比喩表現など――が、不明瞭にされた地下の力あるいはイデオロギーの層――ナショナリズム、人種差別や特権など――を覆い隠している。これらの力はまさに偽装されているために強力であり、それゆえ一見すると無害あるいは少なくとも「正常」であるように見えるのだ。

批判的研究者の仕事は表象と媒介の目に見える層を剥がし、無害の仮面を引きちぎってその背後に潜む形成力を露呈させることである。精神分析、マルクス主義、あるいはニーチェ的（後にフーコー的）な権力分析といった初期の批判理論は、こうした表層の表象や常識《コモンセンス》の規範的現れの奥底に潜む無意識や死の欲動、永続的な階級闘争や力への意志を探し出そうとした。もっと後に登場した批判の形式、たとえばポスト植民地主義研究などは、偽りの表象の層を突き破って私たちのきらびやかな自由民主主義の泡の表面下の深みに泳ぐ帝国のリヴァイアサンを打つ銛のように機能する。

批判はときに考古学に近いように感じられる。実際、考古学は批判がもっとも頻繁に用いるメタファーのひとつであるが、それは批判が表面を慎重に剥がして隠れた真実を発見し、表象の層によってすこしずつ歪められ、ぼかされ、薄められてしまった「現実」に到達することを目指すからである。批判的考古学者が地中に埋もれた、手と鼻が折れて色が失われた大理石像の残骸を見つけるために圧縮された土の層を削っていくとしたら、それとは対照的に調査的研究者はそのような像を囲んで地中に固定していた土砂や塵にも目を向けるだろう。そこで見出されるのは何世代にもわたる植物の活動、人間文化の産物、そして環境を能動的に作り出すテクノロジーの生態系から構成された土壌の混合物である。異なる塵の粒子は異なる地域や採石場から産出された異なる種類の大理石を含み、交易のルートや結びつきを示す手がかりとなるかもしれない。また別の微塵は骨や種子、植物の化石などの一部であり、その時代や場所の食生活や環境条件を復元する手がかりになるかもしれない。このような調査には注意の傾け方の効率だけではなく、検知《センシング》のテクノロジー、アーカイブ化のテクノロジー、そして計算能力のテクノロジーが必要となる。感性術《エステティクス》が感知と意味形成《メイキングセンス》のことであるとすれば、調査との組み合わせは感性術的な感覚器《センソリウム》を再構成し、その感度を高めることを要求するのだ。

この種の超感性術《ハイパーエステティクス》はさまざまなアプローチで実現される。たとえば物質世界を多様な感知のフィールドとして捉える視点を開くこともできるし、感覚間の関係を生み出す社会的・技術的手段を使うこともできる。このように調査は批判と関わりあうが、批判を真実にいたる唯一の前提条件ではなく、物事のただなかで働く真実の強力な生成操作の一種と見なす。実際、批判理論は真実を辿るだけでなく、真実を構成するためのきわめて強力な方法である。いったんなにかを解体し、その内部構造を探る方法がわかれば、それがどのように組み立てられるか、あるいはどのようにまったく別のものが同じ構造から作られうるかを知ることに向けて一歩を踏み出しているのだ。

調査的様式は真実の異なる概念に基づいており、層位学的なものとはすこし異なる発見のプロセスを推し進める。ここでは真実に関する議論はもはや表象に対する正当な疑いだけに縛られていない。むしろ断片のコラージュから真実の主張（truth claims）を組み立てることに関わっている。断片のひとつひとつがなんらかの刻印やその他の手がかりを保持しているために貴重である。調査員がビデオや写真を見るとき、彼らは粒子やピクセルのなかになにが隠れていてなにが見出せるのかを探るのだ。

調査的様式は写真にただ疑いを抱くだけでなく、その写真がどのように符号化され、圧縮され、フォーマットされているかを調べ、そこに見えるものを増補しようとする。だがここでのジレンマは、イメージになにが写りうるかという問いに答えるためには、なにがどうして表象を逃れているのかをきちんと把握する必要があるということだ。そしてこの後者の課題に取り組むためには表象批判の訓練から得られるあらゆる種類の照明が必要となる。衛星イメージはなぜこのようにピクセル化されているのか。人々はピクセルのなかになにを隠そうとするのか。写真が示すものだけでなく、写真が存在するという事実や写真が保存され、取引され、流通する方法から、どのようにして権力の配置を読み取ることができるのか。

だから調査的様式は批判を否定するのではなく、手がかりから真実を組み立てる能力を付け足すことによって批判を増補するのだ。批判的な工夫に加えて、調査は技術的そして感性術的な専門性に頼らなければならない。批判的研究者と同じように調査員も注意と忍耐を必要とする。しかしその忍耐はたとえば一枚の写真から発見される情報の粒子に気づき、それを他の多数の写真と結びつけることに費やされなければならない。それぞれの写真がナビゲーションを可能にするヒントを秘めているのだ。それぞれのイメージはまた証拠の他の形式や情報源への入口にもなりうる。

写真的なものであれ、それ以外のものであれ、表象の表面はすべてリアルである。一方でそれらがセルロイドであり、もしくはピクセルやファイル・フォーマットのデータとメタデータのパターン配列であるという意味において。他方でそれらが物質的遭遇によって印象づけられており、接触、傷、光線あるいは放射線などの痕跡を含んでいるという意味において。だから調査員はイメージを現前（存在）と再現前（表象）、物質と媒介、幻想と記述、凝縮レンズと歪曲レンズの両方として絶えず同時に見るのだ。

調査の道具は権力が作用する手段にも、またそれに対抗するための手段にもなる。情報漏洩、偽旗情報、アルゴリズムによる予測、ハッキング、ソーシャルメディア上の何千、何万もの投稿を精査するオープンソース・リサーチ、人工知能、アルゴリズムによるリアルタイム分析――これらはすべてメディア的な本性を持ち、しばしば「非現実」、つまり幻想と表象の世界に結びつけられるものである。だがそれらに共通するのは、現実を明らかにするためには現実を作り出さなければならないということの強調である。

そしてここにもジレンマがある。権力の制度はどこかに潜在的に存在するのではなく、それを解読しようとする者と触れ合うことで生みだされるのだ。多くの場合、事実は挑発への反応としてのみ出現し、それをもたらす状況より以前に存在するのではない。

ここで欠かせないのは、糞の山から飛び上がってくる生き生きとしたハエを運動感覚を持ったカエルが捕まえるように、動いている真実の形成を捕獲することに対する批判的様式の神経を尖らせた同調である。それに対して調査的様式は事実が認識可能になるための条件を明らかにしようとする。

　調査的感性術はデータ、測定器、証言や管理された記録など、証拠資料として構成され、整えられたものだけでなく、情報の削除、歪曲や操作がそれ自体として重要な情報となる「ネガティヴ証拠（negative evidence）」も扱う。情報への攻撃はさまざまなかたちで行なわれるが、なかには大量の情報によって感覚を閉塞させる塵を作り出す感性超過《ハイパーエステシア》が用いられることもある。だがその塵は立ち上がって対象に語り返すこともできるのだ。

　調査はテクノロジー、言語、アイデア、経済、建築、物質や表象などを横断できる技術を用いる。そしてそれぞれのケースにおいて有効な細部を探す。そのためには各素材の持つ特異性に関わる必要がある。このようなアプローチによって、数字やアイデアといった一見「非物質的」なものを含む抽象物が、設計されたセンサーや感情のセンサーといった他の種類の物質に対するメタセンサーとしてどのように作用し、あるいは作用することに失敗するかを見ることができる。化学的残留物やメタデータのなかで自らを部分的に明かすかもしれない社会的勢力との結びつきにおいて知識が生じるということは、抽象物、文化、そして異なる種類の物質を同じ構成の部分として扱うことができ、また実際にそうしなければいけないことを意味する。そしてそのようなものを追跡して区別するためには、批判の道具に加えて科学や他の種類の知識形成の道具を使う必要があるのだ。

　調査はあらゆる視点の操作と同じように、それが見るものあるいは見ることによって理解するものとの関係を形成するという点において構築的（*constructive*）である。またそれは構成的（*constitutive*）でもある――なぜなら調査に携わり、知ること、見ること、行なうことの新しい条件を提案することで、それらのあいだに新しい一貫した関係の可能性を生み出し、あるいはそうした関係を実際に作り出し、現実形成についてより広く実験する能力を発動させるからだ。

第8章　秘密

批判理論において「表象」が果たす役割は、私たちが提案する調査的研究において「秘密」が果たす役割と関連している。

秘密を暴露することは、既存の規範的枠組みの基準に対して説明責任を求めることよりも過激でありえる。実際、国家の機密を漏らすことは権力の中枢に混乱や怒り、パニックを引き起こす。秘密はさまざまに絡み合った社会契約の要素を含んでいるため、その公開は現存のヒエラルキーを動揺させる。これは隠された秘密だけを指すのではない。たとえば人種差別や性差別、環境破壊の瀬戸際政策など公然の秘密に人々が異議を唱えはじめると、現状を維持するための条件が崩れだしてさまざまな種類の空想の産物が開花しうるのだ。

秘密の定義に該当するものは多岐にわたるため、暴露の技術や戦略もさまざまである。(1) 軍事秘密は明確な作戦の論理に従っている。それはこれから起こることに対して敵が準備できないよう必然的に隠されているのだ。ここでいう秘密とは情報ひいては主導権を作戦隊員の手中に収めておくことである。しかし秘密は作戦遂行者の集団のなかで情報をふるいにかけるシステムとしても機能する。治安機関はサイロ型ないしセル型に区分されていて、異なる部門のあいだで情報を平等に共有しないようにする。その意味で秘密とはモジュール化のことだ。誰が情報を入手できるか。どれだけの情報なのか。どれくらいのスピードで入手できるのか。情報を引き出すことはどれくらい可能でどれほどの労力がかかるのか。区分け、セル型構造、サイロ化などは、情報のふるいわけに関するより広い条件のなかに位置づけられる。つまり絶えずふるいにかけられる情報の流れの体系化である。反乱軍やパルチザンのネットワークも内部では最小限の情報しか共有しないセル型組織であることが多い。だからアルジェリアの独立運動を戦った民族解放戦線の戦士は、アルジェの戦いでジャック・マスの空挺部隊に捕まったとき、激しい拷問を受けても他のセルについて口を割らせることができなかったのだ。[2]

こうして秘密作戦は上層部においてのみ織り合わされる部分的な視点の総和となる。二〇〇〇年代初頭の主要な秘密政策はＣＩＡが行なった「囚人特例引き渡し（extraordinary rendition）」だった。これは倉庫、地方事務所、小企業、プライベートジェット機や企業の飛行機、白いバン、郊外の家など、さまざまな場所のネットワークを通じた捕虜の移動に基づいていた。こうした空間はアメリカの行なう超法規的な活動に関して友好的な国々で運営された。

リトアニアからパキスタンへ、あるいはモロッコから米国へ、「テロとの戦い」の最中に特例引き渡しを行なうフリーランスのパイロットは、必ずしも自分が誰を運んでいるのか、あるいはそもそも本人の意思に反して誰かを移送していることすら知らなかった。政府が運営するダミー会社は、リスクや情報漏洩の衝撃に対する緩衝地帯として機能する一連の下請け業者に秘密作戦の一部を託す。ただし国家の作戦は秘密であるかもしれないが、その物質的なインフラは必ず公の場にある物事と交わらなければならない。たとえ見せかけであったとしても、重要なデータを制御するためには「全制的施設（total institution）」の働きが必要である。社会学者のアーヴィング・ゴフマンはこの用語を使って、教会、軍隊、客船など、すべてではないにしても多くの変数が単一のシステムによって制御されている環境を分析した。(3) しかし緊縮財政や「大きな政府」との戦いという名目があったとしても、国家が抑圧や統制という任務の一部を外部に委託すると、その業務を遂行する諸機関の全体性がほころびはじめる。

機関どうしの結びつきはなんらかの痕跡を残す――領収書、所有権文書、会社の会員資格、振る舞いの特定の繰り返し、紙資料、クレジット記録、請求書やCCTVの映像など。調査員にとってこれらのパンくずのひとつひとつがネットワークの論理への入口となる。そのようなネットワークを調査するアーティストで地理学者のトレヴァー・パグレンや、写真家のエドマンド・クラーク、人権調査員のクロフトン・ブラックなどは、点と点を結ぶことに成功している。(4)

＊＊＊

秘密を露わにするということは知られていなかった情報を暴くということ以外にも複数の役割を果たすことができる。一九四三年一〇月四日と六日にポーセンで行なわれたナチス親衛隊長ハインリヒ・ヒムラーによる親衛隊幹部とポーランドの大管区指導者やその他の地方指導者に対する二度の演説は、システム内の情報のサイロ化を意図的に破壊し、それを聴いた者たちのあいだに取り消すことのできない血縁を形成するものであった。(5) ヒムラーはこうした人員すべてを現在はポズナンと呼ばれているポーランド南部の小さな町ポーゼンの市庁舎に呼び寄せた。そこで彼はその場にいた誰もがすでに知っていたが、戦争の成り行きを考えると公には認めたくなかったことを言葉にする悪名高い演説をしたのである。つまり自分たちが参加した、あるいは少なくとも積極的に支援したラインハルト作戦が、その時点までにポーランドのほとんどのユダヤ人を絶滅させていたことを述べたのだ。ナチス・ドイツの高官がユダヤ人の「絶滅」——Ausrotten——について公然と語ったのはこれがはじめてのことだった。その場にいなかった同じ階級の者には演説の写しが送られて受領の署名が求められた。

その場にいた誰もがユダヤ人絶滅計画の少なくとも一面を知っていたが、それが極秘とされていたことで自分が守られているように感じていた。確かにその時点で彼らは自分が知っていることを認めたくはなかった。彼らを守っていた情報の障壁を取り除くことによって、ヒムラーは部屋に集まったすべての人——間違いなく周りを見渡して自分の秘密を他に誰が知っているのか窺おうとしたであろう者たち——を互いに共謀させ共依存の関係をつくったのである。

このような秘密が共有されるとき、ある種の罪悪感の絆が形成される。この絆には内側と外側がある。加害者たちの「共同体」が生まれるのだ。その部屋にいる全員が全員を見たとき、彼らは互いの沈黙と協力に依存した。知らないということは、しばしば繰り返される「知らなかった」という言葉が唯一の防衛線であるとき、起こりうる報復あるいは良心の呵責から身を守れることを意味するのだ。

公然の秘密は別の意味でも恐怖を生むことがある。たとえば一九七〇年代後半のアルゼンチンではそうだった。政権が手を下した何千もの強制失踪は、恐怖によって国民全体をコントロールするために行なわれた[(6)]。学生、労働組合員、ジャーナリストなど、国家の敵とみなされるか実際に敵となった人々が、自らの意に反して連行され、ときには白昼堂々と覆面パトカーに押し込まれ、二度と姿を現すことはなかった。

しかしCIAによる訓練にも起因するこれらの失踪事件の背後には、場所と実践に関する巨大なインフラがあった[7]。アルゼンチンを統治していた軍事政権は失踪者の居場所についてのあらゆる情報を否認していた。国民は否認されていてもこれが国家の行為であり、そのような行為がすぐそばで起こっていることを知っていた。だがそれについて話すことは許されなかったので、公然の秘密は不確実性によって恐怖を増幅させていった。こうした手法はすべて、現実の認識と一般的に認められ語られることを許された現実とのあいだにギャップを生じさせるという意味で秘密と交錯している。

メキシコのアヨツィナパで強制的に失踪させられた四三人の学生たちの両親のために行なったフォレンジック・アーキテクチャーの調査は、報告された何千もの事件、ビデオ、電話のログをデータマイニングし、これらのデータをインタラクティブなプラットフォーム内に記入していくことからはじまった。その結果、国家機関と組織犯罪の大規模な共謀と、その後の国家による事件の説明における矛盾点が明らかになった。二〇一四年九月二六日から二七日にかけての夜、メキシコのゲレーロ州イグアラの町で、アヨツィナパの農村師範学校の学生や活動家のグループが襲撃された。この襲撃は犯罪組織や州と連邦警察、軍などメキシコの治安機関の他の部門と結託した地元警察によって行なわれた。フォレンジック・アーキテクチャーの大規模な壁画作品《The Forking Paths of Ayotzinapa（アヨツィナパの八岐）》は、被害者、国家治安員、犯罪組織のメンバーなど、この残虐な事件に関わったさまざまな行為者の語りに加えて、連邦捜査官の語り、そして出来事の複数のバージョンの語りをタイムライン上に描き出している。

メキシコやその他の国における強制失踪は、こうして二段階の暴力と政治テロ行為であることが明らかになる。一段階目は物理的なもので、人々に向けられ、その誘拐、そしておそらく殺害と死体処理をともなう。二段階目は情報に対する官僚的な犯罪で、虚偽の説明、遺体を含む痕跡の破壊、文書の削除や破棄などをともなう。この官僚的な段階があることでアヨツィナパの四三人の学生の強制失踪は、南アメリカの南端部《コーノスール》のすべての失踪者たちと同じように、現在まで続く犯罪となったのだ(8)。

このような強制失踪の状態が長く続くと、明文化されていない法律に自分が違反したかもしれないという恐れとなにが確実かわからない感覚の蔓延によって、あらゆる日常的な要素がパラノイアを引き起こす不気味な心理的効果を生み出す。

別種の秘密は契約の論理によってもたらされる。北半球の国家は民兵や軍隊を下請けで雇うことをますます好むようになってきている。カメルーンからリビア、チュニジア、モロッコにいたるまで、こうした集団は金銭的な支払いや同等の報酬と引き換えに遠く離れたヨーロッパの国境を取り締まる業務に従事する。

シリアやイラクのような場所では、欧米の利益は他の代理勢力によって維持されており、ときにはサラフィー主義者やクルド人武装集団が関与することもある。どちらも西洋諸国にとってはいつでも使い捨てにできる人々として扱われてきた。サラフィー主義者は状況が変われば攻撃の対象になるし、二〇一九年一〇月のトルコのシリア北部への侵攻に見られるようにクルド人を裏切ることは容易い。

これらの集団に属する小規模な戦闘ユニットは通信と武器システムに支えられているが、もっとも重要なのは生の諜報活動である。問題は衛星、ドローンや信号監視を駆使する欧米の軍隊と、現地で活動するこうした集団とのあいだにある情報収集能力の差によって、諜報活動が重要な情報のやりとりから指揮命令系統のシステムに変わってしまうことである。情報共有、装備や助言という名目のもと、現地の武装集団には、そこに向けて運転するための目的地やそれに向かって撃つための標的が正確なGPS座標として提供される。こうしたネットワーク中心型戦争のからくりは現地の部隊や武装集団をウーバーの運転手のような存在に変え、画面に届く情報に反応するだけの機械システムの操作手に仕立て上げる。

だが数世紀前にマキアヴェッリが傭兵の活用について述べたように、このようなアプローチにはいくつものリスクがある。というのも秘密に関してはつねに暴露の問題があり、命令の誤解、脱走、さらには無関心という、下請け業者を雇う側が伝統的に抱える心配事があるからだ。(9) ちょうどウーバーの運転手がアルゴリズムと時空間のマトリックスのなかの弱点を見つけてシステムを裏で操作する方法を編み出したり組合活動をはじめたりするように、雇われ集団は給料を支払う側にいつでも銃口を向けることができるのだ。

＊＊＊

あらゆる秘密作戦は世界のなかに存在するため、周りの世界と交わらなければならない。たとえば食料、衣料、医療やガソリンの補充が必要となる。こうしたものは痕跡を残す。容易に特定できる地域の製品やサービスが隠されたサプライチェーンに吸い込まれることもある。CIAによる特例引き渡しの対象となったことで知られ、現在もグアンタナモ湾に収容されているハリド・シェイク・モハメドは、収容先のひとつでポーランド語のラベルが付いた水のペットボトルを受け取ったことによって自分の旅程の一部を特定することができたと赤十字に対して述べている。(10)

たとえ一夜かぎりであっても、ある一定の時間にわたって活動を維持するインフラが完全に外部から切り離されていることなどありえない。つねに企業や民間人、他の交流や記録が行なわれる地点とのやりとりがあるのだ。偽の痕跡を残すことさえ痕跡を作り出す。そしてこうした場合、個々の人間は口をつぐむかもしれないが、物質や組織、そして経済の世界が、調査者の必要とする感知を代わりに行なってくれるのだ。

別の事例として、サイクリングやジョギングに利用されるソーシャル・エクササイズ・アプリ《Strava》の事件がある。このアプリはユーザーの動きを記録し、パフォーマンスを分析し、共有したり、お気に入りのルートの記録を作成したりすることができた。だがそれだけではなく、全ユーザーの全データセットも作成していた。二〇一七年一一月にStravaはデータを可視化した地図を公開した。それはアプリの設定をデフォルトのままにしていたすべてのユーザーの活動を表示可能にする三兆を超える個別のGPSデータポイントだった。アプリの人気を示すためのマーケティング的な理由で行なわれたこのサービスは、しかしながらあらゆるユーザーのジョギングコースを公開することでそれまで場所が隠されていた施設の存在をうっかり露呈してしまったのだ。

とくに興味深いユーザーのサブセットはさまざまな秘密基地に駐在する欧米の軍や諜報機関関係者だった。これらの場所のほとんどは、グーグルマップやアップルマップなどの商用プロバイダーの衛星写真では一般的な畑、砂漠、森林の表面に置き換えられていて見ることができない(11)。対照的にStravaがはじめに公開した地図では、このような一見なにもないように見える風景の上に幾何学的に予測可能なジョギングコースが重ねられていた。たとえばアフガニスタンのヘルマンド州にあるほとんど世間に知られていない米軍前線基地の配置全体が、ジブチやシリアなどの軍事基地、世界中の米空軍基地やスパイ拠点と同じように明らかにされてしまったのだ。

＊＊＊

情報の障壁となる秘密もあれば、逆向きに働く秘密もある。情報漏洩、ソーシャルメディアやその他の公開シグナルによって情報の流れを完全に制御できなくなった権力者がそれでもなにかを秘密にしたい場合、他のデータの山の下にシグナルを埋めようとすることが多い。秘密を隠すのに最適な場所はすでに明らかにされた他の秘密のなかなのだ。こうして暴露された秘密がもたらすのは、情報の撤回や除去ではなく、肝心のシグナルを溺れさせるような超暴露（hyper-exposure）である。隠れるためには荒野に行くのではなく、都市に行って群衆に紛れて生活するのだ。文字列を暗号化するにはその文字列を他の文字に変えればいいし、盗んだお金を隠すには他のお金がたくさん集まっている銀行に持ち込めばいい。東ドイツの秘密警察《シュタージ》は秘密本部や拷問室を人里離れた森のなかではなく住宅地のタワーマンションに置いたことで知られている。この現象はシグナルがもはや登録されないほど増幅される感性超過《ハイパーエステシア》に近いものだと理解することができる。

シリア政府はドゥーマで化学兵器攻撃を行なったとき、事件後の現場へのジャーナリストの立ち入りを禁止した。しかしこの攻撃で使用された塩素ガス弾筒の画像はすでにネット上に公開されていたため、フォレンジック・アーキテクチャーとベリングキャットは、ホワイト・ヘルメットのメンバーや『ニューヨーク・タイムズ』と協力して、シリアの医療サービス、反政府勢力、政府公認メディアが撮影した多数のビデオに写っている瓦礫、スチール製ガス弾筒やねじれた金属の正確な配置を慎重に再現し、公的な国際機関が同様の判断にいたるずっと前にこれが化学攻撃の現場であることを確証した。(12)

ロシアとシリアのプロパガンダ担当者はこの話を他のイメージや解説の洪水に溺れさせようとした。誤爆であるとか、粉塵を吸い込んで市民が死亡したとか、塩素攻撃は反乱軍が行なったとか、自己矛盾に満ちた主張が大量に生み出されたのである。ネット上の支援者や工作員、さらに著名人（『デイリー・メール』紙のコラムニスト、ピーター・ヒッチェンスなど）(13)と共に、事件を曖昧にするために世間に疑惑の種がばら撒かれた。否定派の論理の典型であるこのようなエントロピー的な主張のポリフォニーは、フロイトの有名な「やかんの論理」を彷彿させる。[14] 貸したやかんがなぜ壊れて戻ってきたのかを聞かれた隣人の矛盾した返答と同じ仕方で、問題を混乱させるために、そして相互に折り合いのつかない返答のどれかが正しいと判明することを期待しながら、彼らは「それは起こらなかった」、「それは自分のせいで起こらなかった」、「それは起こるべくして起こった」と言い立てる。「それはあらかじめすでに壊れていた」も出てくるかもしれない。これらの主張は矛盾を含んでいるにもかかわらず、同時にあるいは短時間のうちに連続して述べられる。このような否定ははっきりした結論の出ない霞を作り出し、事実に向かう能力を奪うことを目的としている。ここでは部分的な真実と捏造の紡ぎ手によって、複数の視点と状況に位置づけられた知識の相互作用が裏で操作され、偽りの問いが誠実な疑問を装って投げかけられるのだ。

＊＊＊

一般的に言って国民は秘密の活動を支持する。周辺部分に対しては改革が必要だと訴えるかもしれないが、治安機関が適切に行動していると主張するなら、私たちの社会のほとんどの人々はそれを信じて従うことに満足する。治安機関にはすべてをスパイするための十分な人員がなく、デジタルシグナルの諜報活動はあまりにも多くのシグナルを蓄積する。だからこれらの機関はスパイする対象であるはずの人々を「雇用」して、彼ら自身が互いに自分たちを取り締まり、監視するように仕向ける必要がある。イスラエルでは、自分の政治的行動がある敷居を超えてもはや治安部隊に受け入れられないと思われると、たいてい親しい人から、「誰かの知り合いである誰かが「お前は監視されている、だから気をつけろ、おとなしくしたほうがいいかもしれない」と言っている」と言われることがある。その瞬間、警戒心が残っていれば、自分自身が自分に対する実質的な警察となるのだ。

暴露の政治、秘密を露わにする政治が簡単でも単純でもないことを述べてきた。すべての暴露行為は情報の流れの秩序への介入であり、感情と効果、恐怖と政治をともなう。ときには秘密を暴露するという善意の振る舞いが予期せぬ結果をもたらすギャンブルになることもある。なにかが暴露されればされるほど、その結果生じる恐怖とパラノイアが実際には権力者の役に立ってしまうことがあるのだ。これが暴露のパラドックスなのかもしれない。

その一例がエドワード・スノーデンによる大規模な国家監視の暴露である。[15] スノーデン以降、アメリカ国家安全保障局（NSA）やイギリス政府通信本部（GCHQ）の抑止力はむしろ高まった。なぜならメールを送るたび、インターネットで検索するたび、人々は監視されていることを意識するようになったからだ。法学者のジョナサン・ペニーは二〇一六年に、そのような国家機関が疑わしいと感じる可能性のある「ハマス」などの項目に関するウィキペディア検索の回数を数えることでこのことを実証的に示した。[16] スノーデンの暴露以前はそれらの検索回数は著しく高かった。だが監視されていることが明らかになると、そのような疑いにつながる意味を持つと思われる情報を収集する人々の能力の持続的な冷え込みが確認された。監視者がもはやスパイである人間の眼ではなく予測分類器であるとき、監視されているという自覚や偽装工作を展開するという発想自体が直接的な意味を持たなくなり、むしろ誤差や解釈の計算の押しつけ合いが前景化してくる。

同じことが文章やイメージの検閲から他の領域へと拡張された「**リダクション**」という用語で知られる秘密化の形式にも当てはまる。リダクションの目に見える事例は、他のテキストの上にタイプされたテキストや、背後にあるテキストやイメージを隠す黒い線や形である。黒塗りされた文書は、情報公開請求や訴訟の成功によって政府が秘密文書を公開することを強制された結果、目に見えるようになる。しかし秘密保持と安全保障の特権が公開に優先する場合もあり、結果として文書は部分的に編集され、ときには滑稽なくらいに覆い隠されることもある。

ベルトルト・ブレヒトは、「単純な「現実の再現」が、その現実についてこれまでほど多くを語らなくなったために状況は非常に複雑になってしまった。クルップ工場やAEGの写真は、これらの施設についてほとんどなにも明かさない」と述べている[17]。たしかにそうかもしれない。リアリズム感性術のこの問題を指摘することによって、ブレヒトはそのような企業を収容する建物の内部で行なわれるすべての搾取と社会的・労働的関係が覆い隠されることに注意を促した。ファサードはそれ以上のものではない。どんなにモダニズム的であっても、クルップ社の建物は、建物の組織的論理の側面を明らかにするかもしれないが、そのなかで行なわれる不正を明らかにすることはないのだ。

これはハンス・ハーケが調査的芸術の基礎となる作品のひとつである、《Shapolsky et al. Manhattan Real Estate Holdings: A Real-Time Social System, as of May 1, 1971（シャポルスキーその他、マンハッタン不動産ホールディングス——一九七一年五月一日におけるリアルタイムの社会システム）》を制作したときに念頭に置いていたことかもしれない[18]。このプロジェクトは、マンハッタンのローワー・イーストサイドとハーレムにある、主にスラム街の長屋を撮影した写真を並べたものである。一四六棟の建物は通りから平面的にモノクロで撮影されている。各イメージの下には別の枠があり、そこには建物の所有者記録が紹介されている。それはある特定の家族が物事を不明瞭にすることを目的としたダミー会社のネットワークを運営していることを明かしている。つまり資本主義空間において、建物が居住と財産の両方の機能を果たすことを例証しているのだ。だがこのふたつの機能は互いに相容れないものであるかもしれない。

ファサードは仮面である。建築においてファサードはつねに隠匿の事実を露呈する行為である。だからリダクションはファサードのようなものだ。しかし建物の外壁とは異なり、リダクションは私たちになにかを教えてくれる。各国のブラックサイトのネットワークに使われているなんの変哲もない建物や、ある都市の無名の取調室は、他のなんの変哲もない建物列のなかに収まっている。こうした建築物はCIAが運営する日常にありふれたもののネットワークの一部である。エドマンド・クラークとクロフトン・ブラックの著書『ネガティヴ・パブリシティ——特例引き渡しの作為物[19]（*Negative Publicity: Artefacts of Extraordinary Rendition*）』などの仕事に記録されているように、私たちが目にするのは拷問や拘禁ではなく、こうした手続きを覆い隠そうとする試みである。つまりその物質性、いわば秘密の建築を目の当たりにするのである。

文書のリダクションでわかるのはなにが読むことを許されてなにが読めないかということだけではない。むしろ興味深いのは、黒塗りの範囲とパターンである。リダクションとは一種の自己言及的な記号であり、自らの存在のみを明らかにする。それは政府の情報の論理とその行動の痕跡である。ここに政府の決定があり、ここに好奇心をそそるがお前が見ることを許されないものがあるというわけだ。これは情報理論における「差異を生む差異」のひとつの具現化であり、グレゴリー・ベイトソンのもともとの言い回しと同じようにあらゆる種類の差異について成り立ち、そこには仮面の反復さえも含まれる。[20]この小さな痕跡は「ネガティヴ証拠」、つまり証拠の不在がそれ自体で証拠となる除去や隠蔽として理解することができる。

国家による暴力は、警察の粗暴な暴力から「**国家的理由**（*raison d'etat*）」によって許可されたより高尚な殴打にいたるまで、さまざまなコードのもとに行なわれるが、しばしば二種類のものから成り立っている。一方では人や物に対する暴力があり、他方では事実に対する暴力、つまりそのような暴力が実際に起こったという証拠に対する暴力がある。誰かが国家機関によって暗殺された場合、犯罪は暗殺だけでなく暗殺の否認、隠蔽や反訴のなかでも起こっている。暗殺が社会に残す痛みは、それが起こったことを否認し、その否認を維持する権力によって、より一般的な恐怖感へと増幅されていくのである。

ここで否認はやかんの論理を取りうる。「私たちはやっていない——誰か別の人がやった」、あるいは事件はまったく起こらなかった。さらにシステムになんの情報も加えようとしない否認の形態もある。このような否認は「グローマー拒否」と呼ばれる。これは国家の色彩学者たちが混ぜ合わせる灰色のなかでも、もっとも中立的であるようにデザインされた色調である。グローマー拒否は情報を一切公開しないことを目指す否認である。グローマー拒否の条件に従えば、たとえば国家機関は情報公開法（FOIA）の下で要求された文書の「存在も不存在も確認も否定もしない」権限を与えられている。

グローマー拒否は「存否」の事実そのものが「安全保障上の理由」で開示を禁止すべき情報であることを理由に正当化されている。この用語は沈没したソ連の潜水艦を回収するために一九六八年にCIAが使ったグローマー・エクスプローラー号というハワード・ヒューズが建造した船に由来している。その九年後、ジャーナリストのハリエット・アン・フィリッピが情報公開法に基づいてグローマー・エクスプローラー号に関する文書を請求すると、CIAはフィリッピの記事を検閲するためにこの船やその情報の隠蔽に関する文書の存在について「確認も否認もできない」と言い放ったのである。その後、グローマー拒否はCIAとよく結び付けられるようになり、この諜報機関がツイッターのアカウントを開設した際にも、「これが私たちの最初のツイートであることを確認も否認もできない」とつぶやくまでになった。これは自らの行動と無責任さを誇示するのに十分な自信がある加害者の一種のほくそ笑みとしてのグローマー応答である。より機能的に言えば、グローマー化とはゼロの言語的な等価物を目指す否定である。しかし興味深いことにそれでも情報の塵のかけらが発見される。グローマー拒否は最終的に自らの存在という事実を削除することができないからだ。もし存在するとすればそれはどこかで承認されたものなのだ。

秘密を覆い隠していること自体を秘密にし続けることはできず、覆い隠したものに関するより高次元の意思決定が存在する可能性が露呈されてしまう。この点では取り消し線や黒塗りと同じである。リダクションは書かれたものや描かれたものを塗り消すことができるが、つねにその行為自体によって自らを露わにする。グローマー拒否は確認も否認もできないが、グローマー拒否が実行されたことを否認することはできない。グローマー化もリダクションも、知覚からなにを隠し、なにを隠すことができないかを定めている独自の感知の文法を持っているのだ。

ある意味でそれらは近代哲学の誕生を象徴する懐疑論を反映しているとも言える。ルネ・デカルトが「われ思う、ゆえにわれあり」と宣言したのは有名だが、彼は存在の最小限の証明、つまり思考を確立するための小さな足がかりを求めていた。そのわずかな余白とは彼が自分の思考の事実を感知することができるということだった。それが幻想であるかどうかは二の次である。重要なのは思考そのものが起こったという事実なのだ。グローマー拒否は西洋思想の基盤にある誤作動を指し示しているのだろうか。それはなにが覆い隠されているのかについて考え、探求する能力を否定するために、そのような感性的な出来事の意義を最小化しようとする試みである。だがその代わりに起こるのは別の種類の出来事である——「われ空白、ゆえにわれ空白」。痕跡を残さないようにしたり、ありふれたものを仮面として使おうとしたりするときこそ、インフラが物質化され、可視化される瞬間なのだ。グローマー拒否でさえ意味形成を消し去ろうとするときに感知してしまうのである。

ここでは秘密とその暴露の両方を感性術《エステティクス》の観点から考える必要がある。証拠に対する暴力、強制失踪、覆うこと、隠すこと、埋めることなどの否定と否認は反感性術的次元をもち、公の麻酔を生み出そうとする。しかし覆い隠《マスキング》そうとする試みを認識するとき、私たちはあらゆるところに仮面《マスク》の可能性を見出しはじめるかもしれない。ここに超感性術《ハイパーエステティクス》の偏執的な形態が現れる。あらゆる仮面が乱立する他の仮面の指標となる。ここでは二重の暴露が行なわれている。権力の秘密が内部のアウトサイダーによって最終的に暴かれると共に、その仕組みそのものが一匹狼の順応者によってばらされてしまうのだ。これは陰謀論の領域である。陰謀論は分析や調査のように振る舞い、ときには厳密さの香りさえ漂わせるが、つねにあらかじめ決められた結論に向けられている。

言語様式や話し方には、真実を説明しようとするよりも、嘘をつくことにはるかに適したものがある。そのなかにはこの上なくオープンで明瞭であるように見えるものもある。また秘密の操作によって自らの文法や語彙を確立するため、どのように生まれ、なにを含むのか、またどのようにそれを話すのかが思い出せないようなものもある。文法的なものを含むすべての格《ケース》が二重底を持つ言語もある。

第9章　ネコと天使

むかしむかし、ネコが天使と出会いました。このように始めるのは、これが寓話の伝統的な始め方であり、私たちにも伝えたい教訓があるからだ。

ネコと天使は、おそらく必要であるよりは少なく、しかし自分たちが望むよりは多く、互いのことを知っていた。それぞれ相手ができないことができた。ネコも天使も一連の専門と特技を持っていて、それが両者の違いを際立たせていた。双方とも情報技術の複雑な仕組みに精通し、なにが問題なのかについて明確な見解を持っていた。しかし彼らはまったく異なる方法でその技術的環境に身を置くことを選んだ。そのため両者が偶然に出会ったとき、そこで交わされた議論はただちにきわめて図式的なかたちをとった。

天使はすばやくて才気にあふれ、回転し、跳ねまわり、その妙技を高らかに披露した。そして自分たちの信念を次のように語った。国家による非道徳な行為の正当化、ひいては権利侵害の正当化に関するもっとも重要な決定は秘密裏に行なわれる。そのような秘密は空間的な条件であり、情報の周りに記された制限として知る者と知らない者、知ってはならない者を隔てている。活動家と対抗調査員は、権力が情報の周囲に張り巡らせた非常線に穴を開け、貫通させなければならない。そうすれば高い圧力をかけられた秘密がにじみ出て流出してくる。このプロセスを通じて、国家や企業の犯罪の証拠を秘密の輪の内側から外側に移動させることができる。

天使は私たちの時代を掴むべき好機の瞬間であると見た。デジタルテクノロジーの出現によってこのような侵入を可能にする便利な窓が開かれたのだ。データ、電子ファイルと電子テキスト、電子メール、メッセージ、デジタルイメージやビデオ送信は現代の官僚主義国家の活力源となった。だが流通の速度と量が増すにつれて、ファイルが傍受され、複製され、転用される可能性も高まっていった。紙媒体の官僚制度はもっと限定された可能性しか与えなかった。天使はファイルをコピーし、痕跡を残すことなく境界を越えて流出させる運動の身軽さと速度に沸き返った。

ほとんど痕跡を残すことなく、とネコは笑い、そしてこの「ほとんど」というのが決定的な違いなんだと指摘した。天使はこうした痕跡を消そうと試みた。データの流出を助け、漏洩した人間を守るための一連のテクノロジーを開発した。暗号化されたネットワークを使うことで漏洩者の身元を秘密にしておくことができる。こうして公と秘密のあいだに逆説的な相互作用が設定される。公共の利益のために匿名の漏洩を可能にしようと思うなら、秘密が重要になるのだ。(1) こうしたことは大概うまくいったが、ときどき漏洩者の身元が暴露されることもあった。

漏洩の事実は事実の漏洩と同じくらい天使にとって大事なことだった。あらゆる越境行為と同じように、秘密を公の領域に移すこと自体がそこで暴露される特定の内容よりも大きな効果をもたらした。アイデンティティは、たとえ政治的アイデンティティや組織的アイデンティティであっても、しばしば境界線で定義されるものであり、それを破ることによって、穴を開けられた政治的構造、社会的構造、または組織的構造の境界線に無秩序、カオスと混乱が生じることを期待していたのだ。

光に晒されることを意図していなかった表面、皮膚、イメージ、ないし文書の露光は感性超過《ハイパーエステシア》をもたらしうる。解釈できないシグナルの過多によるシステムの崩壊だ。秘密の情報を公開することは、権威を失墜させ、政府と社会の関係を不安定にする。それが起こったときに発生するパニックは見ている者にとって最高の娯楽であり、天使のアナーキーな性分を大いに喜ばせた。だが権力の中枢で大混乱を引き起こすことは、被支配者の主体性を示すだけでなく、変化の可能性をもたらすという信念に基づく政治的な論理にも導かれていた。カオスは生産的である——もしそれを掴めば好機となるのだ。

天使の話を聞いた後でネコはつぶやいた。天使をもっとも有名にしたいくつかの軍事文書の暴露において、暴かれた秘密の多くはじつは大した秘密ではなかった。国家の怒りは、むしろ情報のコントロールに対する自分たちの独占を天使が脅かしたことに対する反応であり、情報の配管に対する破壊行為だとみなしたのだ。国の対応の激しさがかえって天使の主張を補強してしまった。

それからネコはもうひとつ別の主張をした。天使が提示した秘密の建造物の内／外という区分じたいに異議を唱えたのだ。ネコにとっては、情報を囲む非常線が完全であるというそもそもの仮定が幻想にすぎない。実際、秘密はその隠された本性の一部が物質世界のより目に見える側面に避けがたく接するとき、つねに自らを暴露してしまっているとネコは考えた。そのため彼らは秘密の領域と、何千もの接点で構成されたオープンで混沌とした世界とのインターフェースに注目した。ネコの注意深い目は、内と外が明確に区分された権力の輪を見るのではなく、「秘密」をそれぞれが隠蔽された政策や作戦の潜在的な断片である痕跡の星座として捉えた。それは部分的に秘密でありながら、部分的には公開されている。だから国家機密と公開情報の関係は、よく見てみるとメビウスの帯に似ていることが多いのだ。

大事なのは、とネコは言った、忍耐と注意を怠らないこと、見る方法を学ぶこと、そしてもっとも重要なのは痕跡を結びつけることだ。痕跡とは一見重要でなさそうな多くのものであり、多ければ多いほどいい。ネコはよく見える場所にありながら、目に見えないデータの山を指さした。秘密はその表面や、市民が記録し、動画としてアップロードしたもののなかにすでに横たわっていた。ただ必要なのは新しいものの見方である。一見無関係に見える写真や映像の断片をつなぎ合わせて手がかりを探し、私たちを操作しようとする、あるいはわざと誤解を招こうとする公式の説明を覆す対抗物語を構築するのだ。その結果、政府による化学兵器の使用、ドローンによる極秘攻撃、あるいは観光者を装った二人組の暗殺者によるイギリスの地方都市侵入などが明らかになる。視覚的なパンくずからイメージを構築し、それらを照合させる技法が必要なのだ。

ネコは、外界にはあまりにも多くのものがあるので、私たちはもう一度見る方法を学ぶ必要があると主張した。見るというのは難しい行為で、物事の結びつきに注意を払わなければならない。ネコの方法は、無意味で些細だと思われるが重要なことを伝えるもの、要するに目立たない細部を強調するものだった。

しかし天使は物語の別の部分を伝えたがった。国家官僚や企業代理店から技術的特権や電子通信の容易さという単純な便益を奪うことには戦術的な利点がある。このような国家のチャンネルはその後、より安全で、より管理され、より煩雑で、コピーするのがより困難で、ある者にとってはより記録され、別の者にとってはよりオフレコである空間に移動することを余儀なくされる。そのためには時間と資源が必要であり、失われた古いものの容易さを補うために必要な新しい種類の構造はさらなる不安を生み出す。電子的な言論の自由な新世界は、その掴みやすさを回避し、漏洩への防御を設計するために、より多くの複雑怪奇な層を生み出しているように見える。

天使には厄介なパズルを解くための忍耐力がなかった。彼らは自分たちのシステムが匿名であることにこだわっていた。だから内部から外部へデータを移動させる人間、漏洩者がどうしても欠かせなかった。天使のアプローチは、漏洩者が追跡不可能な方法で文書をアップロードすることができ、作業を容易にし、安全性を確保するテクノロジーをベースにしていた。そしてこのようなシステムはある非対称性を軸にしていた。つまり国家機密は暴露されなければならないが、それを伝える人は匿名化され保護されなければならない。秘密を暴くということは、したがって必然的に新たな秘密を生み出すことになるのだ。

この新しい秘密は、政府と国民のあいだに存在する構造的な非対称性を解消するという枠組みで語られた。国民は政府に対してしばしば透明であるため、ある場面でそれを反転させることは、支配の幾何学的構造を動揺させる小さな応酬にすぎないというわけだ。

「ほとんど追跡不可能」とネコがまた口を挟み、天使のシステムに参加したために刑務所に入れられた人々のことをもう一度天使に思い出させた。ネコは目を回して、見栄えのしない昼間の光の向こうを見渡した。よく観察すれば内通者など必要ない。必要な手がかりはすべてあり、危険を冒さないといけない者はいないのだ。内部告発者や憤慨した人々が匿名で秘密を投下できる場所があることは重要だが、それよりはるかに多くのことを教えてくれるのは、人々がまだ憤慨すべきだと思ってもいないことのほうだ。実際、拡大しているデータのグレーマーケットは、ネコと天使双方の世界の合間に位置した新しい情報源である。たとえばそこではあらゆる種類の官僚機構や行政機関からのデータ、あるいは暗殺作戦を遂行中の国家保安員の通話記録さえも購入することができるのだ。

両者が話すうちにネコと天使は世界の可視性の秩序をそれぞれ異なる方法で理解していることが明らか

になった。天使はネコに対して、羽根のあいだから次々と書類を取り出すことで応えた。兵士、政治家、コンサルタント、スパイ、経営者などの文書がどんどんと出てくる。このようなものはすべて暗闇から屋外に解放されるべきであると天使は言った。それから立ち止まって微笑んだ。「わからないか、私は物事を露わにし、アクセスを直接可能にする手段を提供しているのだ。私のシステムは、真実にアクセスできる人がそれを吐き出すことを可能にする。お前は表面に散らばっている小さなパンくずから、そのような真実を事後的に組み立てるにすぎない」。

「ほとんど匿名で」とネコはまたもやケチをつけた。

本当は、と天使は語気を強めた。ネコはすでに起こったことの痕跡しか見つけることができない。秘密は物質世界の行動に移されてはじめて痕跡を残すことができるが、自分は未来を見通し、まだ起こっていない犯罪の計画を感知することができるのだと天使は主張した。起こるかもしれない計画についての議論や決定を妨害することは、そのような計画の実行を回避することを意味するかもしれない。そして天使に言わせれば、このことは決して小さな違いではなかった。

私のやり方をするなら人々は勇敢でなければならない、と天使は言った。秘密を得るために人々はまず自分自身を変えなければならない。実際、彼らはそれ自体秘密にしておかなければならない行為を実行することになる。自ら秘密になるとはブラックボックスの内から外への導管を作ることだ、と天使は言った。ひとつの箱から別の箱を経由してさらに別の箱へと移動するのだ。

そしてこれまであまり気にしていなかった論点を感知した天使は付け加えた。じつは一回かぎりのデータ傍受のための空間を作ることは、特別な技術とコネを持つ編集者や研究者などのチームの仕事ではなく、権利を奪われ孤立した人々を巻き込む方法なのだ。天使のやり方は法の境界を押し広げ、パブリックドメインの拡張を支持することだった。そしてそのやり方は往々にして刑務所に入ることで終わった。ネコは法を遵守することに気を配っていた。なかには彼らが法のために働いていると（間違って）示唆する者さえいた。

ネコは尻尾を伸ばして立ち上がった。メシア的真理に聞き飽きたのだ。ネコはなにか他のものを求めていた。その上、天使によってなされた啓示のほとんどは、頭のなかに無秩序なただ漏れを作り出しただけだった。あまりにも多くの文書が分析されないままに放置され、それらのあいだになんの関連性も見出されなかった。それは実体のない奔流だとネコは思った。たとえそれが権力の中枢から流れ出たとしても、真実は単独の情報源、単一の漏洩からは導き出せない。多角的な視点と複数の情報源からデータを確証することが必要なのだ。

しかし彼らには共通点もあった。ネコと天使は共にプロパガンダを流布していると敵対勢力から非難され、おそらく習慣の力に負けて、互いにもそのような活動に甘んじていると非難しあうようになった。また両者ともさまざまな地政学的組織や諜報機関のエージェント、あるいは便利な乗り物にすぎないと非難されていた。天使はロシアの諜報機関、ネコは大西洋の大国の諜報機関。これらの観察は彼らが互いをどのように理解するかにも影響を及ぼした。天使のマニ教的世界観が、現状に歯向かう不愉快な敵との提携に彼らを駆り立てたことも良くなかった。両者とも諜報機関とは一切関係ないことを誓った。この争いは、「もし誰かが秘密を売買していたら、彼らはなんらかのスパイに違いない」という古い思考習慣を露わにすること以外に大したものは生み出さなかった。

だがこの議論によってなにかが明らかになったとすれば、それは現代におけるプロパガンダの本質である。プロパガンダはもはや二〇世紀の熱戦や冷戦のように必ずしもトップダウンで行なわれるわけではない。それらの戦争では、人々は集団催眠や虚偽の意識を作り出す実践のように中枢的な操作の受動的な受け手として認識されていた。現代のプロパガンダは、人々を消費者と生産者のいずれかとして登録し、参加させてしまう。この現実ではデータが多方面から生み出されるため、ネコによく合っていた。誰もが情報源になる可能性があるため、天使にも適していた。しかしそれはまた自らが操作されることのリスクに両者を晒すことにもなった。文書を渡したり、画像をアップロードしたりする情報源は誰なのか。どちらのシステムも情報源が匿名である可能性を認めていた。それは情報の出どころと切れ目のない管理の連鎖にこだわる法的プロセスでは扱いが難しいことである。

実際、秘密の漏洩者は良心的な市民の装いをまとった国家の工作員だったり、グレーマーケットのデータブローカーだったりする。この危険性を抑えることができるのは、情報源を注意深く照合することだけである。秘密は、とネコは天使に思い出させる、偽物を隠す場所にもなりうる。一見すると秘密に見える文書が密かに広まっていく事例には長い歴史がある。秘密に見えるからといって、それが真実であるとは限らない。同様に権力のシステムの内部もその外部と同じように裏工作に満ちている。すべての発見は、定義上、不完全なものであり、より多くの情報はつねにより多くのことを明らかにし、解像度を上げ、物語を広げていくだろう。偽物は照合された事実のネットワークと完全に連動することはできない。

ネコは天使が疑問をまったく抱かないような、一見して真実で説得力のある贈り物をいつかされるかもしれないと推測した。「確かに」と天使は答えた。「ディープフェイクのような技術がこれほど一般的になり、イメージ操作のテクノロジーが検知技術を凌ぐかもしれないのに、どうして君はデータを信用できるのか」。「その通り」と、ネコはため息をついてから続けた。「しかしリスクを減らす方法はある。証拠をもたらす異なる情報源のあいだの横の関係をつねに検証すればいい。フェイクビデオが裏付けられることは滅多にないだろう」。

＊＊＊

ネコも天使も、互いの熱意と反論の余地のなさに嫌気がさしていた。どちらも結果を出しているのだから、その意味ではどちらの正しさも実証されていたのだ。歴史と偶発性が、異なる時々でどちらかにテーブルを傾けていくだけだ。この話の教訓はネコと天使の争いが部分的には二種類のシステムの違いだったということである。このふたつのシステムの違いは技術的なものであるが、同時に倫理的なものでもあり、真実と秘密、そしてそれらがどのように達成されるかということについての理解の違いでもあるのだ。

なぜ違いが技術的なものかと言えば、ネコは細部をつなぎ合わせて、事実として維持できるものをすこしずつ探し出し、つじつまの合わないことや不明瞭化の効果を減じるためのプラットフォームを作りだすからだ。それに対して天使が作りだすのは、内部から外部にいたる保護された経路である。そのため実際のデータに関わる作業には重きを置いていない。どちらの場合も、設計され使用される技術とソフトウェアは、データを処理する異なる方法を可能にし、それを後押しする行動の文法を構成している。

それぞれのシステムは異なる倫理的および政治的な問題と現実のなかを進んでいかなければならない。ネコはより広い参加者の輪を楽しみ、天使は忠実なチームを小規模にとどめ、目に見えないようにしておかなければならなかった。

ネコも天使も自分たちの仕事を直接的に感性術《エステティクス》の言葉で表現することはない。しかしテクノロジーと倫理の組み合わせにおいて、この二者が開発したシステムは異なる感性術の様式、異なる感知と行動の仕方を設定し、世界の意味を形成するためには特定の方法を辿ることが最善であることを示唆する。ネコにとって感性術的基準はまずビデオや写真の特定の細部などの検知に関わっている。彼らが関心を持つのは構成、つまり異質でバラバラなイメージデータを組み合わせることであり、事実に基づくプレゼンテーションの仕方において彼らは感性術的である。これは多くの点で超感性術的《ハイパーエステティック》なアプローチだとも言える。

天使は存在物をさまざまな方法で検知可能にする。これまで隠されていた情報を、たとえば人の眼球という新しい感知表面に接触させることによって。天使のシステムは、ひとたび秘密が暴かれると行動の連鎖が引き起こされ、権力が依存する内部と外部、プライベートとパブリックを隔てる強固な境界線に包摂された社会秩序が脅されることに基づいていた。これらの境界線を突き破ることは、システムの背後にある特権の秩序を根底から覆し、より公平な新しい社会編成がつくりだされるかもしれない混沌とした瞬間を生むだろう。

ネコは超感性術《ハイパーエステティクス》のポリフォニーに、天使は感性超過《ハイパーエステシア》の状態にそれぞれ親近性を持っている。一方のアプローチは反復的であり、他方は啓示的である。

＊＊＊

この架空の会話を間近で観察してきたが、ここで一歩引いて考えてみよう。この寓話の天使はもちろんウィキリークスの創設者であるジュリアン・アサンジを指す暗号である。ネコは調査機関ベリングキャットのことである（ただし、ベリングキャットの研究者たちは、ネズミたちが協力して自分を狩る猫に鈴をつけるという童話にちなんで自分たちの組織を名づけた）。ここで寓話の形式を用いたのは、個人に焦点を当てるのではなく、問題に関わる定式や原理を扱うためである。

この世界にはネコと天使のどちらも必要である。情報漏洩の啓示力とそれが秘密の体制にもたらす脅威の重要性は疑いえない。漏洩を可能にする技術的、法的能力を維持するために、さらなる取り組みがなされないといけない。Distributed Denial of Secrets（秘密の分散型否認）のようなグループや、報道機関が安全な情報の投下施設を作ったことなどで、この原則が拡張されていることは歓迎すべきことだ。同様にパブリックドメインで発見された膨大な量のデータを辛抱強くふるいにかけるというネコのこだわりも拡張していかなければならない。

だとすれば、おそらくこの二人以外に別のキャラクターが必要なのだろう。ファロッキが提案した都市の鳥は、メディアや植生、プラスチックの破片から巣を組み立て、巨大で移り変わる関係性のネットワーク、集団的かつ継続的な構築のプロセスを作り上げる。

最後に、ジュリアン・アサンジがウィキリークスの活動によって迫害されることに、私たちは完全に反対であることをあらためて表明せずには、この章を終えることはできないだろう。アサンジの人生と彼の組織の遺産になんの問題がないとは誰も言い切れない。とくに憂慮すべきは、彼に向けられた女性差別と性的暴力の疑惑である。とはいえ、ウィキリークスはその活動を通じて、機密だが重要な情報を一般に公開したため強力な敵を多く作った。彼らがさまざまな政府から受けた猛烈な反応はこのことを雄弁に物語っている。アサンジの逮捕と引き渡しの試みは、米政権による報道の自由に対する最大の攻撃のひとつであり、他国によるその攻撃への共謀は卑劣なものだ。真実の情報を公開した個人や組織を罰しようとする試みは、すべてのジャーナリストと出版社を脅かし、あらゆる社会の基本的権利に対する攻撃となる。アサンジと、彼の活動によって力を得たチェルシー・マニングのような人々が、根本的な透明性と権力システムの説明責任を追求するために払った多大な犠牲は、今後何年にもわたって認められ、その活動は支援されなければならないだろう。

第10章　耳と目

　奇妙な偶然がネコと歴史家カルロ・ギンズブルグの仕事を結びつけた。それは耳に関することだ。調査機関ベリングキャットのこれまでの発見のなかでもっとも有名なものは、二〇一八年のソールズベリーにおけるノビチョク神経剤攻撃の実行犯だとされるロシア諜報機関あるいはロシア連邦軍参謀本部情報総局（GRU）の工作員の身元特定である。ネット上で見つかった三枚の写真と、流出したパスポートのデータベースを照合することで、工作員が誰であるかを突き止めることができたのだ。ベリングキャットの創設者であるエリオット・ヒギンズは、容疑者の一人であるアナトリー・チェピガ大佐を特定する上でブレイクスルーが起こった瞬間について尋ねられた際、「奇妙に聞こえるかもしれませんが、三枚の写真のなかで彼の耳のかたちを見たときです」と答えている。「顔の照合は一〇〇パーセント確実ではありませんが、耳のかたちなどは身元を確認するのに非常に有効なので、あれは……なによりもピンときた瞬間でした[1]」。

なぜ耳を見るのか？　顔は歳をとり、光の条件は変化する。イメージ処理装置において焦点距離は調整でき、文脈や解像度は変わる。男性は髭を剃ることもできるし、伸ばすこともできる。私たちの顔は人生を通じて変わり続ける。微笑みやストレスは私たちの皮膚をさまざまな方向に引っ張る。しかし耳の年の取り方は異なり、おそらくもっとゆっくりと進行するのだ。耳は伸びるが、顔でどんな表情をしても、ほとんど影響を受けない。サングラスをかけたり、カツラをつけたり、ガムを唇や頬の下に挟んだり、化粧をしたりすることはできる。でも耳のような大して重要であるとは思えない部分を隠す人はほとんどいない。耳を気にしたほうがいいことを誰が覚えているのだろうか。

この耳への関心の先例は、カルロ・ギンズブルグのもっとも重要なエッセイのひとつのなかに見つかる。(2)「手がかり──モレッリ、フロイト、シャーロック・ホームズ」において、ギンズブルグはもうひとつのメディア史である絵画史の文脈における細部の意味を論じている。(3)一九世紀の美術史家を悩ませた最大の問題のひとつは巨匠の手になる歴史的名画の正しい帰属先であった。これらの作品は往々にして署名がなく、上塗りや煤に覆われていることが多く、長い間放置されていたものもあった。さらに、古い絵画の贋作を見分けることも急務であり、それ自体が巨大な産業と化すほどだった。その作業は構図や主題、色彩に精通した高い目利きの専門家によって行なわれた。しかしそのような感受性は細部にはあまり注意を払わなかった。

ギンズブルグのエッセイは別の経路を辿る。彼はジークムント・フロイトがある美術史家の文章を読んだことを引き合いに出している。この興味深い人物は、もともとペンネームで活動している作家の偽名の翻訳者という二重の仮面をかぶって書いていたが、最終的にジョヴァンニ・モレッリであることが判明した。モレッリが考えていたのは、美術館には間違って別の作者に帰属させられた絵画がたくさんあるということだ。実際、正確な帰属はしばしば困難であり、複製とオリジナルを区別することも非常に難しい。モレッリの用いた帰属の方法は、絵画の鑑定に細部の技術的な分析という考え方を導入した。彼の研究は当時主流であった学問とは一線を画し、多くの偽作を発見し、多くの作品の再鑑定を行なうことにつながった。

正確な帰属や特定は、絵画の色彩、構図、参照項やジャンルといったもっとも明白な特徴を評価する慣習を捨て去らなければならないとモレッリは考えた。贋作者が十分な知識を持っていれば、これらの特徴は容易に模倣することができるからだ。そのかわり細部に焦点を当てるべきである。重要なのは画家自身の流派を特徴づける様式において一番意味を持たないようなものである。耳たぶ――ここでネコの話につながるのだが――そして爪や指のかたち、足指のかたちなど。これらの細部の描き方は、場面の主要な部分に一番注意を払っていた画家や贋作者の身元をうっかりバラしている。画家の固有性はそれぞれがとった便利な近道の特徴によって識別することができるのだ。

「モレッリ・メソッド」と呼ばれるようになったこの方法は、複雑な化学検査やその他の分析方式と並んで、今日でも美術史家や保存修復家の基本的な武器として使われている。フロイトにとってモレッリの手法は無意識との関連において重要な意味をもっていた。というのも画家は自分のしていることにあまり集中していないとき、つまり絵画のなかでもっとも注意を払っていない部分を組み立てるときにもっとも自分自身を露わにするように見えるからである。耳たぶを手早く描くのもそのひとつである。「もっとも見すごしやすい細部」、それも些細な、あるいは「マイナーな」ものに注意を払うことで、それぞれの画家に固有な特徴への入口が開かれるのだ。(4)

私たちの人生におけるうっかりした行為、すなわちマルク・ブロックがその著書『歴史のための弁明(5)

(*The Historians' Craft*)』で「意図しない証拠（unintentional evidence）」と呼んだものこそが、私たちの人格と行動を明らかにする。これは歴史に組み込むために残される手記や手紙、未来を取り込むために残される裁判記録や国事行為などの意図された証拠とは区別される。ギンズブルグの記述に戻ろう――

モレッリは、ボッティチェリやコズメ・トゥーラなどの大家独特の耳を特定して、これらは原画には見られるが、模写には見られないと述べた。それからこの方法を実際に応用して、ヨーロッパの主要美術館所蔵の十数点の絵は、現在表示されているのとは別の画家の作品であると主張した。大騒動を引き起こした場合もあった。たとえばドレスデンの美術館にある横臥するヴィーナスの絵は、ティツィアーノの失われた作品をサソフェラートが模写したものと信じられていたが、モレッリの鑑定によると、これは間違いなくジョルジョーネの数少ない原画のひとつとのことである(6)。

ネコは美術史家ではないので、ギンズブルグもモレッリも名前を聞いたことがないとのことだった。不気味な国家の暗殺者を特定したのは、たまたま同じ身体器官に同じような手段で焦点を当てた際の直感の働きだった。それは些細に見えて多くを物語る細部だったのだ。

耳は「徴候解読型パラダイム（evidentiary paradigm）」に関するギンズブルグの説明のなかで、すべての探偵の父であるシャーロック・ホームズを通じて、生理学や医学と犯罪捜査を結びつける要素として再登場する。このパラダイムにおいてホームズは精密な観察と、特定のテーマ（耳の解剖学的特殊性）についての総合的な科学的知識、および論理的推論を融合させる。モレッリが細部にこだわるのは、植民地時代の膨大なデータ収集や、警察の指紋や顔のアーカイブのように権力関係を押しつけるためではなく、念入りな注意を持続させるためである。

犯罪被害者の同定という問題に関してホームズは、画家の固有性の現れではないものの、それ自体として多くを物語る対象というネコの仕事に近い事例で耳の意味をワトソンに説明する。それは彼が切断された耳がふたつ入った包みを調べたときのことだ。「どの耳をとってみても、原則としてそれぞれ著しい特徴があり、他のどんな耳たぶとも違っているものだ」。ホームズはそれから身元の特定を行なう。「耳翼のつまっているところといい、上辺のゆるい曲がり方といい、内軟骨の旋回の仕方といいまったく同じなのだ……被害者は婆さんの血縁、それもきわめて近いことが明らかだ(7)……」。

ここでもまた耳は当時の科学の専門用語を使って比較分析ができるものとして登場している。ホームズによれば、耳というミニチュアの風景における緊密な類似性は近親関係のしるしである。この風景を観察することは、ありふれた風景のなかに隠されている親和性や結びつきを見出す手段であり、それが発見されれば他の多くのものとマトリックス状につながる可能性を持つのだ。

もちろんギンズブルグのエッセイは耳よりも大きな範囲に及んでいる。それが論じるのは証拠という概念の発展である。原因と結果の関係を明らかにするため細部に焦点をあてるギンズブルグの姿勢は、医学、探偵業そして芸術の実践を、ミクロなスケールの歴史に対する彼自身の関心と結びつける。つまり彼と『クワデルニ・ストーリチ』誌に関わる他のイタリアの歴史家が「ミクロストリア（microstoria）」と呼ぶ歴史へのアプローチである。社会科学の量的・統計的手法や、個人の生活を覆い隠す「**長期持続**（*longue durée*）」の歴史に不満を持っていた彼らは、ある歴史的プロセスを見分け、知ることができる最小限の残滓とはなにかという問いを立てた。またギンズブルグは、歴史的な道具とミクロなレベルの検知に対する感受性は、より大きな形成力を理解《メイキング・センス》するための手段をどのように確立できるのだろうかと問うた。

ギンズブルグにとってその入口となったのは、しばしば権力の網に絡めとられた個人、つまり主体性のない「庶民」として書き捨てられる人々の記録である。彼が詳細に研究した中世以降のヨーロッパでは、ほとんどの人々の生活が文書や文書館に痕跡を残すことはなかった。残っていたとしてもそれは権力者と関わったときだけである。彼のもっとも影響力のある著書のひとつ『チーズとうじ虫（*The Cheese and the Worms*）』は、異端審問を受けた田舎の粉挽屋メノッキオの裁判記録を扱っている。[8] そこで実現されるのは下からの歴史のようなものだが、ドメニコ・スカンデッラという名前でも知られるメノッキオの物語では、ミクロなスケールが裁判の手続きによってすでに翻訳されている。有罪あるいは無罪、特定の時間における特定の考えに関する弁明と証拠、自白を引き出す手段、そして違反の判決がもたらす暗い結末などが記述の本性を彩り、あるいは汚染し、実際に構成している。だがこれらのプロセスや権力の不均衡の層を通して、またそれらに対抗して、前面に出てくるのは個人の人生と信念のかすかな反響である。脅かされ、痛めつけられ、恐怖に晒されているこれらの声を通して、ギンズブルグは彼らの人生についてなにかを抽出し、提案することに成功しているのだ。

このように細部は因果の連鎖と力のフィールドの結節点として機能する。これはフォレンジック・アーキテクチャーやその他のオープンソース調査員がある事件から出発し、異なるスケール、枠組み、持続や専門分野を横断して、その事件が属する世界を再構成する作業と似ている。調査員は特定の細部、たとえば写真の解釈から出発して、天候、植生、暗号文、ツイートなどさまざまな要素に遭遇するか、それらは外側の社会や権力関係を指し示すかもしれない。しかしこのようなナビゲーションは決して容易ではない。なぜならあらゆる細部は潜在的に複数の世界に存在し、複数の世界を束ねているからだ。またそれが束ねる糸はしばしば折れ曲がり、絡み合っており、それが含まれる記録では声がかき消され、証言が強要され、裁判所の言葉によって濾過されているため、細部を解きほぐし、規模を拡張していく作業は困難なものとなる。

ギンズブルグは手がかりについての考察のなかで、事件と歴史の関係が異なる原理によって分節化されうることを示している。たとえば医学では症状は特殊な証拠と見なされ、決して病気そのものではなく、原因から一段階か二段階、あるいはそれ以上離れたところにあるとされる。症状はあくまで病気の存在や病歴を確定する可能性を持つ手段であり、決して保証されたものではない。だから病名や診断につながる複合的な状況の暫定的な読み取りが必要になり、そこには他のしるし、つまりたまたま見つかった兆候の断片やもっと検知しやすい症状との照合が関わってくる。推測自体は、偶然性と直感に基づく不完全で不十分な論理だが、医師と探偵の訓練された目には欠かせない能力なのだ。

認識論的に言えば、そもそもなにかを細部として確定することは、その細部とそれが部分をなすと仮定される全体との関係の理解の変化をともなう。なにかを細部とするとき、そこには想像上の全体との関係が暗黙のうちに存在するのだ。だから考慮すべき細部を追加することは、全体という概念を再構成することを意味する。このような変化は想定された全体を診断しながら解きほぐし、それを組み立て素材の複合(conjuncture)に差し戻し、他でもありえたかもしれないものとしてあらしめることができる。こうして細部は意味形成のさまざまな編成間に新たな相互作用を引き起こす。ここで意味形成はありうるものと実際にあるものとの関係に深く関わるのだ。

小さな細部と歴史的プロセス、さらには歴史的トラウマとのあいだの関係に働くこうした効果の一例として、アダニア・シブリの注目すべき短編小説『些細な細部(*Minor Detail*)』がある。この作品はカルロ・ギンズブルグのエッセイに対する方法論的なほのめかしを含んでいる。(9) 小説は二部構成になっていて、

第一部は一九四九年にネゲヴ／ナカブ砂漠でイスラエル兵の小隊がパレスチナのベドウィンの女性を捕らえ、レイプし、殺害する様子を描いている。この出来事の背景をなすのが、パレスチナ人の虐殺と村や土地からの追放、そして彼らの生活の痕跡の抹消である「ナクバ（Nakba）」と呼ばれる事件だ。第二部では、近現代を舞台にある素人調査員がこの事件の詳細を探ろうとする様子が描かれる。パレスチナ人女性である調査員は、些細なことからこの事件に引き寄せられる。「事件が起きたのは」と彼女は回想する、「ちょうど四半世紀後に私が生まれた朝と同じ日の朝だった」[10]。彼女は不安を抱えており、自分の状況と格闘しながらも、必死に自分を偽り、イスラエルの植民地支配下での生活全般の困惑と危険と闘わなければならない。

ふたつの部分は異なるトーンを持ち、小説の驚くべきラストでそれらがつながるまで、小さな細部と歴史的プロセスとのあいだにそれぞれ異なる種類の関係が示されていく。第一部は極端な暴力シーンと日常的な描写を区別しないまま、耐え難いほど平坦な細部の連鎖によって語られている。女性の捕獲、拷問、レイプ、殺害の瞬間がすべて、石鹸の使用や髭剃りのときの士官の手の反復運動、または兵士の日課の詳細と同じレベルの細かさで描かれるのだ。

第二部は風景や地図上の座標からパレスチナ人の生活の細部が完全に消去されていることの証言となっている。調査員はあるナビゲーション・システム（イスラエルの観光地図）の意味と別のシステム（一九四八年以前のパレスチナの地図）の意味を、地面がすでに根本的に変化しているなかで照らし合わせようとして調査に苦労する。写真や記録のアーカイブを精査し、殺人が行なわれた場所の痕跡を探し続けるが、彼女は自分が引き受けた仕事の不可能性を認識している。

この小説はトラウマを抱えた歴史的想像力における細部の位置づけを前景化している。細部を生き生きと語り、些細なことを容赦なく描写し、それを再び生きるかのようにくりかえすことで、読者は果てしない現在という恐怖のなかに置かれる。それはいまだに終わっていないナクバの時代であり、歴史的かつ集団的でありながら断片的にしかアクセスできない現在進行形のトラウマなのだ。ナクバは失われつつも忘れることのできない些細な細部の繰り返しによって顕在化する。それは「見ることのひとつの方法です」とシブリは続けている。「つまり、机の上の埃や、絵の上のハエの糞のようなもっとも些細な細部に強く集中することが、真実とその存在の決定的な証拠に到達する方法なのです(11)」。この俗世と歴史との関係においてギンズブルグが重要になってくる。歴史的な「細部」としてのこの事件のミクロストリアの周りで歴史が回転し、そうすることによって全体が転換するのである。

だがこのような全体と細部のシステムのあいだのギャップを探ることは危険な作業でもある。座標系のなかには調査員のナビゲートする能力を奪うように設計されているものもあるからだ。

第11章　目と事務局

ギンズブルグと同じように、調査的感性術は、微小な隅々にも大きく刻まれた歴史の断層を見つけることを志している。そのような細部には顔も含まれるが、顔の中心に向けてさらに進み、検知のための形象《フィギュア》を提供する感覚器官を耳以外にふたつ見てみよう。

まずは目――プライベート・アイ、つまり私立探偵である。映画『チャイナタウン』で、ジャック・ニコルソン演じる好奇心旺盛な探偵ＪＪは、この俳優がスクリーンで演じた最高の瞬間のひとつにおいて、目と鼻を文字通り結びつけている。監督でもあるロマン・ポランスキーが演じる犯罪者は、ＪＪの鼻の穴に刃物を差し込む。「お前はなんにでも鼻を突っ込むおせっかいな野郎だ……なんでも鼻を突っ込みたがるやつがどうなるか知っているか……当ててみるか？　鼻を失うんだ」(1)。そして突然、ナイフが鼻の穴から横向きに切り出される。

物事を嗅ぎ分ける嗅覚を養うことは探究の重要な側面であり、目のための思考法である。「鼻を突っ込みたがるおせっかいな目」である私立探偵は、官僚的な大組織である「事務局（office）」と対置される。探偵小説では警察の手続きと独自の仕方で活動する一匹狼が対照的に描かれることが多い。

目とちがって事務局はデータを集積し、そのつながりを確立することで機能する知識の官僚主義の形象である。それはアーカイブと分類、市民に関するデータ、そして国家権力に基づいている。しばしば傷ついた目のコギトが引き起こす脱線的な洞察は、かすかな手がかりに到達することがある。それに対して、階層的で、観察力があり、執拗な事務局は、ゆっくりとした信頼できる知識の生産と獲得を表し、複数の立場を集計し、追跡し、照合することができる。

事務局は膨大な数のなかに隠れることができる現実の能力を凌駕するために、杓子定規に物事を進める。調査の官僚主義は証拠の規則を制限し、許容性、妥当性、「流通過程の管理」などの問題に関わる。警察は事実のフォーディズム的な工場で働いている自分たちの姿を夢想する。[2] 事務局では予算が許すかぎり、あらゆる手がかりを並行して追いかけ、収集し、ふるいわけながら、不都合なことがないようにする。〔初版では、ここに一パラグラフ前の「階層的で、観察力があり……」という一文が繰り返されているが、翻訳にさいしてはこの繰り返しをリダクションした〕 事務局は感性超過《ハイパーエステシア》を抑えるために設計されたメカニズムなのだ。

その一方で目は直感に基づいて街中をジグザグに動く。特異な目は感性超過を利用することすらできるかもしれない。それはアーカイブの盲点、バイアスと惰性を理解する。私立探偵《プライベート・アイ》は**都市**（*police*）の分裂したシナプスをつなぎ合わせることで活動する。その目は警察（police）の手続き上の厳格さのせいで盲点と化した部分に光を当てる。エドガー・アラン・ポーが書いた最初の探偵小説に登場するオーギュスト・デュパンの推論から、チャイナ・ミエヴィルの『都市と都市（*The City & the City*）』に出てくる架空の街ウル・コーマの不安定な刑事クシム・ダットにいたるまで、またチェスター・ハイムズのハーレム・

サイクルにおける棺桶エド・ジョンソンや墓掘りジョーンズの軽妙な殴り合いから、ピーター・プレートが描き出すジェントリフィケーションの渦中にあるサンフランシスコのパトカーで暮らすホームレスのパトロール警官まで、探偵はその多様性と奇異性のすべてにおいて都市のイメージと結びついて理解されている。(3)

目と事務局の二元論は、しかしながら、調査に関わる他のさまざまな形象によって曖昧にされていく。諜報機関の捜査員は野心的な住宅ローンを支払うため週末はフリーランスになる。特殊部隊の隊員は早期退職してコンサルタント業を営む。疲労した兵士たちは国境を越えてボランティアとして「休暇に出かける」。雇用不安を抱えた工作員たちは国家の工作に対する妥当な反証を提供し、裏切り者たちはその手法を一般化するために事務局に移り住む。また扱う素材自体が蒸気のように不明瞭な性質を持つこともある。第三者による調査は将来的に利用されるかどうかわからない資産の要点を炙り出す。情報のデリバティブは、ゴシップ、タレコミ、漏洩、録音、突然の音信不通、脅迫、マルウェア、偽情報、監視などを駆使して突き止めたリスクを回避する。

フリーランスに転身した英国の諜報員の一連のメモから組み立てられた二〇一六年のトランプ文書は、情報源の多様性を凝縮したサンプルである。第一次下請け業者が他の複数の下請け情報提供者に接触した。ここではいかがわしい性交渉や金融取引の記録など信用を失墜させる恥ずかしい「**コンプロマート**(*kompromat*)」文書の存在を主張するメモなどが調査の成果として挙げられた。ハッキングチーム、情報漏洩、盗聴、賄賂、不動産や年金を介した支払いに関する短い記述は、古くからある手法と新しい手法の混在を示している。情報は資産や人脈の締めつけ、ITシステムへのバックドアの導入、密告、裏ルートからの報告によってもたらされる。通信の傍受は天使の技術を証明するものであるが、同時に不審な兆候がただよう雰囲気を作り上げるものでもある。

このようなフリーランスのスパイは、「目」と「事務局」の両方の役割を同時にこなさなければならない。仕事の多くは古典的な調査ジャーナリズムにも関連しており、仮説や調査筋を検証したり、偽ったりできる人物に直接質問を投げかける。こうした活動は執念と非線形効果、つまりある時点で糸が引かれ、目の前のカーテンが引き裂かれ、真実が明らかになるという考えに基づく。目という形象にとって厳格な手続きそのものが調査を妨げるため、調査は規則から解き放たれなければならない。実際、規則というものはその予測可能性によって物事をより効果的に覆い隠すことができる。官僚主義的調査は事実に基づく探求の形式だが、その焦点があまりにも狭く、その制約があまりにも厳しいため、真実に向かう方法としてはしばしば不十分である。しかし雇用形態に不安をもっているスパイにとって、明確な手続きが存在することは、国家であることの厄介さに巻き込まれることなく官僚制度の信頼性を再現できることを示しているのかもしれない。目にとって犯罪現場はつねに非常線によって封鎖された領域より広い。それはむしろ組織の会議室や役員室など事務局自体の中枢部で行なわれるのだ。

国家機能のアウトソーシングは認識論的な効果を持つ。私たちは最近の多くの紛争で起こっている戦力の「ウーバー化」をすでに指摘した。このような雇用不安の構造が統治の食物連鎖の上位にまで移動していることも見てとれる。指揮系統や契約の更新が行なわれるようになると、情報報告書は売り込みや自己顕示欲によって彩られ、国家の文書につきものの自己強化や無関心の表現とはまた異なる仕方で、ノイズまみれで信頼のできない文書になってしまう。

同様に特定の請負業者、たとえば軍隊経験のある者は、かつての訓練に由来するメンタリティやアプローチを新しい仕事に持ち込む場合がある。軍事技術が社会運動に適用されるとき、作戦遂行者は社会ではなく作戦の舞台を見てしまう。インテリジェンスとモニタリングの報告書は、あらゆる文脈を軍隊の作戦帳に当てはめることによる曲解に埋め尽くされることがある。その結果、脅威の極端な誇張という皮肉もしくは愚かな問題が生じてしまう。

タイガー・スワンという傭兵の新興企業（儲かるビジネスの一角を狙った多く企業のひとつ）は米軍で学んだ帝国主義の反乱戦の技術と語彙を、ダコタ・アクセス・パイプラインに反対する市民デモに適応した。[4]その結果、デモの参加者は「反乱軍」として扱われ、彼らの行動の解釈と対処の仕方に重大な影響を及ぼした。これに関連して、米国のかつての「防諜プログラム」においては、脅迫、偽情報、暗殺、情報提供者の豊富な利用、活動家を情報提供者として仕立て上げることなどが一緒くたにされていた。これらすべてが無秩序な騒乱のなかで「情報」としての役割を果たしうるものの収集と結びついていたのである。[5]違法行為と弾圧の外部委託は、天下りによる採用や親密な間柄での情報共有などをともなうさまざまな官民パートナーシップと同様にこのような混沌を容易に生じさせるのだ。

第12章　先制調査

起こることすべてが事件（incident）ではない。すでに述べたように、「事件」という言葉は特異な変化をもたらすポイント、つまり根底で働く力を明らかにするか、表面に見えている力を意義深い仕方で編み合わせる可能性を秘めたベクトルの衝突を表すためにとっておくべきなのだ。事件はしたがって調査の出発点となる。それはより大きな因果系列とフィールドの因果性を追跡し、再構成することができる地点なのだ。

しかし調査は必ずしも事件の後に来るものではない。後方視察だけがミクロストリアに取り組むための方法ではないのだ。実際、調査はときに事前に行なわれなければならないかもしれない。あるいは状況を探るために調査自体が事件となることもある。ある意味ですべての調査は、将来起こりうる出来事に対して学習を促し、対抗策を準備することに関わる。だがここで私たちが論じたいのはそれ以上のことだ。

調査はある事件を発生させ、誘発し、諸力を衝突させることで、より大きな政治的な流れやその他の流れが押し開かれることを可能にすることがある。それはちょうど地震が地層を露出させることに似ている。地震の衝撃が地質学研究を行なうための前提条件なのだ。このような力を研究するには、すでに批判理論の中核をなすものとして述べた、まずは隠されておりそれから露わにされる層に対する「層位学」的な作業が必要かもしれない。しかしそれはまた異なる領域で活性化されているさまざまな種類の要素や諸力に同時に焦点を当てることによっても行なわれうる。このような焦点は屈折的でありながら合成的でありうる。つまり物事を分解したり組み合わせたりするのだ。いずれにせよ先制調査とは事象の結合を読解するだけでなく作動させることでもある。

哲学者のブライアン・マスミは、このように研究行為が絶えずその対象を生み出すことを「煽動的(incitatory)」と呼んでいる。調査は眠っている現象、潜在している現象、検知できない現象を挑発し、存在させようとするかぎりにおいて扇動的であると考えられる[1]。扇動はなにかをおのずと露わにし、検知され、感知され、意味形成されるものに仕立て上げる。実際、支配のシステムや権力の制度はしばしば常識となり、人生の実践的な形而上学に「そういうものだ」として組み込まれ、その結果、私たちはそれらに対して脱感性化(de-aestheticized)され、さらに悪いことにそれらによって構成されてしまう。

たとえば私たちはあまりにも頻繁に日常の暴力に慣れてしまうし、体系立てられた荒廃のエコロジカルな次元を十分に理解しはじめることもない。一方はあまりにも日常的で自明であり、他方はあまりにも抽象的でうまく言い表せず、あまりにも長期に渡るので気にかけるべきではないとされる。扇動はこのような状況を打破することを目的としており、ふたつのレベルで機能する。ひとつは感知する能力を刺激することである。もうひとつはそれに重なるかもしれないが、研究対象とするまだ目に見えない現象を触知可能な存在へと誘発することである。

感知能力を扇動することは一挙に起こるかもしれないし、学習のゆっくりとしたプロセスに向けて幅広い時間のなかで起こるかもしれない。学習プロセスに使える時間が取り組んでいる問題に見合うものであればいいが、物事が複雑で、両義的で、時間を浪費し、耐えがたく、あるいは意図的に解決不能にされているため近道が必要な場合もある。それは珍しいことではないが、そのような場合、挑発によって事件を存在せしめることが必要になる。ただしそれはゆっくりした活動の帰結でもありうるのだ。

感知能力を働かせることは、物事を単に新しい方法で見ることでも、あるいは適度に現実的な方法で見ることでもありうる。たとえばこれが「裸の王様」の話の教訓である。当たり前のことを述べることは、抽象的なことを述べることでもあるかもしれない。そうすることでそれまで気づかれなかった、あるいは隠されていた共通分母に到達するのだ。しかし「眠っている状況」を動かすことによって、システムを挑発し、その傾向や内部組織を露わにすることもできる。つまり挑発は知識の形式を生み出したり、誘発したりすることができるのだ。

これは実際、理論と実践の概念を逆転させるかもしれない。かつては理論が実践の前提条件であり、その可能性の条件を作り出し、行動するためにはまず知ることが必要であるとされていた。しかし挑発はこの論理を裏返す——知るために行動するのだ。これが私たちの提案している調査の本質である。つまりそれは知ることの生産としての芸術的、建築的、そして文化的な実践なのだ。

もちろんこのような図式化はただちに倫理的な問題を浮かび上がらせる。思考の積み重ねが知る主体の型を生み出し、いったん固着した型を打ち砕く方法が実際に行動することだとすれば、権威主義的な活動家の傲慢さや、自らの行動の絶対的な純粋さに対する盲信をそのまま受け継いでしまう危険性があるのだ。いずれにしても問題は既存の答えの正しさを暗黙の前提として、それを押しつけようとすることだ。必要なのは答えの強制ではなく、状況を共通の探究に向けて開くことである。

＊＊＊

闘争を通じて人は学ぶというのは社会運動ではよく言われることだ。政治的条件を検証したり、異議申し立てをしたりすることは、それについて学び、そうすることで自分と社会的なもののスケールを変形する方法である。意味のある政治的闘争はつねに直接行動（direct action）をともなう。つまりそれを経験する人々による状況に対する直接的な変化が含まれるのだ[2]。

その一例が冷戦下の英国で起きた「Spies for Peace（平和のためのスパイ）」事件である。核戦争への意図的な準備を明らかにするために、平和活動家のグループが核戦争後のイギリスにおける「地方政府の所在地」と想定されていた核シェルターの場所と計画を暴いたのである[3]。この情報は、実際レディング近郊のシェルターに入り、そこで全国に広がった同じようなシェルターのネットワーク計画に関する文書を入手したことによって判明した。

一九三六年に設立されたArchitects & Technicians Organisation（建築家と技術者の組織）に属するリュベトキンやスキナーらが第二次世界大戦中に適切な空襲シェルターを求めるキャンペーンを行なって以来、シェルターがどのように作られ、どのような戦争を想定し、誰のために作られるかは建築の問題となっている[4]。「平和のためのスパイ」事件では、シェルターの場所と種類を公開することが、戦争の準備に対する先制行為であり、扇動による行動となった。フーコーが言うように権力が行為に対する行為によって作動するのであれば、そのような準備に対する先制という直接行動は、秘密に注目するという意味でも調査にとって重要な手段である[5]。

調査とは単に物事を発見し、事実を暴露することでない。またそれは「見せることは信じさせること」という素朴な発想に依拠するものでもない。調査のフィールドでは、見せることと覆うこと、隠すことと注目させること、撤回することとさらけ出すことのあいだで複雑なダンスがくりひろげられる。これらはすべて感知可能なもののフィールドに対する戦略的かつ戦術的な介入である。簡単に言えば、なにか(たとえば政府の秘密)を露わにするためには、なにか(たとえば自分の身元)を隠すことがしばしば必要なのだ。実際、現在の重要な政治的闘争のいくつかは、暴露すること、隠蔽すること、そして撤回することのあいだのバランスをめぐって行なわれる。これらはすべて感知しうることと知りうることの現れだが、このバランスの準備と実現のなかで先制行為もまた展開されるのだ。

第13章　事実の多くの論理

小さな細部の魅惑はほのめかしの論理の微妙な働きによって調査を脱線させる手段にもなりえる。この場合、細部が全体の代わりを務めるが、作り話ではなく事実に到達するために必要な作業に対する関心が欠落している。たとえば小さな細部の脱文脈化は反認識論者たちが都合の悪い事実を否認したり、否定したりするために使われることもある。ホロコースト否定論者がしばしば些細なことを強調するのを思い出してほしい。否定論の大家であるデーヴィッド・アーヴィングは、アウシュヴィッツのガス室のひとつの粉砕された屋根に毒薬ツィクロンBの容器を室内に導入するための開口部の痕跡を見つけることが困難であることを指摘し、「穴がなければ、ホロコーストもない」という言葉をしばしば繰り返した(1)。この手法は、場合によっては神経症とみなしたほうがいいかもしれないが、気候変動否定論者やその他の陰謀論者によってもよく使われる。ここではわざと脱線するように細部が設計されている。

しかし別の論理で動く者もいる。その一例が事務局との対立における目の権化として崇拝されているシャーロック・ホームズである。アーサー・コナン・ドイルは自分の主人公に出来事の分析に関する有名なセリフを言わせている。「不可能を排除したときに残るものは、それがどんなにありえないことであっても、真実に違いない(2)」。これは**アパゴギク証明**、つまり反対または異なることが不合理である命題の簡潔な表現である。その方法は次のようなものだ。可能なかぎりの事実の候補を集め、そこから真実になりえないものを取り除くと、残ったものは真実であるに違いない。それ以上の削減は真実そのものを危機に陥れずに行なうことができない。この方法は分析と除去の再帰的論理である。警察がその官僚主義的な性質において、事実を噛み砕いて吐き出す工場であるとすれば、探偵とは仮定される事実の冷酷な暗殺者であり、虚偽の話の絶滅者である。ここで作動しているのは除去の論理である。

　この除去の動きと連動して、事実を組み立てるもうひとつの動きがある。それは削減ではなく総合によって行なわれる。現代数学に関する刺激的な本のなかで哲学者のフェルナンド・ザラメアは、アレクサンドル・グロタンディークが考案した問題解決のための手段をいくつか論じている(3)。作業の仕方に関するこれらの考察は、グロタンディークの『収穫と蒔いた種と（*Recoltes et semailles*）』という、自らの数学者としての時代を検証した長大なテキストに記されている(4)。ここで私たちが関心を向けるのは、媒体に溶けた物質という化学的意味における「溶解（solution）」の形象とザラメアが説明するものである。

　溶解=解決《ソリューション》とは、ある問題についてのデータとその問題のなんらかの側面に関するアイデアを、共に新しい命題として吸収することでより広いフィールドを構成する手段である。ザラメアは、問題に関連するすべての要素を吸収できる枠組みを確立しようとする動きである「総合」が現代数学に必要な特性であると主張する。そしてこのような「総合」へのアプローチを、チューリングやゲーデルといった人物を介して数学の独創性の大部分が知識の隙間を発見し、形式化することに捧げられた二〇世紀における数学の歴史的断片化に対置する。こうした状況は、たとえば離散的なもの（数の分離性）と連続的なもの（たとえば曲線のようなものを生成し、写像する数の能力）の定式化と、それらの関係を再構成できる幾何学の能力という、より長期にわたる区別からも生じる。ザラメアによるグロタンディークの溶解＝解決の実践の記述はこのように数学の文脈に根ざしているが、他の種類の問題に対する調査にもアナロジーを提示する。

異なる数学の問題には異なる種類の数学で対応できるかもしれない。しかし問題によっては一見異なる理論的アプローチのあいだに新しい共通性を発明することが解決のために必要になってくる。実際、分野間の区別自体が問題である場合には、総合的な形式が答えとなるだろう。グロタンディークの偉大な洞察は、新たな溶液＝解決法の共通性を生み出すための分野間の翻訳可能性を確立したことにある。

そしてザラメアの説明が私たちにとってとりわけ役に立つのは次の点に関してである。彼は数学問題の調査に対する二種類のアプローチを区別しながら、問題の比喩として木の実を使っている。木の実を割るには、ハンマーとノミを使って中身を粉々にする危険を冒しながら内部にアクセスする方法がある。内部の実が目指すお宝であり、それによって洞察力が報われるのだ。

だが認知能力の別の側面によって可能になる、木の実に対するもうひとつのアプローチがある。それは問題をより一般的なフィールドに「浸す」ことであり、そのフィールド内において非常に繊細な仕方で取り組むことである(5)。そうすれば殻や皮が柔らかくなり緩むことによって、内部の実に到達することができるのだ。このような浸透は問題の正確さや特性をないがしろにするわけではないし、内部の局所的な差異を無意味にするのでもない。むしろそれまで問題を支離滅裂にしていた不規則性を、より広くより包括的な定式のなかに溶解させるのである。ザラメアが見るところ、このような動きこそが二〇世紀後半の数学の重要な課題である「総合の仕事」に他ならない。調査においては、それまで隠れていた問題の諸側面を照らし出し、互いに連携させる意外な共通点や観点を見出すことが往々にして解決のために必要なのだ。

浸透のプロセスは、問題とその特殊性を均質化された物質に包摂し、消滅させるものではない。提案される総合とは、むしろ複数の問い、概念やアプローチが重なり合いながら、互いのあいだに観念作用の中継と連鎖を確立する多声的な動きである。

グロタンディークのふたつのアプローチは、ネコと天使のアプローチと類似しているところがあるかもしれない。天使は秘密の空間を突き破っておいしい情報を手に入れることをよく理解している。それに対して、開かれた地帯において問題を予想に浸していくプロセスはネコの活動と親和性がある。批判と調査のあいだの相補性と差異とも並行関係が見られる。

グロタンディークの卓越した思想においては、観念のなかにもそれらのあいだにも、また観念を持つ者や抱く者のあいだにも倫理がある。したがって溶解＝解決の問題は、それらの倫理を妨害するのではなく、その相互依存の土台を見出すことを意図している。実際、彼は数学の好奇心を一種の愛と結びつけている。ある観念が形成される仕方の繊細さ、その個体化と専門用語の特殊性を認識しながら、溶解＝解決の可能性を探っていかなければならない。これは観念のあいだの連帯の形式を注意深く構築することだと捉えることができる。

とはいえ、ここで考えたいのは、調査のひとつの形式としての総合という観念である。これはあらゆる差異を消去する上位集合ではなく、特定の状況に位置づけられた統合であろう。このようなアプローチが事件とそれに関連する仮説を浸していく。それらを最小限の因果性とフィールドの因果性のレベルにおいて引き込むのである。

調査が進行しているあいだ、物事はまだ定義されていない。それらは事実や、事実として分節化されうるものとの潜在的な関係によってのみ定義されはじめることができる。総合は状況に浸透し、証拠を吸収し、証拠間のありうべき親和性と矛盾を整理しなければならない。実際、事実は事件の証拠の周りに留まることができるかどうかによって見分ける必要がある。つまりホームズのアパゴギク証明によって再帰的に検証されるのだ。

調査の問題のひとつは、なにが重要な要素なのか、ある状況においてなにが作用するのかを解明することである。この本では調査のさまざまな技術や方法のあいだを行き来しながら、それぞれにできることとその限界を検証しているが、決してひとつのアプローチに限定することはない。これは厳密でありながらも多声的な推論と探求の形式を見出す試みであり、想定される前提を絶えず検証し、モデル化することを繰り返しながら進んでいく。冒頭の超感性術《ハイパーエステティクス》と感性超過《ハイパーエステシア》に関する議論を思い起こすと、この分裂的な状態の一端は、感知と意味形成の雪崩と、意味形成を感知するという転倒的、転覆的、爆発的な外挿（既知の事柄から未知の事柄を推定すること）の動きにある。この外挿的な状態を探求し、そのなかで調査を進める技法があるのだ。

この問題に取り組むもうひとつの方法は、それに部分的な影響を及ぼしている理論的命題を通じて、どの命題が問題を直接引き起こしたかだけでなく、問題を結晶化するように誘導したのかを問うことである。そしてひるがえって、この問題に見合った感知と意味形成の様式、つまり調査の過程と組み合わさることで問題を認識可能にすることができる感知と意味形成の様式がどういうものであるかを問うことができるのだ。

＊＊＊

目と事務局の関係は「対抗調査（counter investigation）」という言葉で捉えることができる。目は事務局を調査する。これは通常、調査を独占している警察や軍隊といった国家機関そのものに対して行なわれる調査である。国家は暴力の独占によって自己を正当化するが、それと同じように調査も独占することで自己正当化を図るのだ。対抗調査はそのような国家の調査手続きの丸写しや真似事ではなく、それらが体現する権力の様式に付いてまわる手続き上の制限や必要を乗り越え、回避しようとする。それは国家の手続きを特徴づける意味形成の軌跡を反転させようとするのだ。

調査の対象となるのは事件である。それは何年にもわたる森林伐採のプロセスのようにゆっくりしたものであったり、一瞬の暗殺のように速いものであったりする。徐々に蓄積されたものであるかもしれないし、不在の積み重ねとして生まれるかもしれない。ある特定の起こったことであるという固有の条件からして、このような出来事はそれを構成する潜在的な傾向や力、つまり必ずしも他の方法では現れない力を調査するための坩堝でもある。

ここで重要なのは、「事件（incident）」と「出来事（event）」を区別することである。事件とは相反する力が衝突する瞬間である。特定の視点から見れば、この衝突はそこで生じる破裂に関与した物体、機関、インフラのシステム、あるいは身体の内部構造を明らかにするものかもしれない。地質学者が地層の間隙、最小抵抗線など大地の秩序を露わにする地震の亀裂の現場に駆けつけるように、そのような事件には調査者が急いで群がってくるかもしれない。事件とは歴史的変容を生み出す諸力の交錯を明らかにする激化の瞬間であるため、認識論的な機会の瞬間でもあるのだ。[6]

このことはポール・ヴィリリオが事故について語ったことになぞらえることができる。つまり事故とはテクノロジーを理解するためにもっとも有効な方法である。事故が起こった後、ブラックボックスが開けられ、列車、飛行機や宇宙船を構成する部品が広げられると、個別のテクノロジーの組み立て方とそこで暗黙のうちに作動していた要請が、問いかけに対して一瞬だけ身をさらけ出す。[7] 鉄道事故からはじめて、エンジン、線路、通信システム、中継所や中央駅の建築の生産へと調査を拡大していき、さらにはこれらの事物がもたらす世界の形成と経験まで考察することができる。このようにテクノロジーにとって事故が果たすのと同じ役割を歴史にとって事件が果たすのだ。

事件はさまざまな形をとりうる。異なる原理のあいだの亀裂を笑ってしまうほど露わにする冗談のような形をとることもある。たとえばその一例が、二〇一九年のモスクワで、与党に忠誠を誓う野党であるロシア自由民主党のスポークスマンがテレビの生インタビューを受け、デモ隊に対する警察の不必要な暴力はないと宣言している最中に自らデモ隊と間違われて装甲警官に連行された事件である。[8]

事件に対して私たちが理解するところの出来事とは、よりプロセス的で複数の時間枠と速度にまたがって広がっていくものだ。しかし時間性だけが重要な要素ではない。出来事とはある特定の状況や視点から発生し、事件として現れるものだとも言える。だから出来事の構成としてなにが読解できるのかは、その感知と意味形成の問題に折り返される。歴史はこのように異なるスケールにおいて、異なる持続にまたがって、異なる速度で展開される。一方でそれが目に見えるかたちで現れるのは、事件の瞬間的、噴出的な力において、つまり時間の流れが断絶し、なにかがその断絶から発生したり破壊されたりする一瞬においてである。他方で歴史は、パターンや繰り返しによって語ったり口ごもったりしながら、広大な領域と長大な時間にわたるプロセスのゆっくりと次第に増幅されていく雑音としても現れる。したがって対抗調査は事件や断絶から出発しながら、複数のスケールの出来事をとらえなければならない。それは自然化され、「通常のこと」として当然視されている出来事の記述へと単一の事件を切り開くように努力すべきなのだ。

政治的批判の入口として事件を追求することは、通常のスケール概念——ある種の政治は入れ子状に積み重なり、大きなマトリョーシカ人形がつねに小さな人形の振る舞いの構造的原因となっているという考え――に対する異議申し立てである。対抗調査においてはむしろ出来事から構造的な力に因果性の経路が動くことがある。状況を検証するためには遠隔のロングショットよりも特定の場所に立つほうが良い場合があるのだ。たとえば「地上の真実（Ground Truth）」は、単に「より大きな」イメージのなかに入れ子状に収まっているわけでも、そのようなイメージのひとつの機能にすぎないわけでもない。むしろそのような大きなものを回転させることのできる蝶番なのだ。すでに触れたが、「地上の真実」という用語は、気象学者やリモートセンシング、航空写真の解釈者が、巨大なスケールのイメージや数学モデル、シミュレーションの分析を較正するために用いるプロセスを指している。航空写真の解釈者であれば「地上の真実」を得るためには、地上の要素を測定し、イメージを構成する要素と比較しなければならない。より大きな分析システムの要素が、より小さなスケールの証拠によって支えられるのだ。そして衛星イメージの分析者が地上の要素の経験的データと比較しながら画像ピクセルの材質や色やスケールを較正する必要があるように、数学的あるいは歴史的な分析モデルもローカルで小さなスケールにおける経験的証拠と一致させる必要がある。(9) ここで起こるのは、ミクロなスケールの方が優れているという単純なヒエラルキーの逆転ではなく、異なるスケール間を行き来することであり、それにともなう検証作業と繰り返しを通じたある特定の精度の高まりである。

しかしこのように述べると、個別の知識の形式と、それぞれの形式が参照し、扱う物事の種類を横断することが必要になってくる。特定のスケールにはそのスケールの物事を扱うために時間をかけて蓄積された知識の様式があり、それを使うことで物事から応答を引き出すことができる。たとえば分子のスケールには化学という学問が対応している。とはいえ、関係する分子や原子、そしてそれが結合するものによっては政治、生態学、医学など他の分野の用語で語ることが必要な場合もある。複数の調査的様式のあいだを移動することは、異なる学問分野のあいだを移動することでもあり、学際的あるいは反学際的な編成が要請される。これまで述べてきたように、調査は空間的にはミクロからグローバルへ、時間的には一瞬から歴史の長期持続へ、さらには深い環境的ないし地質学的時間へと移動していかなければならないのだ。

対抗という動きは能動的な調査の手段であるが、単なる矛盾を超えるものである。対抗調査は起こったことだけではなく、起こりえたすべての可能性を評価する。そのため公式の調査と異なる点がもうひとつある。調査員は普通、手順の一環として反事実的なことを考慮から外す。なにが起こりえたかを考えなくても、なにが起こったかを立証するだけで十分に困難なことなのだ。しかし対抗調査の文脈においては反事実的なものが重要になる場合もある。反事実とは現在知られている証明に反する仮説的な可能性のことである。反事実は国家が承認した事実との密接な対話、批判や闘争のなかで形成される。そしてそこでは起こったことと起こったかもしれないこととの比較が不可欠になってくるのだ。

第14章　最小限の因果作用とフィールドの因果性

事件からより大きなスケールの出来事やプロセスへと物質的な連関を辿るとき、なにが因果関係を構成するのかを考える必要がある。原因と結果の関係を議論するための入口はいくらでもある。ここでは二種類の極限的な因果の区別を提案したい。それは「最小限の因果作用（minimal causation）」と「フィールドの因果性（field causality）」である。

法的な場面において原因や罪の判定を下すために重要なのは、近接した直接的な原因だけである。これは「**最小限の因果作用**」の要件と呼ぶことができる。それに対して、ある特定の出来事に関わる複数の原因は社会的、文化的、経済的、環境的なものなど広範囲に及ぶが、こちらの方は「**フィールドの因果性**」と呼ぶことにしたい。後者の因果性は法的な場面においては無視されるか、罪を多少なりとも軽減する補助的な原因として耳を傾けられるにすぎない。

対抗調査は最小限の因果作用とフィールドの因果性の両方に取り組む。警察による発砲行為など特定の事件のメカニズムを研究し、その時間と空間の制約にしたがって出来事がたどった軌跡と責任の所在を明らかにするのだ。しかし対抗調査にとって暴力とはつねに犯罪現場における非常線で封鎖された領域よりも広範囲に蔓延したものでもある。環境的、文化的、経済的な力が事件に影響を与え、しばしばそのような力によって事件が結晶化される。したがって対抗調査を実践するには、事件の最小限の因果関係から外に向かって、その事件が属する広い世界へとつながる連関を辿っていかなければならない。

これら二種類の因果関係の選択は感性術《エステティクス》の問題、つまり異なる意味形成の体制においてなにが意味を形成するものとして認められるかという問題だけではなく、倫理と政治の問題でもある。人が社会と支配の構造とどう関わるのか、そのような枠組みが与えられているときなにを犯罪と見なし、なにを自然と見なすかという問いに結びついているのだ。

特定の種類の証拠が法的に要求される司法の場では、背景となる原因について語ることは不可能ではないにせよ困難である。法的な議論では識別可能な人々や物事のあいだの因果関係の最小限の連鎖に関心が向けられる。つまり犯罪を引き起こす最小限の行為あるいは行為の欠落とはなにかが問われるのだ。そのため法が理想とする人間主義的な個人とそのような個人に属する財産などの認識可能な対象やシステムとの特定のインターフェースという、事件の限定されたヴァージョンが最小限の因果作用を定式化するための敷居となる。

アリストテレスの形而上学の基本は不動者であり、自らの周りのすべてのものを回転させる単一の究極的な支点である。これとは反対に、最小限の因果作用を求める法的要件は、最初の事例ではなく最後の事例に動因を探す。事件の結晶化を取り巻くさまざまな分野や力を検証するのではなく、最終的に誰が引き金を引いたのか、誰が威嚇的な振る舞いをしたのか、誰が命令を下したのか、誰が意思や合理的な代理権を行使して出来事を発生させたのかなど、最終段階における動因を特定することが要求されるのだ。ここには経済的不平等や人種差別的偏見なども含まれる。フィールドの因果性はこれとは対照的に、拡散し、動的である動因に同調する。

散らばった現象のごたまぜが、どのようにしてひとつの関連する出来事とみなされるようになるのだろうか。さまざまな力のゆっくりとした増大は、現在進行中のプロセスにおいて断絶や亀裂を結晶化するためにどのような効果を持つのか。そしてひとたびその亀裂が生じた後で、それを確定したフィールドを遡行的に読解することができるのだろうか。これらは科学の多くの領域で現在議論されている問題であり、科学的アイデアの発生を解析することにも関わっている。たしかに構造工学のように扱われるコンクリートや鉄などの材料や対象がよく知られており、その知識と対話しながら時間をかけて改良されてきた分野ではあまりそのような議論にはならない。とはいえ、この分野でも破壊のダイナミズムなどは複雑で予測不可能な場合がある。

これに関連する事例として、United Families and Friends Campaign（家族・友人連合キャンペーン）のような組織がある。一九九七年に設立された、イギリスとアイルランドの警察、刑務所、精神病院によって家族を殺された人々による長期的な連合体である。この団体は一見するとバラバラに思われる事例を集め、それらのあいだに見出せるパターンを示そうとする。国家機関が人々の命を絶った場合、法律はそれを一回かぎりの偶発的な事故、つまり最小限の因果作用の結果と見なす傾向がある。それに対抗してこの活動が明らかにしようとするのは、こうした犯罪や判決にはパターンがあり、その原因となる継続的で制度的に維持されたフィールドが存在することである。そのような重要な取り組みによって、通常は批判を寄せつけない尊大な国家に人々が立ち向かう際に、身動きが取れず孤立していると感じていた「私」の理解から、共同で作り上げる運動体である「私たち（We）」の理解に移行することができる。この変化はそれ自体が新しいフィールドの因果性、つまり運動を生み出すのだ。

同様に最小限の因果作用が説得力を持つ領域は、存在物やプロセスを理解可能にし、特定の諸技術によって操作可能にする安定したカテゴリーに依存している。法の場合、こうした技術に対応するのは法的責任や行為主体性などの形式、またそれらに関連した個人の概念である。そしてこれらの形式や概念はひるがえって、立法、社会や経済の構造、財産、契約、技術的装置などの多くの形成機構がひしめく環境との関係によって分節化されている。

このような領域の限定は、多くの場合において最小限の因果作用を容易に記述可能にするが、他の場合にはまったく扱えないものにしてしまう行動の構成的文法（constitutive grammar of action）に即して個人を造形する傾向がある。たとえば警察が人を殺した場合、裁判所の権限ではそのような殺人のパターンを生み出す体系的な人種差別などのより広い要因に目を向けるよりも、その警官がたまたま腐ったリンゴだったと言うほうが簡単にことが済む。前者のような調査を遂行するには、司法機関にとってより多くの仕事が必要であり、司法の考え方や制度を根本的に再構成することが必要になってくる。だから法制度とそれを枠づける政治制度は、そのような殺人のより広い因果関係の理解を市民に、それもとりわけそのような暴力の標的である人々に実質的に肩代わりさせるのだ。そうすることでシステムは自らの過失責任を消しさり、拡散させ、解決不能にすることができる。対抗調査にとって最小限の因果作用とフィールドの因果性の相互作用は、除去と溶解《ソリューション》＝解決の合成的な相互関係を彷彿させる仕方で共に記述し、変化に向けて開いていく必要があるのだ。

フィールドの因果性の複合的論証がすべての問題を解決しない文脈もある。とくに法的な場面において単独で提示された場合、フィールドの因果性はろくでなしどもの最善の防御策となる恐れがある。多くの場合、加害者のほうがそうした説明方式を使って自分たちの犯罪の最小限の因果作用に対する非難をそらそうとするのだ。彼らは、自分は「機械の歯車にすぎない」、「文化やより大きな活動のフィールドの産物にすぎない」などと主張する。フィールドの因果性は、おそらく現在では科学捜査の有効な形式としてよりも、偏向をもたらす悪しき形式として一般的に理解されている。また刑事裁判の文脈における執拗な抗弁に対して、ごく基本的な機械的事実を立証して弁護することですら十分に困難なのだから、環境に宿る決定力の幅広い影響などもってのほかであるようにも思われる。

裁判においてフィールドの因果性を持ち出すことは、したがって法律の専門家の目には「汚い証拠」の提示であるように映るかもしれない。つまり感性超過状態《ハイパーエステシア》を引き起こす余分な情報の過多である。弁護士はしばしば、このような膨れ上がった雲を最小限の因果作用、すなわち連鎖する明確な行為のシーケンスに蒸留しなければならないと感じる。最小限の因果作用の慣習は、加害者と被害者のあいだに直線を引くことを要請する。この「ビリヤードの玉の宇宙」は、あるときは怪しいほど機械的であり、あるときはあまりにも機械的に怪しいように見える。

＊＊＊

だがひとつのフォーラムの手順や制度上の必要性に照らして過剰な証拠であっても、別のフォーラムでは重要になりうる。ある文脈では紛らわしい「汚れ」が、別の文脈ではまさに有効な要素になるかもしれないのだ。フィールドの因果性を扱うために必要なフォーラムは、法的ではなく、文化的、政治的な場である。たとえば、環境的暴力、人種差別、家父長制のフィールドにおける因果関係を明らかにすることは、政治的フィールドを根本的に再構成する必要性を明確にすることである。それは少数の個人を分離して罰し、社会的・経済的構造をそのままにしておく司法の傾向に異議を唱える試みである。

フィールドの因果性は、直接的な原因だけでも間接的な原因だけでもなく、行動や存在様式の可能性と制約を誘発する諸条件から構成されている。それは一様ではなく、非常に多彩な特徴をもつ。因果性は厳密な区分を通じて作用することもあれば、力の勾配や条件付けの微妙な変化によって文脈を形成することもある。フィールドはただ均質で単調ではなく、内部が高度に差異化し、異質的であるかもしれない。通常は複数あるフィールドどうしの相互作用は、そのあいだで生じる干渉のパターンによってさらなるダイナミクスと制約と能力の幅をもたらす。

フィールドの複合体のひとつに社会階級がある。マルクスにとって決定的なフィールドは、資本とそれが生み出す歴史的形象、とくにブルジョワジーとプロレタリアートとのあいだの弁証法的緊張によって確立されていた。[1]あらゆる人間関係はそのフィールドに引きつけられ、そこで再構成される。その後のマルクス主義の研究は、資本が持つとされる「存在せしめること（bringing into being）」がじつは社会的諸力の再構成であり、そのような社会的諸力自体が変化を促し、ときには隠された仕方で新しい力の均衡を強制するという説明を展開している。[2]インターセクショナル・フェミニズムはこうした洞察を人種、階級やジェンダーの編成から生じる洞察と共に再加工し、複数の力のフィールドが互いに流れ込み、修正しあう最中で起こる抑圧とアイデンティティ形成の幅広いマトリックスを図示する。[3]ポストヒューマン・フェミニズムはこの試みを基盤に据えながら、たとえばエコロジーやテクノロジーの問題がフィールドの相互作用にどのように織り込まれるべきかを感知しようとする。そこで強調されるのは、人種的、ジェンダー的、そして階級的な偏りをそのまま普遍化した人間像が、そういったものを超えて思考する試みに対してつねに負荷のかかった規範を課して抑制してしまうことだ(4)。

異なる文脈では、これらのフィールドは高度に分散していることもある。不定期に発生し、その効果も一様ではなく、散発的であるかもしれない。カルチュラル・スタディーズにおいてフィールドの因果性を語るために開発されたひとつの定式化は、そのような因果性が異なるタイミングで屈折し具体化される力の動的な動きであることを示唆している。アントニオ・グラムシの提示した「**複合状況**（conjuncture）」の概念は、スチュアート・ホールによれば「再現不可能な条件下で、再現不可能な瞬間にこれらすべての要素が凝縮されることを理解するための方法」である(5)。このようにフィールドの因果性は多くの場合、ダイナミックで動員を促す編成でありながら、他の場合では静止を強いることもある。

＊＊＊

フィールドの因果性と最小限の因果作用を並列に記述する歴史的な方法として、絵画における遠近法の技法がある。遠近法が発明されたルネサンス期のイメージは、顔や身振りを軸にまわりながら、消失点の出現を中心に組織された視覚の劇場を表現する空間に配置されていた。遠近法の原理は直接的な原因を描写するのに役立つ。それはある命令が下され、それが実行されたり解釈されたりする瞬間であったり、ある視線が部屋を横切る瞬間であったりするかもしれない。

透視幾何学は場所や移動する物体の代わりとなるなにか（図形、線、量子）を正確に示す能力を与える。遠近法の技法によって構築されたイメージへの移行がルネサンスに生じた原因のひとつは、遠近法が天国と地獄という双極（消失点）のあいだにいる個人を描写することを可能にしたからだった。双極のあいだで作り出される緊張感は、宗教的な意味において状況に位置づけられていることの要請を満たす。だが同じ緊張感は人間を世界の他の存在と共に、それらの只中において水平的に見ることも可能にする。ルネサンスの世界はヒューマニズムの新しい条件を探りながら、結局のところこの垂直的なフィールドと水平的なフィールドのあいだの緊張に捕らわれていた。そしてこのマトリックスによって確立された関係は、読みやすく、物語的で図式的な全体として機能することを意図していた。だが現代の私たちは、他の軸を使い、他の軸を組み立てることを余儀なくされている。私たちの時代の幾何学は異なる仕方で歪んでいるのだ。

絵画にフィールドがどのように入っていくかという問題の一端は空の描写の歴史に辿ることができる。美術史家のユベール・ダミッシュはその著書『雲の理論（*A Theory of /Cloud/*）』のなかでこの流れを詳述している[6]。彼はある決定的な不一致に触れている。地面は遠近法の規則のもとに配置され、一連の土地区画にしたがうことで測定され、所有されているのに、空の雲は画家の手が捉えるよりも速く動いている。だからそのような雲をムードや雰囲気、神々しさを与えるものとして描写するためには想像力に頼らなければならない。そのためダミッシュによれば、風景画の下部は近代のものであるが、空はその時代が過ぎてもなお中世の様式のままに留まっていた。

近代美術の予言者であるジョン・ラスキンは、この分断を解決するひとつの方法を提示した。彼は著書『近代画家論（*Modern Painters*）』のなかで、真の近代がはじまったのは遠近法のグリッドを空に向けて拡張するのではなく、むしろ雲の方が地上に降りてきて光と水分で飽和したフィールドをぼかし、屈折させることで絵画を著しく不鮮明な新しい光学的現実に変えたときだったと主張したのだ。彼はもちろん画家ターナーを念頭に置きつつ、そのような芸術を楽しむことと、絶対的な理解という幻想に対して部分的な知識を受け入れることのあいだにある仄かな類似性について思考を巡らせていたのだ。[7]

実際、芸術は感性術の自覚的な構成形式として、原因と結果のあいだの新しい関係を創造する実験室であっただけでない。それは原因と結果というふたつの概念の本性を調査することを可能にもする。絵画の問題系はさまざまな問いを投げかける。一枚のキャンバス上にあるしるし（mark）はどのように別のしるしにつながるのか、そしてどのような条件のもとでそれらは全体としてまとまるのか、あるいはまとまらないのか。まとまりのある様式であるほかないという宿命を回避する絵画があるとすれば、それはどのように作られるのだろうか。

このようなしるしが発生するときに通る回路には、キャンバスの前にいる画家にとっての道標となりうるもの、たとえば目、手、筆、ナイフや絵の具などが含まれる。それぞれの道標には個別の傾向と困難がある。訓練、偶発性、表面の構成、部分の表現力の最小と最大の問題、暗黙の幾何学の配置や、その他にも多くの要素がなんらかの役割を果たしうる。そしてこれらはひるがえって、偶然性の手法やコラージュ、または絵画を他の参照システムに統合する引用プロセスなど、別のメカニズムによって補完、置換、あるいは変化させられるかもしれない。さらにこのような回路は世界の解釈との関わりを通過するため、形象の問題を引き寄せる。

やがて写真、テレビ、印刷やコンピューターといったイメージ化のシステムが、異なる語彙と異なる感性術および権力システムとの連携様式を携えながら、キャンバスの構図面に入り込んでいく。そうするとこれらの回路は、さまざまな種類の社会的エージェントと主観的エージェントによって改造され、侵入されるようになる。このことは、出来事、プロセスと解釈のさらなる経路と中継点を生み出す。そして絵の具もまた固有の癖や付着物に満ちていながらも、そのようなイメージ化のシステムの特殊性を登録し、探査する手段となるのである。

別の例を挙げれば、批評家のデーヴィッド・シルヴェスターは、一九四八年から一九五〇年にかけて書かれたパウル・クレーの後期作品に関するエッセイのなかで、「無焦点（afocal）」と名づけた絵画と素描の様式について論じている。(8) そのような作品において視線は落ち着ける場所を持たず、構図内を動き回る。交差する線と芽生える形が織りなす紡ぎや流れについてのシルヴェスターの説明はネットワークの分節を浮かび上がらせる。だが彼は分散の感性術、つまり物事のあいだに伸張性のない関係性を作り出すことによって視線が移動するというより漂い、濃くなることについても語っている。作品は見ることをバラバラにしつつ、それを諸フォーカスの訓練場にふたたび取り込むのではなく、新しい地形を与えるのだと言える。そしてこのようにしるしが芽生える場において、見る目は自らが共に構成する力のフィールドのなかを移動するのだ。

こうした定式化はモダニズムにおける同時性の感性術の一部と見なすことができる。同時性とは単に「視野を埋め尽くすオールオーヴァーのイメージ」の構造ではなく、同時に多方向に絶え間なく作られ、解体される宇宙の定式化である。その後に出てきた、芸術におけるプロセスの重視と、ブルータリストたちが文脈のなかにある素材の「荒々しい詩」と呼んだものは、あらゆる形態の物質が啓示的であることに強調点を置いた。(9) 観察の過程で見られるものを不明瞭にしたり、その質感を変えたりするノイズや干渉の形態は、その相互作用を十分に照合できれば観察の条件を確認し、認証するものでもありうる。これは調査の本性を考える上でとくに重要な問題である。つまり調査の状況はなにが知られるかをどのように形づくるのだろうか。

ここで「複合状況（conjuncture）」という交差主義的《インターセクショナル》な考えに立ち戻る必要がある。この種の物質的な諸力は文化の非表象的な語り方を要請する。だから世界の分析的な記述を展開する上でも有効でありうる。前述した美術史の進展は、最小限の因果作用とフィールドの因果性のあいだで可能な相互作用の様式を研究するための実験室として感性術がとりわけ重要であることを示している。そこでは姿勢、イメージ、筆跡やスタイルなどが生み出す屈折がこうした複合的な結びつきの特異性を実演するのだ。

＊＊＊

フィールドと類似した定式化に多次元性の統計的な考え方がある。出来事や存在物は数値の割り当てが可能な複数の次元を持つものとして読まれる。前提となるのは、それらを数値として記述することが解釈にとってある種の有効性をもつという想定である。つまり出来事や存在物は異なる量から構成されているか、あるいは統計的に見たときにそのような量をもたらす。それらの量は結合されているが、正しい方法論を用いた精査のもとでは個々に識別可能であり、結合のあいだの一貫性や種類には大きなばらつきがありえる。

ここで人は相互作用するフィールドを、その要素やプロセスを定量化することで扱う。このようなアプローチによって、ある特定の条件下では状況のもっとも重要な決定要因となりうる要素や力学を浮き彫りにし、同定することができる。そうした作業は、フィールドの因果性（調査される存在物を仮説的な全体として理解する）と最小限の因果作用（特定の量や要因）のあいだを行き来し、その複雑な相互関係において両者を同時に記述する方法を見出そうとするのだ。

COVID-19に取り組む疫学者や臨床医は、感染の変数を解明するために統計モデルや検査を用いてウイルスの存在する確率の範囲を確定しようとする。たとえば血清学的検査は人の免疫系が作り出す抗体の検査である。このような検査には絶対的な精度はないため、検査を統計的にモデル化して誤診率を把握することは特定の症例に対する診断の精度を理解するために役立つ。

特定の症例の記録と分析はひるがえって、感染のより広い状態についての知識に流れ込んでいく。このような場合、不確実性がフィールドの構成に含まれる。検査の欠如によって引き起こされる体系的な不確実性は、特定の検査の信頼性と特定の感染症に対するその診断能力の問題に追い打ちをかけるが、そもそもそのような問題自体もまた検査の欠如によって引き起こされたかもしれないのだ。血清学的検査と他の方法、たとえば患者がウイルスに晒された可能性のある振る舞いに関するアンケート調査を組み合わせることは、特定の個人とより広い集団のあいだで調整される確率を較正する手段である。

このような多次元的な問題は、数学の歴史を貫いてきた離散と連続という双子の形象を再登場させる。最終的にこの二種類の記述や定式化のあいだに絶対的な矛盾はない。結局のところ、フィールドとは遠近法と同じく、幾何学に固有の表現であり、この数学分野の手法を用いて表現される(10)。これはフィールドの因果性の多様な定式化と出来事の幾何学が正確に一致するということではない。ときには決定的なミッシングリンクが存在し、調査はそのような欠落を突き止める努力をしなければならない。しかしそのようなミッシングリンクも問題の異なる横断面としてまとめることができるのだ。

マイケル・ファラデーの仕事をジェイムズ・クラーク・マックスウェルが数学的に精緻化した初期の定式化以来、フィールドは本質的に空間的な現象として知られてきた。しかし、幾何学と政治を組み合わせることで、フィールドがヒエラルキーやその他の権力とどのように交差し、それらによってどう生み出されるのかを理解することができる。また現在において、そして間違いなくさまざまな歴史的先駆者を通して、政治と情報の交差は行動のための独自のフィールドと出来事を形成する複合(conjunction)を生み出している。

調査的感性術はそのようなフィールドに新たな視点で切り込む方法として、空間・時間・情報・政治からなる幾何学を提案する。この幾何学と向き合うことで、対抗調査のフィールドを形づくることができる。このようなフィールドはささいな違反の火種から出発し、ヒエラルキーに基づく権力とその情報的係数が空間、コミュニケーション、経験、感覚、知識に流れ込み、それらをフォーマットする方法を作り直していくかもしれない。私たちは事件の事実を作り出す作業に携わりながら、同時にこうした暗黙の哲学的演算子や気質と、それらの状況に位置づけられた特性と視点を明らかにする必要がある。

＊＊＊

フィールドの因果性の相互作用と事件の正確な個別化を同時に扱うために、調査的感性術は新しい種類のイメージを開拓して用いることを試みる。私たちはすでに超感性術的イメージの概念について論じたが、ここでは新しい種類の「**複合イメージ**（*composite image*）」の構築に焦点を当てたい。ハルン・ファロッキが魅了されていた「**作動イメージ**（*operative image*）」を「**作動モデル**（*operative model*）」と言い換えて説明したが、これはそれと隣接する一般的なカテゴリーである。[11]

歴史的に言えば、ある種の複合イメージはダイアグラムやタイムラインといった現象に見出すことができる。このようなものを作るときにいつも問題になるのは、異なる種類のデータをどのようにして互いに意味のある仕方で関係づけるかということだ。ダニエル・ローゼンバーグとアンソニー・グラフトンは、『時間の地図作成法（*Cartographies of Time*）』のなかで、さまざまな時代において時間がどのように概念化され、図像化されてきたかを明らかにしている。たとえば空間と時間の異質な要素を結びつける二次元チャートは、地理的空間が「歴史的時間とは異なる近接性と連続性の規則に従う」という問題に対処しなければならない[12]。このことは、年代的時間に基づくチャートでは互いに遠く離れている物事でも、地理的近接性や距離を持ち込むと一緒くたにされて歴史が不明瞭になってしまう可能性があることを意味する。タイムラインの二次元性は、四次元で起こることを平坦にするか、出来事の不均等な広がりを直線上の離散的な点にしてしまう。ここでも個別メディアの特異性が能動的な構成力として考慮されなければいけない。

ある出来事において交差するフィールドと最小限の因果作用の特定の連鎖が持つ微分的な特徴とスケールをダイアグラム化し、分析するためには慎重な意味形成が必要とされる。異なる文脈や条件は、出来事やプロセスの多様であるが正確な分節化を求める。政治的に黙殺されたり、文化的・技術的に見えないものにされた視点は、証拠を引き出したり、探求を拡大したりするために、特定の仕方でフィールドに切り込んだり、フィールドを合成的に満たす必要があるかもしれない。

たとえばチェルシー・マニングが二〇一〇年にウィキリークスを通じて公開したアフガン戦争の「戦争日記」データベースに含まれるパトロール中の兵士による報告では、起こったすべての出来事がNATOの使用する頭字語や短縮形の用語法で名指されるという決まり事に従っていることが頻繁に見出される。しかしすこし変わった出来事が起こり、兵士たちが予想外の言葉を多く含む報告書を提出しなければいけなくなると、出来事がコード体系に直接マッピングできず即興的な対応が求められることによって物語の芽生えが見えてくる。さらに変わった出来事が起こると、物事がグリッドからこぼれ落ちはじめる。使用される報告システムはあらゆる出来事を処理するために十分な容量を持たなければならないが、必ずしもそうだとは限らない。行動が速すぎたり、情報をコード化するプロトコルが瞬間をうまく把握できなかったり、兵士の解釈が冗長になったりするのだ。

形式的な命令の交差、戦争の交差、軍隊のヒエラルキーの交差、戦闘管理システムの交差、そして現場の事実の交差は、奇妙な膨らみや発疹を生み出す。同時に軍の専門用語は多くの恐ろしい暴力の瞬間を正常化し、平坦化する。これらの言葉はそのような状況を維持し、促進するように累積的に設計されているのだ。

「戦争日記」データベースの報告書は、アーティストグループYoHa（横小路松子＋グレアム・ハーウッド）とのコラボレーションによって制作されたインスタレーション《Endless War（終わりなき戦争）》の題材となっている。[13] 戦争の構図を示す仕方を探り、帝国主義の新しい現れにおいて労働と技術的な考え方を管理するために情報システムが果たす役割を探るためには、さまざまなスケールでこれらのファイルを調べなければならなかった。九万一〇〇〇件の報告書からなるデータをすべて辿るために、インスタレーションとしての《Endless War》は通常、一カ月から三カ月という長期間にわたってさまざまな場所に設置される。

インスタレーションは三画面で構成され、それぞれがデータベースの異なる見方を提示している。最初の画面ではテキストが直線的に表示され、出来事が次々と時間的に展開される。次の画面では最初の画面と同じ頭字語や地名などの用語が登場する説明文の集合が表示される。たとえば、繰り返されるGPS座標、「人間の地形」のマッピングの一環として子供たちがNATO軍兵士に微笑んだりにらんだりした場所のリスト、さまざまな攻撃、殺傷事件や航空支援要請のレポート、そしてときには添付ファイルがリストアップされた電子メールだけが何時間も続くこともある。三つ目の画面では一致するフレーズのパターンが時系列で表示される。データベース全体を通して、フィールドの因果性の混成物をさまざまなメディア、勢力や権力の相互作用を示す中立的な述語を用いた最小限の因果関係の特定の語りと照らし合わせながら読むことができる。ある出来事を解釈し、報告し、専門用語やデータに変換することは、その出来事を正常化し、管理できるようにするために必須の手段である。それに対して、この翻訳を遂行する考え方と技術を明らかにすることは、社会を戦争状態に巻き込む彼らの手口を調査するために必須の手段なのだ。

第15章　機械調査

今日、世界が理解され、構成される重要な方法のひとつは、コンピューターメディアを通してである。このことは調査や拡張された感性術《エステティクス》のために興味深い条件を作り出す。コンピューティングにおけるアルゴリズム、データやその他の形式的な構造は感性術的な編成である。たとえば機械学習は、感性化、検知、そして有意差の計算と配置のテクノロジーとして調査的感性術の役に立つかもしれない。

出来事はますますメディアのなかで、そしてメディアとして、あるいはウェンディ・ホイキョン・チュンの言うところの「イン・メディアス・レス（in medias res ＝物事の中途）」で起こるようになっている。[1]とくに出来事がアルゴリズムの論理やネットワークの一部として生じるか、そのような論理とネットワークのなかに転置されるコンピューター関連の分野においては必ずそうである。たとえば、ネットワークの一部として構成され、ウェブサイトやプロセスを通じて構造化され、複数のスケール、速度、時間枠で起こり、無数のアクターやエンコードの形式をともなう出来事がありうるのだ。

特定の種類のパターンに従う微細な行為から、その場で生成されたり、長期的な社会的カテゴリーを繰り返すことで定着させられたりする膨大なカテゴリーのデータまで、このようなシステムにおける多様なスケールの統合は、差別やその他の政治的編成の歴史の問題点を抱えつつ、それらを更新している。こうしたことが起こる方法は何通りもあり、社会的バイアス、とくに人種的バイアスが機械学習などの技術に組み込まれたり、訓練に使われたりすることに関する研究は、それ自体が新しい調査の形態を生み出してきた。(2)

もっとも明らかな発見は、データにどこかおかしいところがあるということであり、その結果として「ゴミを入れたら、ゴミが出てくる」と呼ばれる古い問題が発生する。システムに偏ったデータが含まれていると、システムはそれを単に複製するか、複製することを学習し、場合によってはそれをさらに誇張してしまう。データのおかしいところはいろいろな形で現れうる。さらに訓練によって、あるいは訓練用のモデルに組み込まれた意識的あるいは無意識的な知見によって不当な差別を学習したシステムは、別の文脈にも適用され、不平等をさらに強化するかもしれない。

第二の問題は、顔認識などのシステムが特定の肌の色や顔の形状にうまく適合するように訓練されている場合である。(3) たとえば、あなたの携帯電話や職場の出入口があなたの顔を認識する能力を持たなければ、それは機能的な排除のメカニズムが作動していることを意味している。警察が使用するシステムがあなたの存在を認識できない場合は、逆に副次的な利点があるかもしれない。

第三に、過剰な注意というとても単純な問題がある。つまり特定のコミュニティ、地域や活動を意図的に監視の対象とすることである。その結果、日常生活における明示的ないし暗黙的な脅しは強化され、とくに国境を越えるというような特定のプロセスにおいてさらに増幅される。このような状況は、政治学において十分に認識されていない、処理することと処理されることの問題と結びついている。「面倒な政治(hassle politics)」とでも呼ぶべき手法は、処理され詮索されるプロセスのさまざまな段階に人をずっと繋ぎ止めておくことである。生活のあらゆる側面は、新制度派経済学者が「取引コスト」と呼ぶものが適用されることで不自由さを強いられる。[4] 高度資本主義や植民地支配の拡大管理主義が、エントロピーの不均等経済のなかで面倒を分散させるのだ。[5]

第四に、このようなシステムに組み込まれた理性のプロセスは、明示的ないし暗黙的に特定の存在論を強制する論理形式を埋め込んだり、それに依存したりしている。これはトップダウンの推論がその織り込み済みの欠陥と共に支配的だった初期のAIでは自明のことだった。その種のAIは明確な論理構造によって意思決定を自動化することが多かったが、狭い領域以外への適用が困難であることが問題となった。ニューラルネットワーク技術を復活させた機械学習は、学習を取り入れることで意味の詰まりを回避し、先行研究の限界を乗り越えることを目指している。ただし学習したアルゴリズムがなにを学習したのか、あるいはどのような原理で動作しているのかを説明できない場合、「ブラックボックス」問題が発生する。[6]

第五の問題は、現在使用されているシステムにしろ、開発中のシステムにしろ、その膨大なリソースとパワーが、もっとも処理されることが多く、もっとも利用可能で、もっとも流通している支配的な言語、文化、政治編成の地位をいっそう強固にする傾向を持つということである。

コンピューティングにおいては、家父長制、植民地主義、軍国主義、そして資本主義のさまざまな局面やその環境破壊的傾向を特徴づけてきた理性の論理と構造の外に踏み出す必要がある。この地球上の生命に関するより広い概念化にふさわしい推論と評価のシステムを開発するためには、自動化された感知と意味形成の感性術を再構成しなければならないのだ。

しかしこのようなシステムに関して、わざと弱い倫理を展開する戦術に警戒する必要もある。弱い倫理とはビジネスの継続性を維持し、テクノロジー企業の活動に対するあらゆる規制を食い止めるために設計された機能主義的な縮小倫理である。実際、「倫理」は知名度を上げようとする企業によってあまりにも道具化されているため、ある技術が解き放たれた場合の帰結を恐れてその技術の公開を「自制」していると主張されることすらある。これは起こりうる問題に対処するというよりも、そのテクノロジーを誇張するようなものである。兵器の開発会社でさえ、自律型兵器の使用にもっと倫理観を取り入れるよう求めている。そのようなメーカーの一社は最近、適切な訓練を受け、安定した労働力を将来の軍事作戦の従事者や指揮官のために確保するため、より多くの小学生に哲学の勉強をさせることを呼びかけている[7]。機械化された功利主義は、より少ない悪を認可するアルゴリズムとして実装することができ、その品質管理は軍のコールセンターで働く高卒に任せられる。

このような利己的な倫理の形態は、新しいテクノロジーがもたらすさまざまな帰結に対する説明責任の根拠を最小限に抑えようとする。社会による統制の考え方に対抗して企業の自己規制を維持するために、付託条項はまるで保険会社の予防的リスク評価のように構成されている。顧客との真に倫理的な遭遇とは、変容と学習をともなうものだ。だが実際のところ、「アルゴリズム倫理」とは、テクノカルチャーの大部分を偽装し、構造化しているリベラルなヒューマニズムの用語で表現された愛想の良い形式にすぎず、企業と共犯的である場合すら多い。

調査的な側面を含むソフトウェア研究のような分野は、ソフトウェアの本性と働きについてより深い問いを投げかけることを目的とする。説明できない操作を生み出すルールベースのシステムを管理するために明確なルールを作ることは重要な試みだ。しかし設計されなければならないのは真の倫理的な遭遇である。そのような遭遇は、産業の弱い倫理が容認し、保護しているシステムの多くを閉鎖に追い込むことになるだろう。

現在のコンピューティングはこうした複数の対立軸を抱えているため、それが調査の対象となるのは避けがたい。構造とアクセスに関するハッカー的実験やファイルの公開から、大規模なデジタルシステムによって提示される空間・時間・情報・政治の幾何学を体系的に調べることまで、さまざまな形で調査が行なわれている。実際、機械調査が取り組んだ最初の領域のひとつは機械に対するプログラム的な調査だった。そのような調査はしばしば特定の手順として遂行され、システムをステップごとに何千ものヴァリアントと共に検査するためのメカニズムを作り出し、その権力の輪郭を支える計算論理を効果的にリバース・エンジニアリングして、公の探求のために公開する。このような作業はここ数年で増加しており、アルゴリズムが持つ権力の責任を問うための継続的な手段となりそうだ。

こうした調査的エンジニアリングは、空間・時間・情報・政治のダイアグラムを描き直すことによっても行なうことができるが、それはデジタルの囲い込みに対する根本的な異議申し立てとなる。そこにいたるひとつの方法はアクセスと情報の差異を通じてである。誰に関するどのデータが、誰にあるいはなにに対してオープンソース化されているのか。このダイアグラムをどのように反転できるか、あるいは少なくとも調整できるか。私たちは機械の秘密を公開データに変えるために多くの天使を必要とし、それをつなぎ合わせるために多くのネコを必要とする。一方は他方がなければうまく働かない。実際、この両者は見かけ以上に互いに依存している。コードが閉じ込められているソースを開くこと（天使）と、ソースが漏れてきたときに点と点をつなぐこと（ネコ）のいずれも必要なのだ。

だが漏洩の技法も、漏洩された資料の調査も、能力を向上させなければならない。そのためには感知と意味形成の自動化が有効である。こうした自動化の一部は、調査をそれ自体のメディア的条件に同調させるための方法を必要とする。そのような方法には、もともと数学的であるものも、媒介されることによって数学的になるものもある。世界を数字に翻訳することが効率をもたらすにつれ、そのような翻訳自体が世界における存在物として流通しはじめる。その歴史的な先例はカレンダーや建築モデル、あるいは部品ベースの組立ラインの機能といった、思考法や行動法を伝達する媒体に見出すことができる。数値的な記号や構造は、存在物あるいは存在物の連鎖の代役としても機能しはじめ、ときには知識や経験の対象としてそれらに取って代わることもある。

たとえばビデオ映像のなかに映った戦車のイメージをどのように識別するかを考えてみよう。古典的なAIでは、戦車は記号、あるいはクラスター化した記号の集合として理解され、他の類似した諸構造（典型的な体積の集合に関する方向と位置のモデル、色相、彩度、明度の三次元集合として理解される色のモデルなど）のシステムのなかに入れ子状に収まっているとされる。この記号は、明示的かつ合理的に確定された戦車の形状と特徴の概念的な記述として設定されている。重要なのは、戦車やその他の対象は、システムがそれに遭遇する前に記述されているということだ。

これと対照的なのが最近の機械学習ベースのアプローチである。ここでは戦車と診断される確率が高い視覚現象の集合は学習によってはじめて出現する。さまざまな条件下で繰り返し現象に晒されることで安定した反応の集合を作り、反省的な判断を瞬時の反射に変えることが目指される。

シンボルベースのアプローチの魅力のひとつは、整理され、階層的、カテゴリー的な秩序に対応する世界を想像していることにあり、そのような世界観を好む軍事関係者からの持続的な資金調達を促した。このような想像は部分的であれ、すでに過去のものになっている。とはいえ、初期のニューラルネットワークから、たとえばディープラーニングのような技術へとつながる系譜のより創発的で「カオス的」なスタイルは、現在において資金調達に役立つ独自のカリスマ性を持っており、それはたとえばフェイスブック社の格言「素早く行動し、破壊せよ」に象徴されている。それゆえ今日の企業の取り組みの多くは、はじめにテーマの体系的な概観を目指すのではなく、現実を再訓練することでコンピューターを訓練しようとする。そして人間や社会構造、あるいは経済的な既得権益者のほうが新しいルールに適応するように教え込まれるのだ。

＊＊＊

説得力のあるディープフェイク動画（たとえばある人物の顔のシミュレーション画像が別の人物の身体にマッピングされる）を作成するための鍵は、出力媒体として十分な解像度を持つソース映像を使用することである。つまり学習に用いるデータセットが、ニューラルネットワークが生成すべき多様な表情の出力に対応できるほど大きくなければならない。

たとえ、現時点では歴史上の人物の優れたディープフェイク動画を制作することは困難である。これは適切な解像度のフィルムが十分にないことと、ソース映像が非常に稀であることが理由だ。そのような映像から抽象化したものを現代の映像にマッピングすると、さまざまな加工の痕跡を発見できてしまう。逆に現在のメディアに頻繁に登場する人物は、何時間、何日分もの映像データの蓄積が存在するため、ディープフェイクを制作しやすくなっている。そのつどの新しいアングルや表情はさらなる増殖を可能にする。

それとは逆だが関連する問題がある。多くの場合、調査される出来事には珍しい兵器システムなど希少な存在物が関わっている。禁止されている武器や軍需品は、ネット上でイメージを見つけるのが難しい。たとえば、とても珍しいが見つけることが重要である化学爆弾のような対象のイメージは、たとえ見つかったとしても事例が非常に少ないため、ニューラルネットワークを学習させるには量が足りない。見つかるイメージも解像度が低いことが多い。これは紛争のイメージが軍事作戦の一環として管理されているからだ。

私たちはふたつの調査において異なる仕方でこの問題に遭遇した。ひとつ目は、二〇一四年のウクライナ東部のイロヴァイスクの戦いに関するフォレンジック・アーキテクチャーのオープンソース調査である。ロシアはウクライナ領に侵入し、分離主義者に軍事支援を行なったとされていたが、ずっとそれを否定していた。(8) 証拠を見つけるために、オンラインにアップロードされた何万枚もの映像をすべて点検しようとしたが、必要な労力、時間と資源の問題に突き当たった。調査員が目を通す資料のほとんどは無関係のものであったため、フォレンジック・アーキテクチャーはそのプロセスの一部を自動化し、貴重な時間を節約できないかを検討した。そこで私たちはコンピューター・ヴィジョン分類器を使い、ロシアだけが使用している T-72B3 という特定のモデルの戦車を認識できるようにそれを訓練した。(9)

YouTube に公開されている動画が検索キーワードと戦闘に関連する日付の範囲から選別された。プログラムはそれらの動画をダウンロードして、一コマずつ分析し、この特定の戦車が写っている可能性があるコマにフラグを立てた。そしてその可能性が六四パーセントや二・八パーセントであることを調査員に知らせたのだ。こうして手動によるオープンソースの証拠収集と合わせて、数千の情報源から裏付けされた一五〇件のロシア軍の存在を特定することができた。この事件は、欧州人権裁判所に提出された証拠のうち、部分的であれ機械学習技術に基づいた最初の事例となった。

別の調査では視覚データの不足問題に対処しながら機械学習を使って労働時間を短縮するために、フォレンジック・アーキテクチャーは「合成データ（synthetic data）」で機械学習分類器を訓練する実験を行なった。合成データとはネットワークを学習させるのに十分な資料が「野生」、つまりオンラインの公開されたチャンネルにないときに作成されるデータである。このような場合、探しているものを正確にモデル化したデータを使って、オンラインで類似のものを見つけるようにシステムを訓練することができる。正確な三次元モデルから非常に詳細な写実的デジタルイメージをレンダリングし、ニューラルネットワークに十分なデータを与えて学習させ、その感知能力を向上させることができるのだ。

《Triple Chaser Project（トリプルチェイサー・プロジェクト）》は、二〇一九年のホイットニー・ビエンナーレにフォレンジック・アーキテクチャーが招待されたことへの応答として立ち上げられた。これはニューヨークのホイットニー美術館で開催される展覧会だが、武器商人であるウォーレン・B・カンダースが同美術館の副理事長を務めていたことが物議を醸していた。ローラ・ポイトラス監督のPraxis Filmsと共同で、フォレンジック・アーキテクチャーは特定の催涙ガス弾筒の映像を検知できるようにコンピューター・ヴィジョン分類器を訓練した。この弾筒は「トリプルチェイサー」と呼ばれ、カンダースの会社であるサファリランドが製造しているものだった。それは数カ国で警察や軍隊が抗議行動や反対意見を暴力的に弾圧するために使用されていた。だからこの武器の動画や写真が、世界中のネット上で共有される何百万枚のイメージのなかにときおり登場することがある。

コンピューター・ヴィジョン分類器を訓練して特定の物体を確実に識別するためには、通常その物体をさまざまな角度から撮影したイメージが数百枚、あるいは数千枚必要となる。しかしながら、トリプルチェイサー弾筒のイメージは比較的まれである。そこでこの不足を埋めるために弾筒のデジタルモデルを作成し、さまざまな角度からレンダリングをした。さらにこれらのモデルを任意に作成した何千もの写実的な「合成」環境に配置し、一般ユーザーがネット上にアップロードしたイメージに記録されている催涙ガスの状況を再現した。このようにしてフォレンジック・アーキテクチャーが作成した合成イメージは、それを使って訓練されたニューラルネットワークが実際に使用されている弾筒のイメージを検索するのに役立った。このソフトウェアは現在も開発中かつ稼働中で、インターネットを監視し、サファリランドの弾薬が市民に対して使用され、そのイメージが撮影されたときにフラグを立てることができる。

戦車とトリプルチェイサー弾筒は、フォレンジック・アーキテクチャーが「モデル動物園（Model Zoo）」と名づけたものの中核をなしている。これは物体の3Dモデルの写実的なデジタルレンダリングに基づく合成分類子の増大し続けるコレクションである。そのなかには、他の催涙ガス弾筒、軍用および警察車両、禁止弾薬、化学爆弾など今日の紛争で国家によって使用されるもっとも恐ろしい兵器のカタログが含まれている。このコレクションは、これらの物体のイメージがほとんど存在しないか、あるいはイメージの収集と注釈付けに多大な労力を要するという問題を解決するために作成された[10]。「動物園」を構築し、その内容をオープンソース化することで、他の研究者に独自の分類器を訓練する手段を提供することを目指している。

人権調査における機械学習や人工知能の利用は役に立つ。さらに訓練のプロセスを制御し、観測可能な出力に対する入力の変化を相関させることができれば、機械学習システム自体を「内省」して、その基盤となる計算プロセスをよりよく理解する機会にもなる。さもなければこうしたプロセスは不透明で不可解であるため、責任を負わせられない（unaccountable）ことが多いのだ。実際、市民社会にとって緊急の懸念となるのは、AIの多くの実装における不可解で責任を負わせられない性質である。アルゴリズムを内省することは、私たちが共有する環境をますます監視し、私たちの社会的、経済的、政治的立場をますます規定しようとするブラックボックスの内側を覗き込むことである。機械学習の方法論を追求することで、フォレンジック・アーキテクチャーはふたつの同時的な状況を調査している。つまり一方には物的証拠や写真的証拠が争われる暴力と抑圧の現場があり、他方にはアルゴリズムの計算フィールドがある。そしてその両者において分析の道具自体を解明し、説明可能にすることで、責任を負わせることができる（accountable）ように努力しているのだ。

アルゴリズムを内省する過程において、フォレンジック・アーキテクチャーは、モデル化した物体のパターン、背景、形状に極端なバリエーションを用いる実験をはじめ、普通の写真や映像が撮影される通常の環境においてアルゴリズムの物体識別能力を大幅に向上させることができるか確かめようとした。その結果、３Ｄモデルのレンダリングイメージ、つまり「合成データ」を利用する機械学習分類器は、モデル化された物体の「極端な」バリエーションを学習例に含めることでより良いパフォーマンスを発揮できることが判明した。そこでリアルな合成データに加え、私たちが探している武器のモデルにランダムなパターンやイメージをテクスチャーとして貼り付けた。極端なバリエーションは、機械の知覚と認識可能性の閾値を洗練させる。物体の形状、輪郭やエッジに対する分類器の感性化が向上するのだ。特徴がはっきりしているほど認識がうまくいく。

この発見はアルゴリズム文化一般について重要な問題を提起する。ソーシャルメディア・プラットフォームのような振る舞いの予測分類ツールを作成している側も、自らの予測能力を高めるために、予測しようとするデータ空間においてわざと極端な状態を再生産し、激化させることができるかもしれない。言い換えれば、フェイスブックやツイッターなどは、ユーザーが極端に異なり、それが顕著な場合ほどユーザーの振る舞いをうまく予測できるのだ。このことから深刻な問いが浮かび上がる。オンライン上の極端な政治的・社会的行動を撲滅するために戦っていると言いながらも、ソーシャルメディア・プラットフォームは、自らの予測アルゴリズムを向上させるために、実際には極端な行動を激化させるように設計されているのではないだろうか(11)。

＊＊＊

機械学習の文脈では、画像や動画は高次元データと見なされる。分類器がイメージの集合をふるいにかけるとき、よく問題になるのがノイズである。それは重要であるように見えながらそうではないもの、あるいは重要なものの認識を邪魔するものだ。問題となるのは、影、閉塞、パースペクティブの歪み、グレアのような光の効果などである。また曖昧さも別の種類のノイズになることがある。たとえば同じ形状がふたつのまったく異なる物体に対応するような場合である。問題の情報的側面は、情報の保管や知識、特定の装置によるその処理、あるいは特定のフィルター、手順、行為文法そしてセンサーによる現象の感知との対応づけに沿って引き出されうる。

人工知能の伝道者たちが言及するのを忘れているかもしれないが、機械学習とは完全に合成された計算の完璧なまとまりを提供するものではない。機械学習はなにを計算し、どのようにそれを行なうかに対する内在的な関係から作り出される数多くの断層に蝕まれているのだ。エイドリアン・マッケンジーの洞察に満ちた著書『機械学習者たち（*Machine Learners*）』は、「データの実践にしばしば影響を与える摩擦、閉塞、妥協」を指摘している(12)。重要なのは機械学習の破損を人間化することによって罰するのではなく、そのようなシステムの感性的および実践的条件を認識することである。マッケンジーが言うように、データを使った作業は質問、仮説、データ、複数のメディア的翻訳による情報の分節化や、その他の要素のあいだを行ったり来たりしなければならないのだ。

科学的な理想としてこれらの要素はすべてコントロールする必要があると主張することができる。このようなコントロールが引き起こす帰結は重大であり、したがって機械学習に関する実践的な政治的調査の難しさもまた重大である。マッケンジーが指摘しているように、機械学習には考慮に入れなければいけない複数の形式のプラグマティックス（語用論）があり、そのプラグマティックス自体が学習の形式を構成するのだ。

そしてさらに複雑な問題がある。アーティストはしばしば、グリッチ、ノイズ、干渉などの感性術を制作に取り組んできた。これらはコンピューティング特有の物質的実体の一部である。しかしデジタルメディアの考古学者やキュレーターがしばしば指摘してきたように、中央集権的なプラットフォームやその他の場所に保存されたデータは失われる可能性がある。[13] 実際、これらのデータを誘導するために設計されたプロセスそのものが、一日のうちに何度も変更されることもある。それほど急速な変更ばかりではないかもしれないが、大規模なデジタル囲い込みの場合、変更の事実自体が企業秘密で覆われていることが多い。つまりこれらのプラットフォームはデータに対してある種の公共性を生み出しているが、その仕組みはほんのわずかしか公開されていないのだ。だから転換は、事業計画における重点の置き換えや、特定の種類のデータ（たとえば異なる地域では公開が制限されているとみなされるデータ）[14] の取り扱いの変化に応じて起こるかもしれない。あるいは特定のターゲットに合わせることの知覚価値の計算や、ユーザーの細分化や、他の原因によって変わったり停止したりすることもある。こうした諸要因は機械に対する機械調査を通じてデジタル統治をプログラム的に探求することを複雑にしつつ、その動機づけにもなっている。

ある意味で、機械学習が行なうことの一部は、警察や諜報機関などの事務局、国家官僚主義とアーカイブの状態をヴァーチャル化し、高速化することであるとも言える。どちらも結論や分類に達するまで、多くの調査項目を並行して取り上げ、継続的に評価し、注視する。このアプローチは結局のところ、コンピューティングの基本的なルーツのひとつである官僚機構の作動に関連しているだけでなく、より完全な統計的分布を確立することができるから効果的なのだ。何千、何百万もの探求や検査が可能になる。

しかしこのような事務局の手続きをヴァーチャル化することは、より自由奔放な目の視点を採用できるように調査を解き放つことだとも言える。大規模で体系的な作業が自動化されれば、人間の感性能力は自分の得意とすることに集中できる。プログラム的調査と物事に鼻を突っ込む意欲的な好奇心とのあいだに、新しいハイブリッドが生まれることを期待できるかもしれない。実際、オープンソース調査はそのようなハイブリッドから組み立てられる新しいかたちの集団的調査のための基盤を確立している。

* * *

推論や感知の習慣などの人間の感性的訓練から離調した計算機的な感覚器《センソリウム》によってデータを検証できることは、より幅広い感性能力が利用できるということである。このように機械学習は、調査が必然的にともなう学習の範囲と性質を拡大する方法なのだ。

第Ⅲ部　提案　Proposition

第16章　調査的コモンズ

映画監督ジャン＝リュック・ゴダールは、政治的な映画を作ることと政治的に映画を作ることの相互作用について有名な言葉を残している。前者では政治の表象がセルロイドに保存される。後者では映画がなにを映し出すかだけでなく、それがどのように制作されるかが政治的な探求と再発明の対象となる。この区分にしたがえば、私たちは政治的な調査を行なう方法だけでなく、調査について政治的に考えることにも関心を持っている。(1) そしてこの関心は、調査が行なわれるそれぞれの現場との関係で異なる応答を要請する。まずは事件が起こり、痕跡が集められる**フィールド**がある。またそれらの痕跡が処理され、証拠として組み立てられる**ラボ**や**スタジオ**がある。そしてそのような証拠が公開される**フォーラム**がある。それぞれの場では異なるレベルの参加と、証拠に取り組んで社会化するための異なるプロセスが求められる。証拠の生産過程の周囲に生まれる実践のコミュニティを「**調査的コモンズ** (*investigative commons*)」と呼ぶことができる。調査的コモンズは、感性術的構造、政治的構造、そして認識的構造の組み合わせからなる。

これら三つの異なる現場を見ながら、「コモンズ」という言葉で私たちがなにを意味しているのかを紐解いていこう。調査の**フィールド**におけるコモンズの概念は、感知《センシング》様式の集合によって確立されるが、それを（冗談ではなく）「コモンセンス」と呼ぶことができる。私たちはこの「コモンセンス」という言葉を、想定される幅広い意見の一致という月並みな文脈から引き離すことを目論んでいる。その文脈において「コモンセンス」という言葉は、思考なき思考、自然かつ所与のものとして受け入れられた社会のヴィジョン、理性の必要のない合理性の代名詞となっている。**ラボ**と**スタジオ**におけるコモンズは、物事の構成と発明を通じて進められる探求の拡散的かつ集合的な作業場として出現する。そして**フォーラム**におけるコモンズは、証拠の提示を社会化し、政治的主張の諸表現が見聞きできる新しい場所とプラットフォームを見つけることによって出現するのだ。

コモンセンスの形成は、知識を作り出すことに組み込まれた共通性（commonality）の継続的な発展であり、創造の様式と見なすことができる。実際、コモンセンスが抑圧的な暗黙の規範ではなく、創造の問題として認識されるとき、それは再発明に開かれたものとなるのだ。

このことが第I部で提案した感性術《エステティクス》の三つの側面とどのように関連するのか、もう一度考えてみよう。世界のあらゆる存在物がなんらかの役割を果たす感知《センシング》と意味形成《センスメイキング》の行為としての感性術。拡張された多様な感知領域を作りだすための抽象的ないし具体的な新しい装置の創造を含む、感知の増幅、増殖と再構成の様式としての超感性術《ハイパーエステティクス》。そして感知と意味形成が分離することでもたらされる感覚の痛烈な過負荷状態としての感性超過《ハイパーエステシア》。

意味形成は感知する存在物のあいだに連帯と関係を作り出すなんらかの発明を含意している。感知する存在物には技術的な計測器や、センサーとして設計されていないが独自の方法で世界を感知する物質も含まれる。またそれぞれのモノや生物種の物質的な編成および環境との相互作用の仕方に特有の感知形式もある。たとえば、植物、人工環境やアルゴリズムなどはすべてそのような機能を持つことをすでに示した。これを踏まえると、感知と意味形成を行なう存在物には、環境の異なる側面に同調する複数のコミュニティのあいだの連帯も含まれると言える。これらの連帯は、政治的環境と物理的環境に対して異なる方法で感性化された社会組織、集団や運動などとして理解できる。つまり政治的に感性化（sensitised）された意味《センス》の形成者であり変形者である。

超感性術的な発明は、具体的、技術的、社会的、そして政治的な仕方で作動するが、概念的な次元や知覚的な次元でも作動する。あらゆるものがなんらかの仕方で感知し、ある種の存在物（生物からテクノロジーにいたるまで）が意味形成に関わっているとすれば、それらの相互作用の結果として、またこれらの相互作用を強化することによって、なにが発生するかを考えることができる。発生するのは世界であり、世界として発生するものは集団的に生み出される。この集団的な作業が、必然的にも偶然的にもはじめから完全に平等主義的であると言うつもりはないが、ヒエラルキーを平坦化する方向に向かう努力であることは確かである。世界は部分的には、分散され交渉される感知と意味形成の多様なプロセスが生み出す共通の結果なのだ。

これらすべてのプロセスからなる複合的な世界を私たちはみんなで抱え込んでいる。たとえ絶えず作り変えられているとしても、そこは私たち自身の領分なのだ。それは共同作業《コモン・ワーク》の結果として、進歩の理念や進化の力の相互作用の産物であると同じくらい構造的な怠慢の産物でもあるコモンズのようなものを形成する。感知と意味形成の共有領域《コモン・テレイン》は現実（reality）と見なすことができ、この現実こそが個人の存在論に関係なく、共に所有され、共に争われるものである。このコモンズへのアクセスとそこで作動する権力を確定することが政治を成立させるのだ。

コモンセンスという考えは普遍主義という概念に疑問を投げかける。普遍という考えの歴史的遺産のひとつ、つまりあらゆる場合に適用可能である均質的な全体性という概念は、啓蒙主義の帝国と植民地のプロジェクトに根ざしている。それは人々、視点や感知様式のあいだの違いを平坦化する能力を想定する一方で、ある種のヨーロッパ文化をそれらのなかでもっとも重要なものとみなし、適合しないものを無視したり破壊したりする代償を払ってでも目指すべき共通の土台として据え置いていた。このモデルにおいて感性術の役割は、文化に概念的に先行し、人類に一般的なものとして拡張され、想像のなかで共有された感知作用に繫ぎ止められている。すべての人が同じオペレーティング・システムを搭載して生産ラインから出荷されるが、一部の人はプレミアム・バージョンを装備していると理解されているのだ。この普遍的なものの理想は、感性術を感知に関わることに限定し、意味形成に関わるとは見なさない。誰もが同じように感知し、まったく同じように美に反応するが、一部の人間だけがそれを適切に解釈することができるのである。

普遍性が暗黙のうちに前提とする規範とは異なり、コモンズは複数の差異によって編み合わされている。そこには多数の参加者、視点、状況に位置づけられた経験、立場、そして実践的で実験的な交差《インターセクション》において生み出され、取り組まれる知識の形式などが含まれる。それは統一された条件でも、統一する条件でもなく、むしろ共有された条件なのだ。

このような感性術的コモンズは、単に人々に共有されるだけでなく、エコロジカルに生成されるものである。それは感知器と感知作用と見なされるものの増殖に基づく。感性術を人間の判断から解き放つと、他のさまざまな可能性が開けてくる。このコモンズにおいて感性術を用いるとは、別種の味方を呼び寄せることを意味する。それはときに、権力の図式のなかではまだ感知や意味形成のための行為主体になりえないと考えられている存在物との、微細でおそらくは感知できないようなコラボレーションに対して自らを開いていくことを意味するのだ。

このように柔軟に伸び縮みする状況において、調査に影響を与える感性術的コモンズを共に組み立てる部品は多数存在する。それらは生物学的なものや鉱物的なものから政治的なものや経験的なものまで多岐にわたり、数学的概念や計算装置を含み、基礎物質から抽象的物質主義にまでおよぶ。こうしたコモンズを理解するためには、生物および無機物における現在進行中の膨大に拡散された感知活動を認識することが必要である。それは感性術的な集合体における物質、コードそして有機物との共存への探究心を育むことを暗に含んでいる。

この文脈において調査的感性術とは、特定の事件のなかで結晶化される感覚の政治的諸次元に焦点を当てていく実践である。さしあたっての課題は、意味形成のレパートリーと精度を高める仕方でこれらの政治的諸次元をどのように結びつけるか、そして問題を抱えたコモンズをどのように養うかである。

普遍的なものに対置されるコモンズの形成は多くの歴史的脈絡をもつ。集団で作り上げるリアリズムの困難と強度を理解するうえで模範となるふたつの潮流を挙げれば、この問題系の豊かさと多面性を描き出せるだろう。そのひとつの例であるシュルレアリスムは、絶対的な公正さの適切な定式化をめぐる闘争に固執することで奇妙な成長を遂げた前衛芸術運動である。(2) もうひとつの例は、アフリカ・バンバータからUKドリルの現在の盛り上がりにいたるヒップホップの拡張された系譜に見出すことができる。コドウォ・エシュンがその著書『太陽よりも輝いて（*More Brilliant than the Sun*）』で印象的に示したように、この運動においては、現実は歌詞とビートの力によって発明されなければならないという主張を通じて、現実を構成する多様な経路が強調される(3)。

このふたつの潮流はいずれもコモンズを集団的な差異化の場とする共同活動の領域を生み出す。感性術的コモンズは、たとえばビート構造やリズムの集団的な開発のように、アイデアの共有資源を通じて発展させることができ、それはひるがえって差異化を促していく。あるいは素晴らしいことを達成するための一連の技術として発展させることもできるだろう。そこでは、現実が一方では発明されなければならないものとして、他方では到達するために新しい手段を見出さなければならないものとして強く求められる。

こうした実験の場のひとつが、コラボレーション、つまり「**共働き**（*working with*）」を束ねる実践の共同体であり、それは多くの視点や味方を巻き込んで拡大していく。なぜなら現在を理解するためにはエコロジカルに働く必要があるからだ。調査的生態学《エコロジー》を確立するには、メディア、コミュニケーション、テクノロジー、そして物質的環境、社会的環境と自然的環境とのあいだの多方向の関係性とフィードバック・ループに取り組むことが求められる。これは多くのスケールと時間にわたって作動する複数の視点を利用し、共に働き、影響を受けることを意味する。また普遍とコモンズのあいだの緊張と同じように、他の論理や分野とのあいだにも緊張関係があることを認識しなければならない。

いまだに活発な普遍の概念とコモンズの構築の相互作用によって形成されたかさぶたには、こうしたものがたくさん詰まっている。普遍の困難を認識しながらも、差異の平坦化とコモンズの抹消を図るそれ以外の様式が流通していることを意識することが賢明である。たとえばそのひとつが、国家であれ企業であれ異質な諸編成を一元的に束ねることによって達成される権力の様式である。ウラジーミル・プーチンによって語られるこの「権力の垂直（vertical of power）」は統合的な権威主義の力であり、決して普遍的なものとして提供されているわけではないが、その長所は上から物事を押しつける能力にあるとみなされている。[4] このような編成の破壊能力は誰もがよく知っている。

もうひとつの問題は、クリスティーナ・シャープがその著書『航跡のなかで＝そのあとで（*In the Wake*）』で明晰に描写しているものだ。この本のなかでシャープはアフリカ人の奴隷化によって設定された永続的なパターンと、それを超えて持続する忍耐のパターンを追跡している。[5] ここでは、人生はいまだにアフリカとアメリカ大陸を行き来した奴隷船のいわゆる中間航路の憤怒と残虐性を保っており、その動きはいまも続いていて波紋を現在に投げている。地中海を渡ろうとする密航が死をもたらすこともある官僚的暴力を振り回す欧州国境沿岸警備機関の白人至上主義と衝突することや、農園の監督と今日の警察官とのあいだの役割の連続性は、そのような過去が現在をいまだに支配する仕方の一例にすぎない。

このような諸編成によって織りなされる状況のなかで共に働く手段を見つけ、それらの体制と戦っていくことは難しい。仕事は遂行しなければいけないし、ハッキングも試さないといけない。そのためのひとつの経路は、別種の協力者を見出すことかもしれない〔初版では、ここに数パラグラフ前に出てきた「このような感性術的コモンズは、単に人々に共有されるだけでなく……」という一節が繰り返されているが、翻訳にさいしてはこの繰り返しをリダクションした〕。

感知するものすべてが容易に意味形成に統合できるわけではない。統合のための土台を見出すことが調査の仕事であり技能であり、それは分析の領域を暫定的に画定するためにありうべき一貫性と媒介を推定していく作業である。意味形成をめぐる闘争はつねに政治的であると同時に認識論的であった。私たちの主張は、現実とはある種のコモンズであり、ときには多くの交渉と愛と技能をもって構成され、争われなければならないものだということである。現実は、そこにあるものすべて、私たちが持っているものすべてだということにおいて存在論的コモンズである。また現実は、私たちが知りうることを検証するために使用しなければならないものであるということにおいて認識論的コモンズである。そして現実は、感知と限定された意味形成のあいだの緊張から生まれるということにおいて感性術的コモンズでもあるのだ。

現実をつくりあげる共通の布地が政治的な理由から意図的に壊されたとき、重大な断絶が生じる可能性がある。権力を持つ者、あるいは権力を求める者が、意味形成を現実に結びつけるもろい構造を壊そうと思えば、たとえば自分たちの責任を問うネットワークへの不信を広めたり、攻撃を受けている人々の証言に対して人種的動機による疑念を植え付けたりすることによってそうすることができるだろう。彼らがつながりを断つとき、意味形成のネットワークのまだ証明されていない部分やもっとも脆弱な部分を用いて集合体全体を疑ったり解体したりするとき、また彼らだけが知る特権を持つと主張するとき、そのような否定は新しい意味を作ることではなく、コモンズの非コモン化（uncommoning of the commons）を目的としている。このようなコモンズの亀裂は修復されなければならない。警察が合法的に人を射殺したと言うときもコモンズは同様に修復されなければならない。森林の火災による破壊を産業界の強欲の結果ではなく季節的な出来事にすぎないと責任者が言い張るとき、自然との社会的絆は修復されなければならない。このようにコモンズとしての現実の形成にはさまざまな利害関係が絡んでいる。とはいえ、こうした断絶はただ下へ下へと向かうだけでなく、別の方向に展開することもある。ヒエラルキーに基づく権力による現実形成のためのルーティン自体もまた壊されうるのだ。

＊＊＊

調査的コモンズの概念を発展させるためには、哲学者バールーフ・デ・スピノザ、ルートヴィッヒ・ウィトゲンシュタインやパオロ・ヴィルノらの仕事における感知と意味形成の様式としてのコモンズに関する哲学的考察に目を向けることが役に立つ(6)。

スピノザにとって、感知とは身体が共通して持つことのできる作用であり、それは彼がデカルトに倣って *res extensa* と呼んだ実体、すなわち自らと接触した宇宙《コスモス》全体にまで延長される。感知は集団と個体のどちらの生成にも貢献する。『エチカ』などのテキストで、スピノザは**コナトゥス**（*conatus*）という考えを提唱している。この概念は、個々の物質や身体がある種の自己永続力を持つことの説明となっている（生物学的あるいは観念的にであれ、想像あるいは願望においてであれ）。自己を維持し発展させるために実体は他のものと対立するが、それだけでなく共同構成やコラボレーションも行なう。コナトゥスはあるものの本性のなかに存在するが、その努力、つまり生成への傾向のなかにも存在する。たとえば大人になることが子供の本性に備わっているように。したがってコナトゥスは物事が組み合わされたときの混合物のなかにも見出すことができる。この状態を維持し、発展させることによって、共通性（commonality）が生まれる。たとえば市民の共存（being in common）は都市をつくり、社会の政治的秩序はその社会の住民のコナトゥスをもっとも適切な、あるいはもっとも公正な方法で実現する能力に由来する。ここでは理想的な形式などは存在せず、人々とより広い世界のコナトゥスが混ざり合うことによってもたらされる継続的な組み合わせのプロセスだけが存在するのである。

ウィトゲンシュタインを読むことで、コモンズがどのように生まれるかを別の仕方で理解することができる。ウィトゲンシュタインにとってなにかの意味はつねにその使用のうちにあった。彼の仕事の多くを支えるのは感知と意味形成のさまざまな形式における感性術だが、それを導き出すのは経験、慣習的で共有される相互作用の発展、理解のかたわらで当然のように膨らむ困惑、そして形式システムの制約と能力である。一例を挙げると、「**ありがたがる**（*appreciation*）」という現象、つまりしばしば非言語的な方法でなにかを深く理解することを可能にする習得された技能についての議論がある。ありがたさは実践を通して生じ、人と人とのあいだの経験や交渉、共通の作業のなかで浮かび上がってくる。[7] このような作業は、異なる技能、知識や希望を持つコラボレーターのあいだで行なわれることがある。たとえば仕立屋の仕事についてのウィトゲンシュタインの議論では、布地にチョークで輪郭を描くという身振りを通してコラボレーションが表現され、協調のためのささやかな発言を通して合意の相互確認が行なわれる。服を作る行為は、技術、知識、ファッションや素材などと共存すること（being in common）から生じる。この相互確認と作業の繰り返しがコモンズを作り出すのだ。

ヴィルノは著書『マルチチュードの文法』で、アリストテレスの『修辞学』に基づいて、コモンズを社会生活とコミュニケーションのための目立たない基本的な前提条件と見なす理論を展開している。共有されるもの、とくに常套句（commonplaces of speech）と呼ばれる特定の思考や振る舞いが畳み込まれた言い回しは、集団や組織、さらには都市のエートスを表現する。人はこのような常套システムの多くに避けがたくまたがって生活しているが、それぞれのシステムが思考と表現の集合的で公的な道具箱なのだ。この道具箱を発展させることによって心の公共生活は構成されるが、その発展はこれらの形式をただ受け入れることではなく、その奇妙さと偶発性を認識することに依拠している。現代世界の住民は、知ること、伝えること、考えることの手段を提供するものがなんであるかを認識し、それを生み出すために闘うことを余儀なくされている。ヴィルノは、移民、女性、人種的・性的な除け者、階級的支配に苦しむ人々など、社会に受け入れられない人々によって社会が作られていることを強調し、そのような人々をすべて「マルチチュード」と呼んでいる。適合しない者だけが完全に思考することができ、彼らの置かれた奇妙な状態こそが、その状態を部分的に克服する共通の場を形成するための闘いを可能にするのだ。実際、コモンズは帰属していないという感覚に対する帰属から生じていると言うことができる。

これらの書き手から、コモンズは特定の問題をめぐって出現する集団性と、世界の意味を形成する活動とのあいだのコミュニケーションによって生み出されるという見方を得ることができる。そのような活動には、私たちの不完全で特定の視点に限定された能力と文脈において意味を形成するとはどういうことかを理解する作業も含まれる。また技能の習得と同時に、自分自身の特権的なアクセスやそれにともなうより広い社会的なコード化を認識することで、それらを感知し、解体していく努力も必要である。

私たちが求めるコモンズを、さらに三種類のコモンズと区別しなければならない。第一は、厳密な意味でのコモンズである。経済学者のエリノア・オストロムが「コモンプール資源（commonpool resources）」と表現するこの種のコモンズは、牧草地や森林、川や湖など、人間が共有しながら働きかける世界の組み立て素材のようなものである。このような場所では資源を枯渇させたり、その限界を破ったりすることなく、むしろ資源を維持し、向上させるような方法で利用するためのしきたりや手順が発達している[8]。コモンズと人間の関係を管理するために、洗練された伝統、経験則、慣習、そして関連する場所の条件に配慮する仕方が生み出されている。これらの方法は互いに制限をかけあう必要があり、違反した場合は罰する必要があるかもしれない。

このアプローチはソフトウェアのような人工物の開発にも拡張されており、フリーでオープンソースのソフトウェア（FLOSS）は、他のデジタル存在物のモデルにもなる新しいデジタルコモンズを生み出している[9]。この種のコモンズでは、共通性の土台となる特定のコモンズに関心を持つ人たちによってそれなりに厳格な社会的コントロールが定式化されている。これをコモンズの領域を構成する枠に制限をかけすぎだと見る向きもある。

もうひとつのコモンズは、まったく異なる種類のものだが、「公共財（public good）」である。インターネット、交通機関、水道システムなどの社会的インフラは、その統治を社会的利益に向けながらも、国家や企業の管理や利潤追求を含みうる緩い仕方でアレンジすることができる。このようなアレンジメントは、資源の相互統治または共同統治のための内在的な土台をもたないため、厳密な意味でのコモンズからは外れている。この種の公共財は、たとえば主に私的利益を指向する水道システムに対置される、誰もがアクセスできる清潔な飲料水や汚染されていない河川の提供であるかもしれない。公共財は経済や社会が全体として機能するための基盤として働き、それらへのアクセスは少なくとも名目上は普遍的である。

実際、第一のコモンズと第二のコモンズとの関わりで、有毒コモンズと呼べるものを一般的に区別することができる(10)。これはたとえば淡水湖や川、あるいは大気中に形成されうるが、枯渇や汚染を通じたコストや負担が社会化されることを表現してもいる。このようなコモンズは化学物質の流出、森林伐採や気候変動などによって特定の社会や場所に課されることが多い。そしてしばしばそれは、自らを周囲の環境から理想的に区別できると信じている経済形態を維持するために課されるのだ。だから国境を越えて、あるいは国境を潜り抜けて移動するCO2濃度の高い、形をもたない雲は、有毒コモンズのひとつの現れである。

化学的な性質は弱まるが同じように有毒で悪質なのは、家父長制、人種差別、階級支配など特定の文化形式と政治形式のコモンズである。権利を持つ人々はいつでもこうしたコモンズを自由に呼び出し、最悪のユートピア共産主義にふけることができる。これはパウロ・ヴィルノが「常套＝共通の場（commonplace）」と呼んだものの逆であろう。この種の有毒コモンズの広いフィールドは、調査が対象とすべき公然の秘密の一形態である。

私たちが提案したい第三のコモンズは、先に挙げた三人の哲学者たちがさまざまな形で関心を寄せていたもので、よりカオティックなタイプのものである。事例となるのは言語、たとえば私たちがこの本を書いた外国語である英語である。私たちはみんな話したり、書いたりするたびにそのような言語に貢献し、それを形作っている。つまり私たちは言葉をとりまく意味の集合の安定化と進化に関わっているのだ。言葉が言語間を移動したり、新しい科学的、文化的、現象的な出来事が新たな用語を生み出したりするときのように、私たちは言葉の新しい意味や使用をいろいろな方法で発明することができる。社会と文化における異なる立場から、新たな言語的コモンズが密集したかたちで生み出されることもある。

言語は秘密の言葉や暗号化されたコードである場合を除き、機能するためには公に使用されなければならないという点において本質的にコモンズである。機能し続け、現役であり続けるために言語は変化する必要があり、その変化はそれを利用する必要のある人々によってなされなければならない（中央政府のコード化機関が新しい言葉を批准する言語では事情が異なる）。言語は多くのものを結びつけるからこそスリルに富み、必要不可欠である。一見したところ共有するものがなにもないように見える人たちが、同じ言葉や同じ言い回しを口にすることがあるのだ。

言語で仕事をするということは、この表現しがたいほど複雑な結合を扱うことであり、またその差異化の能力と格闘することでもある。言語がコモンズとして機能するためには、ある特定の仕方で解読されなければならない場合もある。この解読はさらなる差異化を伴うことがあるが、場合によっては事件の破壊と構築、あるいは感知と意味形成における直接行動の創出にさえ及ぶかもしれない。それは紛争のなかでも共同体のなかでも構成され、服従のなかでも発明の輝きのなかでも構成される大いに多元的で経験的な空間なのだ。

私たちが提案したいのは、言語のこのような性質は調査的コモンズと呼ばれうるものと共通しているということである。現実は働きと生成のちぐはぐな集合的プロセスから生じることにおいて、好むと好まざるとにかかわらずこのような種類のコモンズであり、言うまでもなく本質的にポストヒューマン的なものである。このプロセスの条件を発見し、研究し、そして実際に発明することが重要なのだ。コモンズとしての現実に目を向け、それを見出す方法を探ることは、言語が属するようなもっと広い形式のコモンズを含意する。ここで感性術的コモンズは、他の感知プロセスにも開かれた感知と意味形成のプロセスによって構成されるのだ。

感性術的コモンズは共通の土台を提供する。それは交渉したり、争ったり、くっつけたり、すり減らしたり、あるいはそれに「貢献」することができるものである。またそれは有毒コモンズの要素、つまりエントロピーを生み出し、生成の可能性を減少させ、荒廃させるような現実の要素の周りに、あるいはそれに対抗して自己組織化されるかもしれない。こうしたいわば「逆向きのコモンズ（inverse commons）」は、言語の意図的な劣化バージョンや、概念的ないし計算的思考に関する集団的能力の低下によって成り立っていることもある。またコモンズは意味形成が社会化される複雑な方法を引き裂こうとする否定論者や否定主義者によって攻撃されることもある。

この文脈では、感性術的コモンズの肯定的な理解が超感性術《ハイパーエステティクス》の政治的な理解に結びつく。超感性術が感知と意味形成の拡張されたエコロジーを理解しようとする動きだとすれば、感性術的コモンズという概念はそのようなエコロジーにおける集団的な政治的利害関係の重要な側面を明らかにする。それは人間や他の生物や無機物に加えて、コードのような感知に関わるテクノロジーも含んだ、開かれたかたちの集合である。

たとえば自らに加えられた暴力の論理を明確にするためにやむを得ず協力しあう実践者たちの分散した人的ネットワークが持つ複雑さを考えてみよう。まずはこのような暴力に直接苦しめられた現場の共同体が主導権を握り、ビデオや証言などの記録を取ることで情報を集める。次に彼らと手を組む活動家たちとのあいだに連帯の軸が生まれる。それから弁護士、科学者、その他の調査員、また出版社、販売業者、読者が現れる。そしてさらに複数のメインストリームおよびオルタナティブメディアのチャンネルや文化機関が、それらの証言を流通し、論争へと発展させていく。このように関わる者や関与の仕方の種類は数え上げればきりがない。これらの多声的なネットワークは不均質で非対称的であり、異なる特権とアクセスの度合いによって歪められ、さまざまな困難を生み出すが、そのような困難はそれとして認識され、対処されなければならない。コモンズを作るのは大変な仕事だが、それ自体が政治的行動の一形式であると同時に、政治のための可能な基盤を作り出すのだ。

新しい調査が行なわれるたびに、さまざまな視点の相互作用と相互検証から新しい実践の共同体が紡ぎ出される。共通の土台を求める闘争は本質的にメタ政治的である。それはあらゆる政治的取り組みと闘争が起こるための前提条件なのだ。このような共通の土台は発明を必要とし、絶えず作り替えられ、強化され、争われる必要がある。それは柵で囲まれてはならず、新しい情報と、以前のものを問いに付すつねに新しい視点、証拠、そして解釈に対して開かれた余白を持ち続けなければならない。したがって意見の不一致というリスクを不可欠なものとして受け入れる必要がある。その意味でこのような共通の土台はコモンズとしての科学の基礎的な編成とも関係があるのだ(11)。

調査的コモンズのポリフォニーのなかで働くことこそ、そのようなコモンズを研ぎ澄まし、それが感知することと意味を形成することを可能にする。しかしながら、適切な知識の根拠づけを成り立たせているものを拡張していく作業には大きな困難がともなう。だからこそ伝統的な探究の方法はときに神秘主義に陥り、外部から切り離され、特定の技術や調査形態しかかたくなに認めなくなる。課題はオープンかつポリフォニックに、しかしながら厳格に作業を進めることである。

感性術的コモンズを構築するには、証拠として理解されるようになるものの生産と普及を社会化することが必要である。それは共有された知覚と理解に基づく共同作業の周りに実践に関わる認識の共同体が築かれ、その基盤を事実を生産する作業が担うという、ありそうにもないかもしれないが根本的な連帯関係を確立する。このような認識の共同体を作ることとは、複数の経験や意味形成の手段を識別し、寄せ集め、議論することを意味する。事件を理解する必要性こそが、そのような具体的な複数性をまとめることを可能にするのだ。

ボアベンチュラ・デ・スーザ・サントスらの仕事をもとにアキーユ・ンベンベが提唱した *pluriversity* という概念は、*university*（大学）の改良を目論んでいる。それは知識と組織の可能性を再構成するための見事な主張である。「知識が普遍的（universal）なものと考えられるのは」とンベンベは言う。「それが定義上、pluriversal なものであるからである」[12]。調査的コモンズの文脈において、pluriversity、すなわち認識論的多様性を前提とした知識生産のプロセスは、知識の形成を集団的に捉える方法を含んでいるため非常に重要である。ンベンベがブルーノ・ラトゥールを引用して指摘するように、「主体であることは、もはや客観的背景の前で自律的に行動することではなく、同じく自律性を失った他の主体とエージェンシー（行為能力）を共有することである」[13]。

このようなエージェンシーの微分的な拡散は、物事に精通していないこと――すなわち学び、情報を得ること――を知識の前提条件として認識するという点で、調査の展開に不可欠である。ンベンベはそれを

「異なる認識論的伝統のあいだの対話に開かれた水平的戦略を通じて」受け入れている。(14) 自律性の幻想とそのような特殊効果を支える技術の喪失が要請するのは、エージェンシーの消去ではなく、そのプラグマティクスの理解である。Pluriversity は、複数の相互作用をともなう知性と形成プロセスを認識するという点でエコロジカルである発明と生成の能力やさまざまなアフォーダンスと働くコモンズの技法を示唆している。

さきほど研究と学習の一形態としての直接行動（direct action）に言及した。これはできるだけ直接的に——しかし忍耐強く慎重な仕方で——現実と接触し、そのことによって現実と私たち自身を変えていこうとする試みである。直接行動はそのもっとも深遠な次元において、出来事と理解との難しい交錯を認識することに取り組む。直接的でありながら、媒介を認識し、媒介と取り組むことによって効果を発揮することを目指すのだ。

＊＊＊

調査的コモンズの形成における事件の再構成は、ふたつのことを明確にするという点でトポロジー的な性格を持つ。第一に、事件を含むあらゆる種類の出来事においてはつねに敵対者よりも参加者の方が多い。参加者とはその出来事に巻き込まれた感知を行なうすべての物質的存在物である。敵対者は必然的にこれらの部分集合である。ンベンベが語る自律性の幻想の喪失とは、世界における超感性術的なエージェンシーを認識することであり、その拡散と取り組み、それを増大させることの政治的必要性を意味している。

第二に、このことは事件とその調査にいたる複数の経路があり、それらを覆う複数のフィールドがあることを意味する。こうした経路は、ギンズブルグが歴史的理解への入口となりうることを示した細部を通して辿ることができるが、因果性のフィールドをより広く捉えることによっても追跡できる。したがって調査の形成は、クローズアップと超ロングショットのあいだを絶え間なく行き来し、異なるソース、視点そして世界観のあいだを横断的かつ水平に移動しなければならない。このようなアレンジメントによって、事件を調査という出来事、すなわち政治的共同体を形成する出来事に再構成することができるのだ。[15] それぞれの調査とそれぞれの参加者は特定のダイアグラムに従う必要はなく、そのつど独自のものを生み出すことができる。そしてそれは別のスケールにおいて、なにをすることが可能で、どのように働くことが可能かについてのより広い知識に貢献する。こうして生み出された調査はすべて、なにが起こったかの証拠であるだけでなく、それを可能にした社会的関係の証拠でもある。このように感性術的コモンズは、共に存在することの他の諸形式が形づくるもっと広い構成にフィードバックする。そしてそのような構成を実際に必要とするのだ。

同じような仕方で、調査という出来事は集合性を取りまとめ構成する。そのような集合性は全体性を纏うのではなく、ときには相容れないとされ、それぞれのコナトゥスの固有言語《イディオム》で押し合いへし合いすることもある要素や参加者や学術分野や制度や生産現場などをまとめて探求の複合的なプロセスを作り出す。

困難は認識されなければならないが、異なる形式の感知と意味形成が互いに遭遇し、取っ組みあうことはうまくいけば、最高に興味深く、感性術的に複雑な状況を作り出す。たとえば才能ある弁護士が正確さを極めた固有言語で話すのを聞くのは素晴らしいことである。そしてこのような固有言語が、たとえば植民地主義やポスト植民地主義的権力が単なる被害者として形象化しようとしたものの、じつは事件とそれを取り巻くより広いフィールドの因果について力強く説得力のある描写ができる人物との接続によって駆動された場合、とても生き生きとした力を持つようになる。この人物の経験と知性の力は、その後も事件を記録し、測定し、分析する実践者たちを導き、自分が生涯をかけて獲得した正確さをもって彼らの技能を磨くことができるのだ。

こうした共同プロジェクトに取り組むことはひるがえって、さまざまな技法に取り組む可能性を生み出し、そのような可能性の維持に結びつく。そしてこうした能力が高まるにつれて、事件を経験したり、目撃したりした者が自ら調査の能力と力を構成する手段を開発する可能性も、脆弱ながらも確立されていく。正直に告白すれば、感性術は美の評価とは異なるという私たち自身の主張に反して、このような瞬間には確かにある種の美しさが宿っているのだ。

第17章　ラボとスタジオ

調査的コモンズは異なる種類の共同作業《コモン・レイバー》をあらわす二種類の空間が混ざりあうことで生まれる。それはラボラトリーとスタジオである。ラボは科学的実践の厳格な手続きにしたがって現象を分離し、検査するための場所である。スタジオは推敲、想像と構成のための場所であり、遊び、配慮、自由な連想と倒錯のための厨房である。このようにそれぞれの空間は、異なる種類の意味形成と命題やアイデアの検証を可能にするインフラを提供する。どちらも独自の行動文法を持ち、ときにはそれぞれの独立やコナトゥスを求めて、異なる種類の努力を展開する。どちらも内的に首尾一貫した手続きの集合と、異なる接続または隔絶の様式を用いて問題や命題に取り組むための現場なのだ。

芸術家や科学者は仕事をするために世界の諸相との関係から自分自身を切り離す。この隔絶は集中のために必要である。この本はラボとスタジオのあいだにある種の区別がすでに確立されている歴史的な時点で書かれている。私たちは、超感性術的《ハイパーエステティック》に差異を維持し、増殖させる方法に興味を持っているが、こうした分岐が新しい統合を生み出していく方法にも関心がある。実際、視覚芸術、建築と科学が別々のものに分岐する以前に持っていた結びつきはアーリーモダン期にまでさかのぼることができる。

たとえば一六世紀のヨーロッパにおける自然に関する知識は、後に科学と芸術として形式化され分離される領域のあいだの境界的な空間を占める実践者たちによって生み出されていた。その次の世紀から二〇世紀にかけてのヨーロッパの美術アカデミーは、まだ職人気質の画家たちを、解剖学の知見、線遠近法やアナモルフィック投影法などの技術的アプローチ、あるいは絵具の調合に関わる化学の専門家たちに晒したのだった。しかしながら経験論という共通の工房は次第にそれぞれ独自の感性術や認識論を携えた個別の主題と専門分野に分岐していった。

スタジオの方がラボラトリーよりも長い歴史を持つ。ラボラトリーは、科学ないし自然哲学が芸術を含んだもっと広い体制から切り離されるなかで設立された。この分離はそこに含まれる政治性についての多くの議論をともなっていた。つまり誰がラボラトリーに入ることを許されるかという問題である[1]。

科学史家のサイモン・シャッファーとスティーブン・シェイピンが回想するように、ラボラトリーという新生の空間における科学の公共性と、それが当時の政治秩序とどう関係するかという問題はつねに論争を孕んでいた。さらに論争という概念そのものが、事実に関する議論が起こりうる領域と条件を形づくり設えていた[2]。シャッファーたちの本の大部分は、「空気ポンプ」と総称される諸装置を使って真空を作り出すという実践的かつ理論的問題についての詳細で生き生きとした説明に費やされている。自然科学におけるレヴュー、専門性、結果の再現性などの手続きと、政治と科学の両方において妥当な審議と証明はどのようなものであるかに関する規約がこの時代に考案され、洗練されていった。またこの本では、一七世紀のイギリスにおける王政復古において、ある種の「真実」を問いに付す能力がいかに奪われていったかが論じられている。ラボラトリーは次第に進化し、証拠を汚染しないための認定や信憑性や衛生に焦点を当てるようになり、ある種の事実の立証と反証への道筋を発展させていった。このためラボラトリーは、政治権力や宗教的なドクサに対して破壊的でありうる政治的な道具にもなったのである。

こうした専門化のプロセスを経て、一九世紀には科学と芸術が対置されるようになった。そしてもちろんこの「冷却期間」はいくつかの点においては非常に実り多いものだった。実際、科学と芸術それぞれの原理は、異なる種類の隔離の操作を前提としていたと言うことができる。科学は世界のなかの特定の現象を分離し、それに取り組むことを目的としていた。芸術は実践を通じて精緻化されていく感覚的な知性（sensual intellect）と技法の自律性を宣言することを目指した。

それから一〇〇年あまり経って、科学と芸術のあいだに複数の認識論的障壁と感性術的障壁が築かれたことで、相互コミュニケーションが様々な仕方で困難になっている。同時にこれらの障壁を越えることが、不思議なほど生産的にもなった。たとえば、第二次世界大戦後に芸術分野のキーワードとなった「実験」の概念や、両者に共通するテクノロジーへの関与など、芸術と科学のあいだには数多くの媒介カテゴリーが設定された。

美術史家のイナ・ブロムは、一九六〇年代初期のビデオアートにおいて、テクノロジーについての考え方とエコロジーなど生命科学の考え方のあいだを絶えず行き来する鮮やかな動きがあったことを示している。(3) フィードバックやライブネスなどといった概念、そして記憶や文化のなかに入り込んでいくビデオという技術自体のエージェンシーは、メディアラボや、ビデオを使った実験に役立つ新しい種類の機械や感性術など、それまでとは異なる組織形態を要請した。

一方で、科学研究と芸術や文化的実践の新しい様式がそれぞれ発展するにつれて、ラボとスタジオもまた拡大していった。科学はそのはじまり以来、自然科学におけるフィールドでの実地研究から、物理学における素粒子と宇宙とのつながりの理解、生態学における超感性術を先取りした複雑性の認識、そしてモデリング、シミュレーションとデータにおける多次元性と確率領域の拡張に対応する能力の開発にいたるまで多様な作業に関係してきた。そして徐々に、外部の変数への注目から、観測する科学者自身や観測機器自体が観測される対象にどのように関与しているかを理解することに焦点を移行していった。

同時に芸術も似たような仕方で、特定の技術や主観と感情の表現に焦点を当てることから離れて批判的な考察を含むようになり、自らの生成の条件、つまり制作のための資金調達や展示方法との共犯関係についての反省を取り入れるようになった。さらに芸術は歴史的に他の分野や学問と結びついている問題や知識の様式に取り組むことも増えた。またそれと並行して、研究、調査、コミュニティーの構築、そして現在の問題に関わる直接的な言及や介入を展開することもある。

このようにラボとスタジオはどちらも自己反省的な作業場となっている。それはいずれも、調査される対象（イメージや観念、物理的な実体や有機的な実体、プロセスや問題）を、調査する手段（コンセプト、機材や技術、そしてそれらを使って作業に取り組む人々）と結びつける差異化の空間と考えることができるだろう。どちらの現場も仮説と現実のあいだを行き来し、現実を構成しながら現実への注意を喚起する活動を行なうのだ。

私たちは、ラボとスタジオのなかとそのあいだにおける継続的な差異化のプロセスに関心を持っている。だが同時に、それらが互いに異なるものになり、ときには互いに奇妙なものになることによって生まれる親和性にも興味がある。科学と芸術がそれぞれの対象とその観察方法に関してオープンエンドな実験を行なう異なる様式を、今日あらためて再統合し、融合すべき理由がいくつかある。そのひとつの道筋は、科学史家のロレイン・ダストンとピーター・ギャリソンによって提案された「客観性」という概念の再考である。(4) 従来の見解では、客観性とは知る者の痕跡を残さない知識の形態だとされていた。だがダストンとギャリソンによれば、客観性とはこのような還元主義的な理想論ではなく、特定の問題や現象に関する知識の生成という複数の参加者が共有するプロジェクトを通じて達成される。それはある特定の物体《オブジェクト》=対象、地図、ダイアグラム、道具や楽器との関係において生み出され、開発する人々の特定の関心の痕跡が刻まれ、実際にそのような関心によって推進される。物体=対象とは、人々の探求を束ねて、理解するための手段なのだ。この概念化に従えば、探究は物体=対象への自覚を高めると同時に、調査に関わる主体や主観の多様性を拡張させるということができる。ある特定の種類の知識を、それを探るために設計された道具を通じて発展させるとき、客観性は調査の物体=対象(生物種のダイアグラムや領域の地図などを含む)と道具(人間と非人間を含む)において、またそれらに関して、知識が構成される作業プロセスとなるのだ。

一九世紀において、客観性という認識論的な美徳は、理想化された科学的自己という主体(subject)の特性であると理解されていた。だがダストンとギャリソンの本は、この用語の意味を物体=対象(object)に向けて反転させる。科学的対象は、まさに複数の関心の相互作用から生まれることによって価値を持つ。このような関係性のなかで物体=対象は成立するのである。私たちの文脈における物体=対象とは証拠であるが、それは共同作業の場となるだけではなく、さらに拡張して自己反省的な芸術家と科学者、そして政治的闘争に関わる人々などが共になにかを創造するための結びつきのフィールドにもなりえる。このような創造行為においては、特定の状況に位置づけられていることが証拠という概念そのものを決定づける特徴になる。それは複数の視点や認識論的な枠組みを編み合わせ、照合させるという実践を通して生まれ、そして強化されていく。本書の主題である調査的感性術において、この編み合わせは組織と政治にも関わる。こうして構成される客観性は、ブラックボックス化された権威制度の首尾一貫した論理に閉じ込められるのではなく、多様な性質、立場と視点をもつ異なる場、組織と制度のあいだの開かれたプロセスと新しい連携に基づくのだ。

差異化＝微分化のプロセスに注意を払う能力はある種の自律性を必要とする。別種の要求や押しつけからの独立には、しばしば空間的次元、経済的次元、手続き的次元やその他の次元が関わる。実際、これは政治的な組織化について、インターセクショナリティ（交差性）から得られる重要な教訓のひとつである。特定の種類の抑圧に抵抗する人々は、その抑圧を維持することで無意識にせよ利益を得る人々から独立して組織化する能力を持たなければならない。ここでの自律性とは差異化＝微分化に向けた手段であるが、目指されるのは絶対的なものや本質主義として提示される性質の差異化＝微分化ではなく、強度の差異化＝微分化である。さらに差異化＝微分化のプロセスは、超感性術的な意味形成が、画一性をもたない差異の集まりとして生じる仕方を理解するための概念的かつ実践的な前提条件でもある。

私たちが求めているのは芸術と科学の単純なコラボレーションではない。そのような共同作業の良い事例は山ほどあるが、ここで目指しているのはラボとスタジオの両方がその範囲を拡張し、さまざまな種類の調査を追求するなかで複雑な変異を生み出すような発展である。

ラボとスタジオのあいだで新しい連携が起こるたびに関係する存在物は再構成されうる。合流や変動の可能性がそれぞれの場のなかで引き出され、これまで些細なこと、あるいは当然のことだと思われていた側面が作り直され、検討されるべきものとして前景化する。ここでは変数の分離ではなく、むしろ**複合**（*conjunction*）において新しい種類のラボが生まれるのかもしれない。このような超感性術的ラボは、経験的な思弁＝投機（speculation）の作業を感知し、シミュレートし、モデル化し、検証し、洗練させることを同時に行なう。イザベル・ステンゲルスが示唆したように、こうしたラボはゆっくりと慎重に自らを世界に編み合わせていき、関わっている問題とその幅広い構成についてじっくりと考え、取り組むために時間をかける。(5) そして命題を検証し制作する能力は、他の緊急性を持つ基準、つまり経験や政治的洞察、また誰が行ないどの言語で語られているかといった理由でこれまで無視されてきた観察などと統合されるのだ。

スタジオのような組織は意味形成能力を保持する。そこでは世界のある側面を引き出し、それに働きかけることのできる感覚器《センソリウム》が発明され、具体化される。ここでいうスタジオとは、リー・ペリーの伝説的なブラック・アーク・スタジオや、プリンスのペイズリー・パークの宇宙船など、新しい形式の音楽が発明され、練り上げられる実験的作業場のことであり、また絵具が散りばめられたフランシス・ベーコンのような画家のアトリエのことである。ラボに関しては、市民科学のような異端でオープンなプロセスはもちろんだが、直接行動のアクティヴィズムと世界との深い思索的な関わりを組み合わせることに従事するあらゆる種類の実験室を想定している。

実際、スタジオを超えた組織の設計と編成は、意味形成の集合的な形式として文化の中枢に置かれる。感性術的実践が意味を形成する力を獲得し、発明することができる開かれた探究のフィールドに移行するにつれ、異なるダイアグラムを具現化し、実験する新しい組織が増殖していく。どの組織も暗黙的な感性術と明示的な感性術を携えている。組織の構造とダイアグラムは、意味形成のプロセスを単純かつ中立的に伝えるというよりも、むしろ新たに構成するものである。美術館やその他の文化的空間の脱植民地化を求める声が高まるなど、制度の形式をめぐる闘争が急務である理由の一端はここにある。(6)

フィールド、ラボ、そしてスタジオが変異を遂げなければならないのと同じように、調査的感性術が実演される最後の領域、つまり発表、議論、そして審議の場もまた変化しなければならない。これらはさまざまな種類の**フォーラム**であり、真実形成のための公共的な儀式が行なわれる現場であり、組織的な意味形成の現場でもある。ここにもまた独自のプロトコルに従う司祭たちがいる。真実の主張は上演される。ときには法廷用のかつらも着用される。スピーチアクトが演じられ、決定が下される。

感性術的実践が変化するにつれて、美術館、学校やギャラリーなど、関連する他の空間も変化していく。秘密とされてきた問題や出来事を解き放つために、調査的感性術はそのような場所のあいだの配線を組み替える。そうすることで、コレクティブやパブリックスといった新しい種類のフォーラムを作る方法を見出すのである。芸術や文化に関わる会場における展示は、それとして対処すべき独自の問題を抱えながらも、法律のプロセスや既存の政治フォーラムを補完し、ときには代替するフォーラムとして機能しうる。証拠の提示はその生産と同じように調査的コモンズの形成を通じて社会化されなければならない。

このような従来とは異なるフォーラムは、調査的実践が生み出しがちな種類の証拠が、フィールドの因果性を認めることによって作り出される「汚い証拠」であるとして法廷で受け入れられない場合にとくに必要になってくる。同様に司法プロセスが何年も事件を飲み込んでしまうウサギの穴のように機能する場合、あるいはしばしばそうであるように法律のせいで弱体化した人々に対して法律がさらに敵対するように設計されている場合には、別のプロセスを考案し、前景化しなければならない。フォレンジック活動のフォーラム（forensic fora）として文化施設と働く一方で、法的なフォーラムにおいてはキュレーターとして振る舞い、パフォーマティブに行動することも考えられる。あるいは調査が演じられる新しいフォーラムを実際に設けることもできるだろう。

文化施設とのコラボレーションは別の意味でも役に立つ。権力機関において嘘の技法が大いなる復活を遂げている一方で、真実の技能が美術館に居場所を見出していることはとてもおもしろい現象である。芸術や文化施設と共に働くことは、単にプラグマティックな動きというだけではない。調査もキュレーションも知識の生産と展示、つまり証拠、物体、会話、上映、そして空間における身体の知覚能力のアレンジメントを通じて、アイデアや問題を提示することに関心を持つ実践なのだ。

とはいえ、芸術と文化のフォーラムは、しばしば法的なフォーラムと同じくらい欠陥を抱えている。大学であれ、裁判所であれ、ギャラリーであれ、どのような公的なフォーラムも独自の構造化と手続きにしたがって事実を整理する。それぞれがある事件の異なる側面を見聞きさせ、権力の異なるフィールドを強化する。それぞれのフォーラムには財政的やその他の経済的な影響力のフィールドがある。だからときには調査の視線を、作品の保管者や発表の場として指定されたこれらの施設自体に向ける必要もある。(7)

また別のときにはそれらのあいだを移動し続け、同じ証拠をさまざまなフォーラムで提示しなければならない。国内裁判所や国際裁判所、芸術や文化施設、真相究明委員会、複数のメディア、社会運動における即興法廷、現場そして路上など。そうすることでそれぞれの制度に内在する偏見と傾向によってもたらされる屈折と歪曲のレンズという、フォーラムが抱える問題のいくつかを相殺できるかもしれない。さらに、ラボとスタジオとフォーラムのあいだに新しい回路を作り出すことは、事件が織り込まれた現実形成のフィールドを認識し、作り直す方法を与える。これらの場を通して行なわれる作業は、超感性術的でありながら正確に焦点を絞った動きを可能にする。共有される問題《コモン・プロブレマティック》としての事実《ファクト》に、そのすべての条件とすべての要求と共に取り組むための開口部を形成することによって、調査的感性術は現在という展開に参加できるのだ。

原注

序

（1）フォレンジック・アーキテクチャーとＥＣＣＨＲ（欧州憲法人権センター）は、イエメンにおける欧州製軍需品のサプライチェーンを明らかにしようとするプロジェクトに取り組んでいる。上記の記述は、その調査の基礎をなす。ドレスデン爆撃の巻き戻しについては以下を参照されたい：Kurt Vonnegut, *Slaughterhouse-Five; or, The Children's Crusade*, New York, NY: Delacorte Press, 1969, Chapter 4.（カート・ヴォネガット『スローターハウス５』第四章、伊藤典夫訳、早川書房、一九七八年）

（2）Stéphane Mallarmé, cited in Matvei Yankeleivich, 'Critics Page', *The Brooklyn Rail*, April 2018, brooklynrail.org. Stéphane Mallarmé, "Réponses à Jules Huret (Enquête sur l'évolution littéraire, 1891)," *Œuvres complètes*, Gallimard, 1998, 871.

（3）Harun Farocki, 'Computer Animation Rules,' lecture at the IKKM, Weimar, 25 June 2014, vimeo.com. 以下のナビゲーションに関する特集も参照されたい：Tom Holert and Doreen Mende, eds., *Navigation beyond Vision*, e-flux 101, 20 June 2019, e-flux.com.

（4）Walter Benjamin, 'The Rigorous Study of Art', in *Walter Benjamin, Selected Writings, Vol. 2*, ed. Michael W. Jennings,

Cambridge, MA: Belknap/Harvard University Press, 2004, 670.（ヴァルター・ベンヤミン「厳密な芸術学」『ベンヤミン　メディア・芸術論集』山口裕之訳、河出書房新社、二〇二一年、一五二―一六五ページ）

（5）　この「人民裁判」は、「人種差別の影響を受けた人々の、状況に位置づけられた移民的知識」を促進するために、活動家同盟「NSU複合体を解き明かす」によって始められた。nsu-tribunal.de; forensic-architecture.org を参照されたい。

（6）　「アートではなく証拠だ」については以下を参照されたい：Hili Perlson, “The Most Important Piece at documenta 14 in Kassel Is Not an Artwork”, *Artnet*, 8 June 2017, news.artnet.com　「証拠ではなくアートだ」については以下を参照されたい：Pitt von Bebenburg, “CDU beklagt ‘Verschwörungstheorie’”, *Frankfurter Rundschau*, FR, 8 January 2019, fr.de/rhein-main

（7）　Jasmine Weber, “A Whitney Museum Vice Chairman Owns a Manufacturer Supplying Tear Gas at the Border’, *Hyperallergic*, 27 November 2018, hyperallergic.com

（8）　Decolonize This Place は、ニューヨーク市とその周辺において行動を展開する運動体であり、脱植民地主義的なグループである。decolonizethisplace.org を参照されたい。また、エミリー・ジャーシルとも緊密なコラボレーションを行なった。

（9）　Matthew Fuller and Nikita Mazurov, “A Counter-forensic Audit Trail: Disassembling the Case of The Hateful Eight”, *Theory, Culture & Society*, Vol. 36, No. 6, 2019, 171–96.

（10）　Martin Feuz, Matthew Fuller and Felix Stalder, “Personal Web Searching in the Age of Semantic Capitalism: Diagnosing the Mechanisms of Personalisation”, *First Monday*, Vol. 16, No. 2, 2011, journals.uic.edu.

（11）　Forensic Architecture, *Model Zoo: Introspecting the Algorithms*, San Francisco, CA: The Young Museum, 2020, deyoung.famsf.org.

（12）　Kate Crawford and Trevor Paglen, *Imagenet Roulette*, 2019. このプロジェクトに関する議論は次の文献を参照されたい：Kate Crawford and Trevor Paglen, “Excavating AI: The Politics of Images in Machine Learning Training Sets,” excavating.ai

（13）　Nicolas Malevé, *Exhibiting ImageNet*, 2019. 記録を以下のページで見ることができる：Centre for the Study of the Networked Image, London South Bank University, centreforthestudyof.net

（14）　次の文献を参照されたい：Karen Knorr-Cetina, *Epistemic Cultures: How the Sciences Make Knowledge*, Cambridge, MA:

Harvard University Press, 1999.

（15） 英国において、このような定式化は、高等教育財政に関するフィリップ・オーガーによる報告書で提示されている：*Independent Panel Report to the Review of Post-18 Education and Funding*, London: HMSO, May 2019.

（16） Hannah Arendt, *The Origins of Totalitarianism*, New York, NY: Harcourt, Brace Jovanovich, 1973.（ハンナ・アーレント『全体主義の〈起原〉』（全三巻）大久保和郎、大島通義、大島かおり訳、みすず書房、一九七二―七四年）Rosa Luxemburg, *The Accumulation of Capital: A Contribution to an Economic Explanation of Imperialism*, New York, NY: Monthly Review Press, 1951.（ローザ・ルクセンブルク『資本蓄積論――帝国主義の経済的説明への一つの寄与』（全三巻）小林勝訳、『ローザ・ルクセンブルク選集』編集委員会編、御茶の水書房、二〇一一―一三年）

（17） この状況のもっと詳しい分析は、一般大衆の科学理解に関するシーラ・ジャサノフやブライアン・ウィンなどの研究を参照されたい。

（18） Noortje Marres, 'How Issues Bring a Public into Being: A Key but Often Forgotten Point of the Lippmann–Dewey Debate', in Bruno Latour and Peter Weibel, eds., *Making Things Public*, Cambridge, MA and Karlsruhe: MIT Press and ZKM, 2005, 208–17.

（19） Isabelle Stengers, *Another Science Is Possible: A Manifesto for Slow Science*, trans. Stephen Muecke, Cambridge: Polity, 2018.

（20） Eyal Weizman, 'Open Verification', *eflux architecture*, n.d., e-flux.com. 2019.

（21） Friedrich Nietzsche, *Writings from the Late Notebooks*, trans. Kate Sturge, Cambridge: Cambridge University Press, 85. このフレーズは、これら晩年のノートのなかにいくつかのバリエーションで登場する。

（22） Ibid., 139.

（23） Stefan Collini, *Speaking of Universities*, London: Verso, 2017. Rosi Braidotti, *Posthuman Knowledge*, Cambridge: Polity, 2019.

（24） Gurminder K. Bhambra, Dalia Gebrial and Kerem Nişancıoğlu, eds., *Decolonising the University*, London: Pluto Press, 2018.

（25） これらの用語はニーチェのパースペクティヴ主義と、ダナ・ハラウェイの「状況に位置づけられた知識」の議論から取られている。Donna Haraway, 'Situated Knowledges: The Science Question in Feminism and the Privilege of Partial Perspective', *Feminist Studies*, Vol. 14, No. 3 (Autumn 1988), 575–99.（ダナ・ハラウェイ「状況に置かれた知――フェミニズムにおける科学という問題と、部分的視角が有する特権」『猿と女とサイボーグ』第九章、『猿と女とサイボーグ――自然

の再発明』高橋さきの訳、青土社、二〇〇〇年）

（26） ありうべき誤解を避けるために言っておくと、私たちは、感性術の領域が拡張しつつあると主張しているものの、現在自分をアーティストだと考えている「すべての」人々が、これらの主張に不可避的に惹きつけられなければならないと提案しているのではない。

第１章

（1） Jacques Rancière, *Aisthesis: Scenes from the Aesthetic Regime of Art*, trans. Zakir Paul, London: Verso, 2019. ランシエールの構想の応用、そしてフォレンジック感性術《エステティクス》という概念については、以下を参照されたい：Thomas Keenan and Eyal Weizman, *The Advent of a Forensic Aesthetics*, Berlin: Sternberg, 2012.

（2） 本書で主張されている感性術概念のもうひとつの源泉は、フェリックス・ガタリの著作にある。特に以下を参照されたい：Félix Guattari, *Chaosmosis, an ethico-aesthetic paradigm*, trans. Paul Bains and Julian Pefanic, Sydney: Power Publications, 1995.（フェリックス・ガタリ『カオスモーズ』宮林寛、小沢秋広訳、河出書房新社、二〇〇四年）Félix Guattari, *The Three Ecologies*, trans. Ian Pindar and Paul Sutton, London: Athlone Press, 2000.（フェリックス・ガタリ『三つのエコロジー』杉村昌昭訳、平凡社、二〇〇八年）

（3） 以下の文献を参照されたい：Braidotti, *Posthuman Knowledge*. Matthew Fuller and Rosi Braidotti, eds., *Transversal Posthumanities*, special issue, *Theory, Culture and Society*, Vol. 36, No. 6 (2019).

（4） Bernard Stiegler, 'Individuation et grammatisation: Quand la technique fait sens...', *Documentaliste-sciences de l'information*, Vol. 42 (2005–6), 354–60.

（5） Ronald Sukenick, *In Form: Digressions on the Act of Fiction*, Carbondale, IL: Southern Illinois University Press, 1985, 37.

（6） このプロジェクトの記録は、Rhizome の Net Art Anthology のサイトで見ることができる：anthology.rhizome.org

（7） たとえば以下の文献を参照されたい：Nicholas de Genova, ed., *The Borders of 'Europe': Autonomy of Migration, Tactics of Bordering*, Durham, NC: Duke University Press, 2017.

（8） たとえば以下の文献を参照されたい：Félix Guattari, *Schizoanalytic Cartographies*, trans. Andrew Goffey, London:

Bloomsbury, 2013.（フェリックス・ガタリ『分裂分析的地図作成法』宇波彰、吉沢順訳、紀伊國屋書店、一九九八年）

第２章

（１）　Alexander Baumgarten, *Metaphysics. A Critical Translation with Kant's Elucidations, Selected Notes, and Related Materials*, trans. and ed. Courtney D. Fugate and John Hymers, New York, NY: Bloomsbury, 2013.

（２）　Immanuel Kant, *Critique of Judgement*, Oxford: Oxford University Press, 2009.（イマヌエル・カント『判断力批判』熊野純彦訳、作品社、二〇一五年）この路線の展開については次の文献を参照：Thierry du Duve, *Aesthetics at Large, Vol.1, Art, Ethics, Politics*, Chicago, IL: The University of Chicago Press, 2018.

（３）　Fred Moten, *Stolen Life (consent not to be a single being)*, Durham, NC: Duke University Press, 2018.

（４）　David Lloyd, *Under Representation, The Racial Regime of Aesthetics*, New York, NY: Fordham University Press, 2019.

（５）　殺虫剤の使用については次の文献を参照：Susanna Rankin Bohme, *Toxic Injustice: A Transnational History of Exposure and Struggle*, Berkeley, CA: University of California Press, 2015.

（６）　Anthony Trewavas, *Plant Behaviour and Intelligence*, Oxford: Oxford University Press, 2014. Richard Karban, *Plant Sensing and Communication*, Chicago, IL: The University of Chicago Press, 2015.

（７）　Hannah Meszaros Martin, '"Defoliating the World": Ecocide, Visual Evidence and "Earthly Memory"', in Ros Gray and Shela Sheikh, eds., *Third Text*, Vol. 32, Nos. 2–3 (March–May 2018), *The Wretched Earth: Botanical Conflicts and Artistic Interventions*, 230–53.

（８）　Ibid., 239.

（９）　Paolo Tavares, 'In the Forest Ruins', in Beatriz Colomina, Nikolaus Hirsch, Anton Vidokle and Mark Wigley, eds., *Superhumanity: Design of the Self*, Minneapolis, MN: University of Minnesota Press, 2017, 20–35.

（10）　Francis Hallé, *In Praise of Plants*, trans. David Lee, Portland, OR: Timber Press, 2011.

（11）　Peter McCoy, *Radical Mycology: A Treatise on Seeing and Working with Fungi*, Portland, OR: Chthaeus Press, 2016; Monica Gagliano, John C. Ryan and Patricia Vieira, eds., *The Language of Plants: Science, Philosophy, Literature*, Minneapolis, MN:

University of Minnesota Press, 2017.
(12) Eduardo Kuhn, *How Forests Think: Toward an Anthropology beyond the Human*, Berkeley, CA: University of California Press, 2013.（エドゥアルド・コーン『森は考える——人間的なるものを超えた人類学』奥野克巳、近藤宏、近藤祉秋、二文字屋脩訳、亜紀書房、二〇一六年）
(13) Manuel DeLanda, *A Thousand Years of Nonlinear History*, New York, NY: Zone Books, 2000.
(14) Danny Kessler, Celia Diezel and Ian T. Baldwin, "Changing Pollinators as a Means of Escaping Herbivores", *Current Biology*, No. 20 (9 February 2010), 237–42.
(15) Matthew Fuller, *How to be a Geek: Essays on the Culture of Software*, Cambridge: Polity, 2018.

第3章

(1) Citizen Sense のウェブサイトを参照されたい：citizensense.net
(2) Jennifer Gabrys, *Program Earth: Environmental Sensing Technology and the Making of a Computational Planet*, Minneapolis, MN: University of Minnesota Press, 2016.
(3) Jennifer Gabrys, *How to Do Things with Sensors*, Minneapolis: University of Minnesota Press, 2019.
(4) Natalie Jeremijenko, *Mussel Choir*, 2015-. ニューヨークとメルボルンに設置されたバージョンがある。
(5) 植物の感性術《エステティクス》については次の文献を参照されたい：Matthew Fuller and Olga Goriunova, *Bleak Joys: Aesthetics of Ecology and Impossibility*, Minneapolis, MN: University of Minnesota Press, 2019.
(6) 例えば以下を参照されたい：Otolith Group, *Medium Earth*, 2013, redcat.org/exhibition/otolith-group;otolithgroup.org.
(7) Daniel Rosenberg, 'Ingestion / A Manhattan Project: The Libationary Permutations of Hans Peter Luhn's Cocktail Oracle', *Cabinet Magazine*, Spring 2019–Winter 2020, cabinetmagazine.org.
(8) Giuseppe Longo, 'Quantifying the World and Its Webs: Mathematical Discrete vs Continua in Knowledge Construction', *Theory Culture and Society*, special issue, *Transversal Posthumanities*, Vol. 36, No. 6 (November 2019), 63–72.
(9) Paul N. Edwards, *A Vast Machine: Computer Models, Climate Data, and the Politics of Global Warming*, Cambridge, MA:

MIT Press, 2013.

(10)　Territorial Agency, *Oceans in Transformation*, Ocean Space exhibition, Venice, 27 August–29 November 2020, ocean-space.org.

(11)　これらの用語に関するさらなる議論については、サイバネティシャンのハインツ・フォン・フェルスターの仕事を参照されたい。たとえば次のような文献がある：Albert Müller and Karl H. Müller, eds., *An Unfinished Revolution? Heinz von Foerster and the Biological Computer Laboratory / BCL 1958-1976*, Vienna: Edition Echoraum, 2007.

(12)　Alfred North Whitehead, *Science and the Modern World*, London: Free Association Books, 1985.

(13)　Ines Weizman, ‘Bauhaus Modernism across the Sykes–Picot Line’, in Ines Weizman, ed., *Dust and Data: Traces of the Bauhaus across 100 Years*, Leipzig: Spector Books, 2019, 544–75.

(14)　Ines Weizman, ‘Introduction’, in Weizman, *Dust & Data*, 9.

(15)　Eyal Weizman, *The Least of All Possible Evils: Humanitarian Violence from Arendt to Gaza*, London: Verso, 2012.

(16)　Ben Grosser, ‘What Do Metrics Want? How Quantification Prescribes Social Interaction on Facebook’, *Computational Culture*, No. 4 (November 2014), computationalculture.net.

(17)　Forensic Oceanography, *Left to Die Boat*, 2012, www.forensic-architecture.org. Charles Heller, Lorenzo Pezzani and Situ Research, ‘The Left-to-Die Boat: The Deadly Drift of a Migrants’ Boat in the Central Mediterranean’ in Forensic Architecture, ed., *Forensis: The Architecture of Public Truth*, Berlin: Sternberg, 2014, 637–56. また次の文献も参照されたい：Charles Heller and Lorenzo Pezzani, ‘Liquid Traces: Investigating the Deaths of Migrants at the EU’s Maritime Frontier,’ in *Forensis*, 657–84.

第４章

(1)　Alva Noë, *Out of Our Heads*, New York, NY: Hill and Wang, 2010. Evan Thompson, Francisco Varela and Eleanor Rosch, *The Embodied Mind: Cognitive Science and Human Experience*, 2nd ed., Cambridge, MA: MIT Press, 2017.（フランシスコ・ヴァレラ、エヴァン・トンプソン、エレノア・ロッシュ『身体化された心――仏教思想からのエナクティブ・アプローチ』田中靖夫訳、工作舎、二〇〇一年）

(2)　Stamatia Portanova, *Moving without a Body: Digital Philosophy and Choreographic Thoughts*, Cambridge, MA: MIT Press, 2013. Nicolas Salazar Sutil, *Motion and Representation: The Language of Human Movement*, Cambridge, MA: MIT Press, 2015.

(3)　Brian Eno, *Ambient Paintings*, Venice: Galleria Michela Rizzo, 2020.

(4)　Eyal Weizman, *Forensic Architecture: Violence at the Threshold of Detectability*, New York, NY: Zone Books, 2017, 85–93. Forensic Architecture, *Torture in Saydnaya*, 2016, forensic-architecture.org.

(5)　Lawrence Abu Hamdan, in 'EarWitness the Saydnaya Prison', 30 August 2016, lawrenceabuhamdan.com.

(6)　以下のウェブサイトを参照されたい：grenfelltowerinquiry.org.uk.

(7)　Forensic Architecture, *The Grenfell Tower Fire*, 2018–, forensic-architecture.org.

(8)　メディア考古学は様々な傾向を持つ多様な分野である。たとえば以下の著者やアーティストの仕事を参照されたい：Ina Blom, Siegfried Zielinski, Jussi Parikka, Anne Friedberg, Eric Kluitenberg, Jonathan Crary, David Link, Wolfgang Ernst, Thomas Elsaesser, Lori Emerson, Erkki Huhtamo, Vivian Sobchack, Jacob Gaboury, Tamás Waliczky, Garnet Hertz.

(9)　Paul Virilio, *War and Cinema: The Logistics of Perception*, trans. Patrick Camiller, London: Verso, 1989.（ポール・ヴィリリオ『戦争と映画――知覚の兵站術』石井直志、千葉文夫訳、平凡社、一九九九年）

(10)　Katrina Sluis, 'Authorship, Collaboration, Computation? Into the Realm of Similar Images', in Kamila Kuc and Joanna Zylinska, eds., *Photomediations: A Reader*, London: Open Humanities Press, 2016, 283–9.

(11)　Walter Benjamin, 'Surrealism', in *Walter Benjamin: Selected Writings, Vol. 2*, ed. Michael W. Jennings, Cambridge, MA: Belknap/Harvard University Press, 1999, 207–21.（ヴァルター・ベンヤミン「シュルレアリスム」『ベンヤミン　メディア・芸術論集』山口裕之訳、河出書房新社、二〇二一年）〔ただし、ベンヤミンのこのテクストに「生存空間（Lebenraum）」という言葉は出てこない。「イメージ空間（Bildraum）」の言い換えとして提示されるのは「身体空間（Leibraum）」である。ちなみにヒトラーがドイツの領土拡大の根拠とした「生空間／生存圏（Lebensraum）」という言葉があるが、ここでの関連は不明である。〕

(12)　Susan Schuppli, *Slick Images: The Photogenic Politics of Oil*, Extra City, Antwerp, 2015. プロジェクトの記録を以下のウェブサイトで見ることができる：susanschuppli.com

（13）　Susan Schuppli, 'Dirty Pictures', in Mirna Belina and Arie Altena, eds., *Living Earth Field Notes from the Dark Ecology Project 2014–2016*, Amsterdam: Sonic Acts, 2016, 189–210.

（14）　フィンランドの音楽家、アーティスト、テクノロジストであるエルッキ・クレンニエミの仕事における人生の大規模な記録は、この問題を再構成する興味深い試みである。次の文献を参照されたい：Jussi Parikka and Joasia Krysa, eds., *Writing and Unwriting (Media) Art History*, Cambridge, MA: MIT Press, 2015. またミカ・タアニラ監督による以下のドキュメンタリーも参照されたい：*Future Is Not What It Used to Be*, Kinotar Oy and Kiasma Museum of Contemporary Art, 2002.

第5章

（1）　Steve Goodman, *Sonic Warfare: Sound, Affect, and the Ecology of Fear*, Cambridge MA: MIT Press, 2012.

（2）　Susan Schuppli, *Material Witness: Media, Forensics, Evidence*, Cambridge, MA: MIT Press, 2020.

（3）　Ibid., 62.

（4）　Guy Debord, *Society of the Spectacle*, trans. Fredy Perlman, Detroit, MI: Black and Red, 1970.（ギー・ドゥボール『スペクタクルの社会』木下誠訳、ちくま学芸文庫、二〇〇三年）

（5）　Kirill Medvedev, '5', from Kirill Medvedev, *It's No Good*, trans. Cory Merrill and Keith Gessen, London: Fitzcarraldo Editions, 2015, 53.

（6）　Antonin Artaud, 'To Have Done with the Judgement of God', in Antonin Artaud, *Watchfiends & Rack Screams: Work from the Final Period*, trans. Clayton Eshleman and Bernard Bador, Boston, MA: Exact Change, 2000, 281–307.（アントナン・アルトー『神の裁きと訣別するため』宇野邦一、鈴木創士訳、河出書房新社、二〇〇六年）また次の文献も参照されたい：Sylvere Lotringer, *Mad Like Artaud*, trans. Joanna Spinks, Minneapolis, MN: Univocal, 2015.

（7）　James C. Scott, *Seeing Like a State: How Certain Schemes to Improve the Human Condition Have Failed*, New Haven, CT: Yale University Press, 1998. Manuel DeLanda, *War in the Age of Intelligent Machines*, New York, NY: Zone Books, 1991.（マヌエル・デ・ランダ『機械たちの戦争』杉田淳訳、アスキー、一九九七年）Paul Virilio, *The Information Bomb*, trans. Chris Turner, London: Verso, 2000.（ポール・ヴィリリオ『情報化爆弾』丸山高弘訳、産業図書、一九九九年）Simone Brown,

Dark Matters: On the Surveillance of Blackness, Durham, NC: Duke University Press, 2015.
（8）　Harlan K. Ullman and James P. Wade, *Shock and Awe: Achieving Rapid Dominance*, Washington DC: National Defense University, Institute for Strategic Studies, 1996.

第6章

（1）　これは、たとえばアンドレイ・タルコフスキー監督がイコン画家の人生を題材にした『アンドレイ・ルブリョフ』（一九六九年）で描いた物語のように、物事を真剣に、誠実に捉えすぎた人たちに当てはまることである。だが前衛の平等主義的モードを確立しようとした人たち、そして今も目指している人たちについても同じことが言える。

（2）　Soroush Vosoughi, Deb Roy and Sinan Aral, ‘The Spread of True and False News Online’, *Science*, 9 March 2018, 1146–51.

（3）　地図と領土の区別は次の文献で紹介されている：Alfred Korzybski, *Science and Sanity: An Introduction to Non-Aristotelian Systems and General Semantics*, International Non-Aristotelian Library Publishing Company, 1933.

（4）　「行動の文法」という用語は、さまざまな種類のテクノロジーが可能にする行動を構造化する方法に関するフィリップ・アグレの画期的なテキストからとられている：Philip E. Agre, ‘Surveillance and Capture: Two Models of Privacy’, *The Information Society*, Vol. 10, No. 2 (1994), 101–27.

（5）　Diogenes the Cynic, *Sayings and Anecdotes with Other Popular Moralists*, Oxford: Oxford World’s Classics, 2012.

（6）　ここでの「作動（operative）」という言葉は、ハルン・ファロッキが使用した意味において用いられている。彼の映像作品《Eye/Machine》（二〇〇〇年）ではじめて使われたこの言葉は、一九九一年の湾岸戦争で巡航ミサイルにビデオカメラが組み込まれたことに代表されるように、兵器照準などのシステムでイメージが表象ではなく、機能的な感知のために使われる方法を指している。

（7）　Frantz Fanon, *Black Skin, White Masks*, trans. Charles Lam Markmann, London: Pluto Press, 1986.（フランツ・ファノン『黒い皮膚・白い仮面』海老坂武、加藤晴久訳、みすず書房、二〇二〇年）Judith Butler, *Bodies That Matter: On the Discursive Limits of Sex*, London: Routledge, 2011.（ジュディス・バトラー『問題＝物質となる身体――「セックス」の言説的境界について』佐藤嘉幸、竹村和子、越智博美訳、以文社、二〇二一年）

（8）マーク・アンドレエヴィッチは、スマート・シティの名の下に、民営化されたデジタル・インフラを都市に組み込むことの効果を説明するために、この用語を使用している：Mark Andrejevic, 'Surveillance in the Digital Enclosure', *The Communication Review*, Vol. 10, No. 4 (2007), 295–317. また、インターネットを一連のプラットフォームに還元することで起こった多くのことにこの用語が当てはまるとも私たちは考えている。

（9）Marina Vishmidt, *Speculation as a Mode of Production: Forms of Value Subjectivity in Art and Capital*, Leiden: Brill, 2018.

（10）Laurie Clarke, 'How the A-Level Results Algorithm Was Fatally Flawed', *The New Statesman*, 14 August 2020. この不誠実なシステムに悩まされた一八歳や一六歳の子供たちの抗議により、その結果は撤回され、代わりに教師が予想した成績が使われることになった。

（11）Brian Massumi, *Ontopower: War, Powers, and the State of Perception*, Durham, NC: Duke University Press, 2015.

（12）Engin Isin and Evelyn Ruppert, 'The Birth of Sensory Power: How a Pandemic Made It Visible?', *Big Data and Society*, November 2020. https://journals.sagepub.com/home/bds

（13）Weizman, *Forensic Architecture*

（14）このような手法の回帰は、たとえばアイルランドに対するイギリスの関係において長く観察されてきたが、より広範にわたる事例としては、ファシズムが植民地時代の技法をヨーロッパに逆輸入した際に起こった、エメ・セゼールが「逆ショック」と呼んだ効果があげられる。以下の文献を参照されたい：Aimé Césaire, *Discourse on Colonialism*, New York, NY: Monthly Review Press, 2000. Françoise Vergès, 'Postface', in Aimé Césaire, *Resolutely Black: Conversations with Françoise Vergès*, Cambridge: Polity, 2019. このテーゼは、すでに引用したルクセンブルクの帝国主義論に対するアーレントの読解にも登場する。

（15）Fred Moten, transcription of conversation, 'Do Black Lives Matter? Robin D. G. Kelley and Fred Moten in Conversation', moderated by Maisha Quint, Bethany Baptist Church, Oakland, 13 December 2014, vimeo.com.

（16）Forensic Architecture, *The Killing of Harith Augustus*, 2019, forensic-architecture.org.

（17）Giorgio Agamben, *State of Exception*, trans. Kevin Attell, Chicago, IL: The University of Chicago Press, 2005.（ジョルジョ・アガンベン『例外状態』上村忠男、中村勝己訳、未来社、二〇〇七年）Achille Mbembe, *Necropolitics*, trans. Steve Corcoran,

Durham, NC: Duke University Press, 2019.

（18）　ここで「翻訳」という言葉を私たちがどのように使っているかについて説明したい。本書の大部分では、翻訳という問題を広い意味で論じている。つまり、アイデア、力、モデル、感覚、化学物質、構造、表象などの翻訳を含む概念として、また翻訳という出来事そのものに含まれる変化や痕跡によって調査を可能にする曖昧化や差異化のポイントを提供するものとして。この点で、私たちは故ミシェル・セールの基礎的な仕事に多くを負っている。とりわけ次の文献を参照されたい：*Hermes III: La traduction*, Paris: Editions de Minuit, 1974.（ミッシェル・セール『翻訳――ヘルメスⅢ』豊田彰、輪田裕訳、法政大学出版局、一九九〇年）

第8章

（1）　秘密に関するこの章は、以下の文献で展開された議論をもとにしている：Eyal Weizman, ‘Strike-out: The Material Infrastructure of the Secret’, in Edmund Clark and Crofton Black [eds.], *Negative Publicity: Artefacts of Extraordinary Rendition*, London: Aperture, 2016. 300-312.

（2）　次の映画を参照されたい：Gillo Pontecorvo, *Battle of Algiers*, 1966.

（3）　Erving Goffman, *Asylums: Essays on the Social Situation of Mental Patients and Other Inmates*, New York, NY: Anchor Books, 1961.（アーヴィング・ゴッフマン『アサイラム――施設被収容者の日常世界』石黒毅訳、誠信書房、一九八四年）

（4）　Trevor Paglen and A. C. Thompson, *Torture Taxi: On the Trail of the CIA's Rendition Flights*, New York, NY: Melville House, 2006. Trevor Paglen, *Blank Spots on the Map: The Dark Geography of the Pentagon's Secret World*, New York, NY: Dutton, 2009.

（5）　International Military Tribunal, *The Trial of German Major War Criminals: Proceedings of the International Military Tribunal Sitting at Nuremberg, Germany*, Vol. 29, Nuremberg, 1948, 110–73.

（6）　アルゼンチンの最後の軍事政権は、一九七六年から一九八三年にかけて国民に対して「汚い戦争」をしかけた。この戦争では、政治的反体制者と思われた人々が日常的に「失踪」し、政府の拘置所に連行されて拷問を受け、殺害された。人権団体は、これらの失踪者が三万人にのぼると発表している。次の文献を参照されたい：Vikki Bell, *The Art of Post-dictatorship: Ethics and Aesthetics in Transitional Argentina*, London: Routledge, 2014.

（7） J. Patrice McSherry, *Predatory States: Operation Condor and Covert War in Latin America*, New York, NY: Rowman and Littlefield Publishers, 2005.

（8） Forensic Architecture, *The Enforced Disappearance of the Ayotzinapa Students*, 2017, forensic-architecture.org.

（9） Forensic Architecture, *Torture and Detention in Cameroon*, 2017, forensic-architecture.org.

（10） Sam Raphael, Crofton Black, Ruth Blakeley and Steve Kostas, 'Tracking Rendition Aircraft as a Way to Understand CIA Secret Detention and Torture in Europe', *The International Journal of Human Rights*, Vol. 20, No. 1 (2016), 78–103.

（11） Alex Hern, 'Fitness Tracking App Strava Gives Away Location of US Army Bases', *Guardian*, 28 January 2018, theguardian.com.

（12） Forensic Architecture, *Chemical Attacks in Douma*, 2018, forensic-architecture.org. ベリングキャットは、この件に関する広範な文書をウェブサイトで公開している：bellingcat.com

（13） Peter Hitchens, 'New Sexed-Up Dossier Furore: Explosive Leaked Email Claims That UN Watchdog's Report into Alleged Poison Gas Attack by Assad Was Doctored – So Was It to Justify British and American Missile Strikes on Syria?', *Mail on Sunday*, 23 November 2019, dailymail.co.uk.

（14） フロイトは、『夢解釈』と『機知――その無意識との関係』のなかで、この論理について言及している。

（15） ウィキリークスは、ジュリアン・アサンジが設立した出版ネットワークで、他の組織では機密とされている文書を公開している。エドワード・スノーデンは、二〇一三年に民間人の通信に対する大規模な監視に関する米国家安全保障局の機密文書を三人のジャーナリストに漏洩し、その一部は世界中の新聞社によって公開された。

（16） Jonathon Penney, 'Chilling Effects: Online Surveillance and Wikipedia Use', *Berkeley Technology Law Journal*, Vol. 31, No. 1 (2016), 117–83.

（17） Bertolt Brecht, 'The Threepenny Lawsuit', in *Bertolt Brecht, Brecht on Film and Radio*, ed. and trans. M. Silberman, London: Methuen, 2000, 164–5.（ベルトルト・ブレヒト「三文訴訟――ひとつの社会学的実験」石黒英男訳、『ブレヒトの仕事6――ブレヒトの映画・映画論』石黒英男、野村修責任編集、内藤猛訳、河出書房新社、二〇〇七年）

（18） Hans Haacke, *Shapolsky et al. Manhattan Real Estate Holdings: A Real-Time Social System, as of May 1, 1971*, photographs and text, 1971.

(19) Clark and Black, *Negative Publicity.*

(20) Gregory Bateson, *Steps to an Ecology of Mind: Collected Essays in Anthropology, Psychiatry, Evolution, and Epistemology,* Chicago, IL: The University of Chicago Press, 2000, 465.（グレゴリー・ベイトソン『精神の生態学』佐藤良明訳、新思索社、二〇〇〇年）

第9章

(1) Metahaven, *Black Transparency: The Right to Know in the Age of Mass Surveillance*, Berlin: Sternberg, 2015.

第10章

(1) Andrew Roth, 'We Got Really Lucky: How Novichok Suspects Were Revealed', *Guardian*, 27 September 2018, theguardian.com. 関連する事例として、二〇二一年三月、フォレンジック・アーキテクチャーは、イスタンブールのサウジ大使館でジャマル・カショギの暗殺を描写したとりわけ陰惨な殺人ビデオを検証するよう依頼された。その人物は多くの面でカショギに似ていた——同じ体格、禿げた白髪、あごひげ。ただし耳の構造が明らかに違うことから、別の被害者であり、別の犯行であることが確認された。

(2) Carlo Ginzburg, trans., Anna Davin, 'Morelli, Freud and Sherlock Holmes: Clues and Scientific Method', *History Workshop*, No. 9 (Spring 1980), 5–36.（カルロ・ギンズブルグ「手がかり——モレルリ、フロイト、シャーロック・ホームズ」ウンベルト・エーコ、トマス・シービオク編『三人の記号——デュパン、ホームズ、パース』小池滋監訳、東京図書、一九九〇年）

(3) Carlo Ginzburg, 'Clues: Roots of an Evidential Paradigm', in Carlo Ginzburg, *Clues, Myth and the Historical Method*, trans. John and Anna C. Tedeschi, Baltimore, MD: Johns Hopkins University Press, 1989.（カルロ・ギンズブルグ「徴候——推論的範例の根源」『神話・寓意・徴候』竹山博英訳、せりか書房、一九八八年）

(4) Ginzburg, "Clues," 101.（ギンズブルグ「徴候」一七九ページ）

(5) Marc Bloch, *The Historian's Craft: Reflections on the Nature and Uses of History and the Techniques and Methods of Those Who Write It*, trans. Peter Putnam, New York, NY: Vintage, 1953.（マルク・ブロック『歴史のための弁明——歴史家の仕事』松村剛訳、岩波書店、二〇〇四年）

(6) Ginzburg, "Morelli, Freud and Sherlock Holmes," 7.（ギンズブルグ「手がかり」一一五ページ）

(7) Ibid., 8–9.（ギンズブルグ「徴候」一八一—一八二ページ［コナン・ドイル「ボール箱事件」『シャーロック・ホームズ最後の挨拶』延原謙訳、新潮文庫、一九五五年］）

(8) Carlo Ginzburg, *The Cheese and the Worms: The Cosmos of a Sixteenth-Century Miller*, trans. John and Anne C. Tedeschi, Baltimore, MD: Johns Hopkins University Press, 2013.（カルロ・ギンズブルグ『チーズとうじ虫——一六世紀の一粉挽屋の世界像』杉山光信訳、みすず書房、二〇一二年）

(9) Adania Shibli, *Minor Detail*, trans. Elisabeth Jaquette, London: Fitzcarraldo Editions, 2020.

(10) Ibid., 62.

(11) Ibid., 63.

第11章

(1) Roman Polanski, *Chinatown*, 1974.

(2) Cristina Vatulescu, *Police Aesthetics: Literature, Film and the Secret Police in Soviet Times*, Stanford, CA: Stanford University Press, 2010.

(3) Edgar Allan Poe, *The Murders in the Rue Morgue*, London: Penguin, 2006.（エドガー・アラン・ポー『モルグ街の殺人・黄金虫』巽孝之訳、新潮文庫、二〇一〇年）China Miéville, *The City and the City*, London: Macmillan, 2009.（チャイナ・ミエヴィル『都市と都市』日暮雅通訳、早川書房、二〇一一年）Chester Himes, *The Harlem Cycle, Vol. 1, A Rage in Harlem, The Real Cool Killers, The Crazy Kill*, Edinburgh: Canongate, 1998.（チェスター・ハイムズ『イマベルへの愛』尾坂力訳、ハヤカワ・ミステリ、一九七一年；『狂った殺し』工藤政司訳、ハヤカワ・ミステリ、一九七一年；『リアルでクールな殺し屋』村社伸訳、ハヤカワ・ミステリ、一九七一年）Peter Plate, *One Foot off the Gutter*, San Francisco, CA: Seven Stories, 1996.

（4） スタンディング・ロックにおけるダコタ・アクセス・パイプラインに対する抗議活動について The Intercept がまとめた記録には、漏洩された多数の内部文書やタイガー・スワンからの報告など、幅広い資料が掲載されている：theintercept.com

（5） Ward Churchill and Jim van der Wall, *The COINTELPRO Papers: Documents from the FBI's Secret Wars against Dissent in the United States*, Boston, MA: South End Press, 1990. Betty Medsger, *The Burglary: The Discovery of J. Edgar Hoover's Secret FBI*, New York, NY: Alfred A. Knopf, 2014. 後者は、一九七一年にペンシルバニア州のメディアという町にあるＦＢＩ事務所に反戦主義者のグループが侵入し、COINTELPRO の詳細を記した一〇〇〇枚以上の文書が流出した事件を辿っている。

第12章

（1） Brian Massumi, *Ontopower: War, Powers, and the State of Perception*, Durham, NC: Duke University Press, 2015.

（2） 用語としての「直接行動」は長い歴史を持っているが、その政治的な意味づけはアナキストのヴァルテリン・ドゥ・クレイルによって結晶化された。以下を参照されたい：Voltairine de Cleyre, 'Direct Action' (1912), in *The Voltairine De Cleyre Reader*, ed. A. J. Brigati, Oakland, CA: AK Press, 2004, 47–62. のちにエコロジー思想に含まれる関連概念として、ピョートル・クロポトキンの進化における相互扶助に関する著作にも登場する。以下を参照されたい：Peter Kropotkin, 'The Direct Action of Environment on Plants', *Nineteenth Century*, Vol. 68 (1910), 58–77; and Peter Kropotkin, 'Direct Action of Environment and Evolution', *Nineteenth Century*, Vol. 85 (1919), 70–89. これらのテキストは、アナキズムの歴史と理論に関するオンライン研究所である The Anarchy Archives ですべて入手可能である：dwardmac.pitzer.edu/anarchist_archives/

（3） Spies for Peace, *Danger! Official Secret, RSG-6*, published by Spies for Peace, 1963: 出版場所の明記なし。また以下の文献も参照されたい：Nicholas Walter, *Damned Fools in Utopia: And Other Writings on Anarchism and War Resistance*, London: PM Press, 2011.

（4） Peter Coe and Malcolm Reading, *Lubetkin and Tecton: Architecture and Social Commitment. A Critical Study*, Bristol: University of Bristol Press, 1981.

（5） Michel Foucault, 'The Subject and Power', in Herbert Dreyfus and Paul Rabinow, eds., *Beyond Structuralism and*

Hermeneutics, Chicago, IL: The University of Chicago Press, 1983, 208–26.（ミシェル・フーコー「主体と権力」山田徹郎訳、ヒューバート・L・ドレイファス、ポール・ラビノウ『ミシェル・フーコー――構造主義と解釈学を超えて』井上克人、鷲田清一その他訳、筑摩書房、一九九六年）

第13章

（1） Robert Jan van Pelt, *The Case for Auschwitz: Evidence from the Irving Trial*, Bloomington, IN: Indiana University Press, 2002. Weizman, *Forensic Architecture*, op cit, 13–17.

（2） Arthur Conan Doyle, *The Sign of Four*, London: Penguin, 2001. (Emphasis in original.)（コナン・ドイル『四つの署名』延原謙訳、新潮社、一九五三年）

（3） Fernando Zalamea, *Synthetic Philosophy of Contemporary Mathematics*, trans. Zachary Luke Fraser, Falmouth: Urbanomic, 2012.

（4） Alexander Grothendieck, *Récoltes et semailles: Réflexions et témoignage sur un passé de Mathématicien*, 1986, pdf. オンラインではWayback Machineで閲覧可能。ロイ・リスカー博士による序文の英訳は、以下のウェブサイトに掲載されている：fermentmagazine.org（アレクサンドル・グロタンディーク『収穫と蒔いた種と――数学者のある過去についての省察と証言』（全三巻）辻雄一訳、現代数学社、二〇一五年）

（5） Zalamea, *Synthetic Philosophy of Contemporary Mathematics*, 149.

（6） この定式化に関するさらなる議論については以下を参照されたい：Weizman, *Forensic Architecture*.

（7） Paul Virilio, *Unknown Quantity*, Paris and London: Thames and Hudson and Foundation Cartier, 2003.

（8） 次のウェブサイトを参照されたい：tvrain.ru.

（9） Weizman, *Forensic Architecture*, 289.

第14章

（1） Karl Marx, *Capital, Vol. 1*, trans. Ben Fowkes, London: Penguin, 1989.（カール・マルクス『資本論――経済学批判（第

1巻）Ⅰ—Ⅵ』中山元訳、日経BP、二〇一一年）

（2） Mario Tronti, *Workers and Capital*, trans. David Broder, London: Verso, 2019.

（3） Kimberlé Crenshaw, ‘Mapping the Margins: Intersectionality, Identity Politics, and Violence against Women of Colour’, *Stanford Law Review*, Vol. 43 (1995), 1241–99. The Combahee River Collective, ‘A Black Feminist Statement’, in Linda Nicholson, ed., *The Second Wave: A Reader in Feminist Theory*, London: Routledge, 1997, 63–70. Avtar Brah, *Cartographies of Diaspora: Contesting Identities*, London: Routledge, 1996.

（4） Braidotti, *Posthuman Knowledge*.

（5） Stuart Hall, Lynne Segal and Peter Osborne, ‘Interview: Stuart Hall: Culture and Power,’ *Radical Philosophy*, No. 86, 1997, 24–41. radicalphilosophy.com.

（6） Hubert Damisch, *A Theory of /Cloud/: Toward a History of Painting*, trans. Janet Lloyd, Stanford, CA: Stanford University Press, 2002.（ユベール・ダミッシュ『雲の理論——絵画史への試論』松岡新一郎訳、法政大学出版局、二〇〇八年）

（7） John Ruskin, *Modern Painters*, New York: John Wiley, 1860, archive.org.（ジョン・ラスキン『近代画家論』塩谷栄訳、研究社、一九九〇年）それから約四半世紀後、ラスキンは「一九世紀の嵐雲」についてふたつの目覚ましい講義を行ない、環境に関する思想をさらに発展させることになる。これらの講義のテキストもarchive.orgでも公開されている。

（8） David Sylvester, ‘Late Klee, Klee I and Klee II’, in David Sylvester, *About Modern Art: Critical Essays 1948–1997*, New York, NY: Henry Holt & Company, 1997, 15–47.

（9） Ben Highmore, *The Art of Brutalism: Rescuing Hope from Catastrophe in 1950s Britain*, New Haven, CT: Yale University Press, 2017. 私たちはこの本によって、シルヴェスターのクレー論に惹きつけられた。

（10） マイケル・ファラデーの仕事におけるフィールドの概念の起源と、ジェームズ・クラーク・マックスウェルの仕事におけるフィールド分析の幾何学的手法については、以下の文献を参照されたい：Peter M. Harman, The Natural Philosophy of James Clerk Maxwell, Cambridge: Cambridge University Press, 1998.

（11） Christina Varvia and Eyal Weizman, *Operative Models, LOG 50: Model Behavior*, Fall 2020.

（12） Daniel Rosenberg and Anthony Grafton, *Cartographies of Time: A History of the Timeline*, Princeton, NJ: Princeton University

Press, 2012, 108.

(13)　Yoha (Graham Harwood and Matsuko Yokokoji) and Matthew Fuller, *Endless War*, three-screen installation, 2011; 以下のウェブサイトで記録が参照できる：yoha.co.uk.

第15章

(1)　Wendy Hui Kyong Chun, *Programmed Visions: Software and Memory*, Cambridge, MA: MIT Press, 2011.

(2)　Letanya Sweeney, 'Discrimination in Online Ad Delivery', *Communications of the ACM*, Vol. 56, No. 5 (2013), 44–54.

(3)　Ruha Benjamin, *Race after Technology: Abolitionist Tools for the New Jim Code*, Cambridge: Polity, 2019.

(4)　Ronald Coase, 'The Nature of the Firm', *Economica*, Vol. 4, No. 16 (1937), 386–405. フリーソフトウェアのコモンズに関連する有用な今日の議論については、以下を参照されたい：Yochai Benkler, 'Coase's Penguin, or, Linux and "The Nature of the Firm"', *The Yale Law Journal*, Vol. 112, No. 3 (2002), 369–446.

(5)　Matthew Fuller and Andrew Goffey, *Evil Media*, Cambridge, MA: MIT Press, 2012.

(6)　Christian Sandvig, Kevin Hamilton, Karrie Karahalios and Cedric Langbort, 'When the Algorithm Itself Is a Racist: Diagnosing Ethical Harm in the Basic Components of Software', *International Journal of Communication*, Vol. 10 (2016), 4972–90. Ezekiel J Dixon-Román, Ama Nyame-Mensah and Allison R. Russell, 'Algorithmic Legal Reasoning as Racializing Assemblage', *Computational Culture*, No. 7 (2018), computationalculture.net. Ramon Amaro, 'As If, towards a Black Technical Object', *e-flux Architecture*, n.d., e-flux.com. Simone Browne, *Dark Matters: On the Surveillance of Blackness*, Durham, NC: Duke University Press, 2015.

(7)　Michael Tyrrell, 'BAE Systems Predicts Top Manufacturing Job Roles in 2040', *Product Engineering Solutions*, 16 August 2019, pesmedia. com. この記事のオリジナル・プレスリリースは、baesystems.com で読むことができる。

(8)　Forensic Architecture, *The Battle of Ilovaisk*, 2019, forensic-architecture.org.

(9)　Lachlan Kermode, Jan Freyberg, Alican Akturk, Robert Trafford, Denis Kochetkov, Rafael Pardinas, Eyal Weizman and Julien Cornebise, 'Objects of Violence: Synthetic Data for Practical ML in Human Rights Investigations', 1 April 2020, presented at NeurIPS

2019 in the AI for Social Good workshop, arxiv.org.

（10）　モデル動物園プロジェクトの特別ウェブサイトが forensic-architecture.org に含まれている。

（11）　forensic-architecture.org を参照されたい。

（12）　Adrian Mackenzie, *Machine Learners: Archaeology of a Data Practice*, Cambridge, MA: MIT Press, 2017, 36.

（13）　David Link, *Archaeology of Algorithmic Artefacts*, Minneapolis: Univocal, 2016. Annet Dekker, *Collecting and Conserving Net Art: Moving beyond Conventional Methods*, London: Routledge, 2018. Dennis Tenen, *Plain Text: The Poetics of Computation*, Stanford: Stanford University Press, 2017.

（14）　以下の文献を参照されたい：Richard Rogers, 'The Internet Treats Censorship as a Malfunction and Routes around It? A New Media Approach to the Study of State Internet Censorship', in Jussi Parikka and Tony Sampson, eds., *The Spam Book: On Viruses, Porn, and Other Anomalies from the Dark Side of Digital Culture*, Cresskill, NJ: Hampton Press, 2009, 229–47. 基本的な位置情報をもとに、さまざまな素材の使用可能性をマッピングするプロジェクトについては以下を参照されたい：Aaron Swartz and Taryn Simon, *Image Atlas*, 2012, www.imageatlas.org.

第16章

（1）　Jean- Luc Godard/Dziga Vertov Group, 'What Is to Be Done?/British Sounds', *Afterimage*, No. 1 (April 1970), trans. Mo Teitelbaum, my-blackout.com.

（2）　Michael Richardson, Dawn Ades, Krzysztof Fijalowski, Steven Harris and Georges Sebbag, eds., *The International Encyclopedia of Surrealism*, London: Bloomsbury, 2020.

（3）　Kodwo Eshun, *More Brilliant than the Sun: Adventures in Sonic Fiction*, London: Quartet, 1999.

（4）　Tony Wood, *Russia without Putin*, London: Verso, 2019.

（5）　Christina Sharpe, *In the Wake: On Blackness and Being*, Durham, NC: Duke University Press, 2016.

（6）　Baruch Spinoza, 'Ethics', in *The Collected Works of Spinoza, Vol. 1*, ed. and trans. Edwin Curley, Princeton, NJ: Princeton University Press, 1985, 408–617.（スピノザ『エチカ（上・下）』畠中尚志訳、岩波書店、一九五一年）Ludwig Wittgenstein,

Philosophical Investigations, Oxford: Blackwell, 1958.（ルートウィッヒ・ウィトゲンシュタイン『哲学探求』鬼界彰夫訳、講談社、二〇二〇年）; Paolo Virno, *A Grammar of the Multitude: For an Analysis of Contemporary Forms of Life*, Los Angeles and New York: Semiotext (e).（パオロ・ヴィルノ『マルチチュードの文法――現代的な生活形式を分析するために』広瀬純訳、月曜社、二〇〇四年）

（7） Ludwig Wittgenstein, *Lectures and Conversations on Aesthetics, Psychology, and Religious Belief*, trans. and ed. Yorick Smythies, Rush Rhees and James Taylor, Oxford: Blackwell, 1966.（ルートヴィヒ・ウィトゲンシュタイン「美学、心理学および宗教的信念についての講義と会話」『講義集（ウィトゲンシュタイン全集10）』藤本隆志訳、一九七七年）

（8） Elinor Ostrom, *Governing the Commons: The Evolution of Institutions for Collective Action*, Cambridge: Cambridge University Press, 1990. コモンズの政治的・歴史的な読解については、以下の文献を参照されたい：Peter Linebaugh, *The Magna Carta Manifesto: Liberties and Commons for All*, Berkeley、CA: University of California Press, 2008.

（9） デジタル・コモンズのより広い概念についての洗練された読解については以下の文献を参照されたい：Raqs Media Collective, *A Concise Lexicon of/for the Digital Commons*, in Monica Narula, Shuddhabrata Sengupta, Jeebesh Bagchi, Ravi Vasudevan, Ravi Sundaram and Geert Lovink, eds., *Sarai Reader 03: Shaping Technologies*, Delhi and Amsterdam: Sarai-CDS and WAAG, 2003, 357–65.

（10） 以下の文献を参照されたい：Matthew Fuller and Olga Goriunova, *Bleak Joys, Aesthetics of Ecology and Impossibility*, Minneapolis, MN: University of Minnesota Press, 2019.

（11） Eyal Weizman, 'Open Verification', *eflux architecture*, e-flux.com. 2019.

（12） Achille Mbembe, 'Decolonizing Knowledge and the Question of the Archive', paper given at Wits Institute for Social and Economic Research (WISER), University of the Witwatersrand in Johannesburg, 2015. また以下の文献も参照されたい：Boaventura de Souza Santos, *Epistemologies of the South: Justice against Epistemicide*, Abingdon: Paradigm Publishers, 2014; and Boaventura de Souza Santos, *Decolonising the University: The Challenge of Deep Cognitive Justice*, Newcastle upon Tyne: Cambridge Scholars Press, 2017.

（13） Mbembe, 'Decolonizing Knowledge and the Question of the Archive'. Bruno Latour, "Agency at the Time of the

Anthropocene”, *New Literary History*, 45(1), 1-18. p. 5, 2014.（いずれの引用においてもイタリックは原文のまま）

（14） Ibid.

（15） 以下の文献と比較されたい：Ariella Azoulay, *The Social Contract of Photography*, New York, NY: Zone Books, 2008.

第17章

（1） この動きの政治的な解説については、以下の文献を参照されたい：Christopher Hill, *Some Intellectual Consequences of the English Revolution*, Madison, WI: University of Wisconsin Press, 1980.

（2） Simon Shapin and Simon Schaffer, *Leviathan and the Air-Pump: Hobbes, Boyle and the Experimental Life*, Princeton, NJ: Princeton University Press, 1985.（スティーヴン・シェイピン、サイモン・シャッファー『リヴァイアサンと空気ポンプ——ホッブズ、ボイル、実験的生活』吉本秀之、柴田和宏、坂本邦暢訳、名古屋大学出版会、二〇一六年）

（3） Ina Blom, *The Autobiography of Video: The Life and Times of a Memory Technology*, Berlin: Sternberg Press, 2016.

（4） Lorraine Daston and Peter Galison, *Objectivity*, New York, NY: Zone Books, 2007.（ロレイン・ダストン、ピーター・ギャリソン『客観性』瀬戸口明久、岡澤康浩、坂本邦暢、有賀暢迪訳、名古屋大学出版会、二〇二一年）

（5） Stengers, *Another Science Is Possible*.

（6） Ariella Azoulay, *Potential Histories: Unlearning Imperialism*, London: Verso, 2020.

（7） Forensic Architecture and Praxis films, *Triple Chaser*, 2019, forensic-architecture.org.

風変わりな指南書——訳者解題

中井悠

1

本書は二〇二一年にVersoから出版された*Investigative Aesthetics: Conflicts and Commons in the Politics of Truth*の全訳である。原著は二人の著者によって書かれた。一人は国家権力が引き起こす暴力事件を建築的思考と手法を用いながら捜査する調査機関フォレンジック・アーキテクチャーを一〇年ほど前に設立した特異な建築家であり理論家のエヤル・ヴァイツマン[1]。もう一人はフォレンジック・アーキテクチャーにも関わりのあるメディア・アーティストで、とりわけソフトウェアの批判的文化研究に長けた理論家としても知られるマシュー・フラー。ロンドン大学のゴールドスミス・カレッジで教える同僚でもある二人が「共働き《ワーキング・ウィズ》」を通じて構成したのは、フォレンジック・アーキテクチャーとソフトウェア・スタディーズの調査活動を通じて培われた物の見方や事件の調べ方を「エステティクス」の理論的かつ実践的方法論として提示《プレゼンテーション》=上演する本である。

とはいえ、この「エステティクス」はかなり風変わりなものだ。二〇一〇年に立ち上げられたフォレンジック・アーキテクチャーは調査成果を映像作品や展示やパフォーマンスとして組み立て、法廷の他にギャラリーや美術館や芸術祭などで公開する活動を積極的にくりひろげたことで二〇一八年のターナー賞候補にもなったくらいだから、美学ないし感性論としてのエステティクスとの関わりはいまにはじまったことではない。また、ソフトウェアに畳み込まれた権力構造やバイアスを暴くために、分析のみならず、自作のソフトウェア・アートを制作してきたフラーの実践においても「芸術」という枠づけは重要な役割を担ってきた。だが調べてわかったことを効果的に提示＝上演する美学としてエステティクスの読み直しが行なわれるのだろうという軽い予想を抱えながら本書をめくり出す読者は、すぐにここで提示＝上演されているのがそのような小手先の関わり合いではなく、「調査」というレンズを通して「エステティクス」概念自体を——そして「エステティクス」というレンズを通して「調査」という概念を——大胆にこねくりまわしながら拡張させようとする、きわめて野心的で壮大なプログラムであることに気づかされるだろう。

だがそれに気づいたとしても、（翻訳の粗相を棚に上げて言うと）あまり親切な書かれ方をしていないので、一見すると必要以上にややこしいプログラムに思われるかもしれない。実際、この本の下訳を読んでいく授業を東京大学の表象文化論コースで行なったとき、こうしたテクストを読むことに長けた学生が集まっているはずの教室でもそのような声があがった。根幹にある図式はそれほど複雑なものではないが、理論と実践の記述がシームレスに交互していくため、頭のなかで組み立てられつつある理論の描像が実例に当たることでいつのまにか解体ないし変形されているという経験を読者は繰り返し辿ることになる。だから個別の説明に納得したり、個別のネタを面白がったりしながらも、全体としてなにを言おうとしているのかはっきりしないという印象が残るのだろう。そうした書かれ方が本書を遠ざけることになるとすれば残念なことだ。

その一方で発想を裏返して、まさにそのような印象を作り出すことが目指されたと想定してみることもできる。だとすれば、そうした効果をもつ様式《モード》を二人の著者たちはなぜわざわざ選んだのだろうか。それはもしかすると彼らが実践のなかで培ってきた理論自体が実例とのシームレスな交錯によって組み立てと解体を繰り返してきたことと無縁ではないかもしれない。つまりヴァイツマンとフラーの提示＝上演は、二人が身を持って経験したエステティクスの理論形成と展開のプロセスを、個々の読書経験においてヴァーチャルに再演させる試みであると考えれば、風変わりな書かれ方にも納得がいく。だから内容の解説に入る前に、まずはこの書物自体を事件の証拠物——すなわちある特定のパフォーマンスの記録——と見立てて、その書かれ方を調査してみよう。

そうするとまず気づかされるのは、校正のあからさまな欠如もしくは異様なほどの少なさである。相当もったいぶった言い回しやもっと噛み砕く必要のある図式、章の展開のギクシャク感や終わり方の突拍子のなさ、用語法のばらつきやあちこちの誤字脱字など、自分が編集者やコピーエディターだったら絶対に訂正するだろうと思うようなところが全体を通して手つかずのまま残っているという印象を受けるのだ。それは主観的な印象かもしれないが、そのような印象を抱えたまま読み進めて後半に差しかかると、今度はなんとすでに読んだ節とまったく同じ節がすこし後で再登場する場面《シーン》が第11章と第16章で二度も繰り返される。ここまでくると、さすがに編集のお粗末さに頭を捻らざるをえない。とはいえ、訳者自身が欧米の大学出版局から本を出したとき身をもって知ったのは、近年の学術書の編集プロセスがインドなどにアウトソースされることによって、きちんとした校正があまりなされなくなっているという事実である。その当然の帰結としてミスや誤植が目立つ書物が最近多く出回っているのは、よく知られた話だ。[2] 自作が出版されたのに誤字脱字だらけなので、出版されたものではなく自分の持っているＰＤＦを読んでくれと頼んでいた知り合いの研究者を思い出す。とはいえ、こうしたお粗末さは出版社の評価にも響くため、それを意図的に演出することはよほどの理由がなければ許されないだろう。

そのような観察を寄せ集めるとひとつの推理が浮かび上がってくる――この本はとても早いスピードで書かれたにちがいない。理由は定かではないし、詮索しても大した事情があるわけではないかもしれないが、ある種の即興演奏のようにひとたび素早い勢いで書かれたテクストがほとんど推敲を経ずに、そのまま出版されているという印象を受けるのだ。個々の脱字や記述の脱線は意図されたことではないが、即興性を重視することはどこかの時点で選ばれたことかもしれない――そして、前者は後者の副作用かもしれない。もちろんそれは悪い選択ではない。なぜなら校閲の希薄さによって、滑る筆がそのつどの状況や諸力に振り付けられながら造形していった生々しい文面が荒けずりのまま保存されている（ように感じられる）からだ。つまり選ばれた書かれ方の効果が、刻々と変化していく活動の現場から届けられた報告書という設定の書籍にパフォーマティヴな説得力をもたせている。

では一体なにが報告されているのかを調べるため本文に目を向ければ、文面を通じて読者の脳裏に絶え間なく提示＝上演されるのは、フラーとヴァイツマンがこれまでの活動のなかで編み出してきた様々な技法や考え方や戦略の実例を交えた解説である。その流れのシームレスさが理論と実践の区別を曖昧にすると先ほど述べたが、理論にしろ実践にしろ、言語的記述を通してある技の体系を伝承するための小道具として扱われている印象が強いため、そもそものような区別自体が二の次なのかもしれない。だから、フラーとヴァイツマンの報告書は理論書というより武術などの指南書に近いように思われる。いささか頭でっかちだが、たぶんにプラクティカルな諸技からなる奥義の手引きである。

冒頭から勢いよく蛇行し、様々な観察スケールを移動しつづける記述を束ねているのは、タイトルに掲げられた「Investigative Aesthetics」という新しい概念である。日本語では長らく「美学」あるいは「感性論」と訳されてきた「Aesthetics」を、「すべての存在物が行なう感知《センシング》と多くの存在物が行なう意味形成《センスメイキング》の実践」と再定義することからこの提示＝上演ははじまるのだ。だがここでさっそく訳者は思い悩むことになる。「Investigation」に警察をはじめとする国家が管轄する捜査機関のニュアンスが強い「捜査」よりも「調査」を当てがうことはまだ良いとして、「Aesthetics」はどう訳せばいいのか。なにしろすべての存在物が関わるのだから、そこにはもちろん人間の感性だけではなく、人間あるいは人間の言語を経由しない感知や意味形成も含まれる——というかほとんどがそちらだろう。しかし、そうだとすれば、エステティクスは言語（logos）を土台にする「学」や「論」ではありえない。だから「美学」も「感性論」も訳語として相応しくない。この書物を通じて著者たちが、手を替え品を替え読者に伝えようとする「調査的エステティクス」とは、ときおり「学」や「論」の体裁をとることがあっても、全体としてみれば世界の存在物によって営まれる数々の技のネットワークであり、強いて言えば「術」のようなものである。[3] だからすこし不恰好だが「調査的感性術」と呼べば、指南書のイメージともしっくり合うだろう。

2

この書物は調査的感性術の指南書である。その大きな特徴は伝承しようとする感性術を論じるだけではなく、本の書かれ方として演じてみせること、すなわち提示《プレゼンテーション》がいつも上演《プレゼンテーション》になっていることだ。それは理論より実践が優先されるというつまらない話ではない。第2章では「理論」のような抽象物もそれ自体として感性術的能力を持つことが律儀にも確認されている。つまりここで提示＝上演されている感性術の「理論」や「図式」にしても、ほかの諸理論をはじめとする多くの存在物と相互作用しながら自らの振る舞いを変化・較正していく感知器《センサー》として思い描かれ、きわめて自覚的にそのように用いられている。だからこそ、言い回しの妙はともかくとして、フラーとヴァイツマンの語り口にはいつも実践に即した単純さとプラグマティックな思い切りの良さ、また理路がこんがらがりそうになるときの見切りの速さが見受けられる。論の蛇行が見えづらくさせているかもしれないが、調査的感性術は図式的に見れば――つまりすこし遠のいて霞んだ目で解像度を下げて見渡せば――きわめてシンプルに構成されている。試しに全体的な見取り図を大雑把に描いてみよう。まず冒頭では、感性術に関する公理のような断定が矢継ぎ早に繰り出されて、記述の舞台を整える――

A：すべての存在物が行なっている感性術は「感知（sensing）」と「意味形成（sense-making）」の二段階に分けられる。

B：すべての存在物は感知する《センシング》――感知とは登録《レジスター》もしくは同調《アチューンメント》を通じてほかの存在物の諸力を受けとり、自らの変形を通じて出来事を記録する営みである。

C：すべての存在物が意味形成《センスメイキング》をするわけではない――意味形成とは感知されたものを他の感知されたものと関係させて「意味《センス》」を作り出す作業であり、そのために認識や推論や概念化などを用いて感知の手段や感知に対する反省を編み出す作業でもある。「意味」は言語的な次元にとどまらず、たとえば新しいセンサーの開発や使い方の考案も意味形成に含まれる。

こうして森の石ころから林冠まで、微生物や建物から計算機や理論にいたるまで、存在物の連鎖を感知器《センサー》の連鎖に見立てる書割が読者の脳裏にいったんインストールされる。そしてそれを背景画としながら、第I部ではエステティクスの転回が三つの主要概念によって段階的に提示＝上演されていく。不気味なほど互いによく似たこれらの概念は、マトリョーシカのように入れ子状に組み立てられている。まず「感性術（aesthetics）」とは存在物が行なう感知と意味形成の営みである。そして「超感性術（hyperaesthetics）」とはそうした感知と意味形成の営みをネットワークで結んだり、増殖させたりすることで生み出される高次元《ハイパー》の感性術である。さらに「感知超過（hyperaesthesia）」とはそのような感性術の拡張がなんらかの理由でシステム自身が処理できる限界を越えることによって起こる意味形成の崩壊である。各段階にあてがわれた名前の紛らわしさ、つまり感知しにくい表記の微差は、言うまでもなく演出の一部だろう。だから翻訳にあたってカタカナで通すのか、漢語に置き換えるのか迷ったあげく、漢字にルビをふるという日本語特有の感知の増殖法を採用することにした。それが超感性術《ハイパーエステティック》的なポリフォニーを奏でるのか、感知超過《ハイパーエステシア》的なノイズを招くのかは読者のご判断を仰ぎたい。

「感性術（Aesthetics）」と題された第I部が基本的な道具立てを導入する「理論編」だとしたら、「調査（Investigation）」と題された第II部ではそれらの道具を用いながら、調査において感性術が具体的にどう使われるかを示す「実践編」が提示＝上演されているとみなすことができる。実際、このふたつのパートはいろいろな点において対照的である。第I部が強くこだわっていた骨太な図式の組み立ては、第II部に入ると急に鳴りを潜め、全体の見えない話が続くようになる。理論化がなくなったわけではない――短めの章ごとに「調査／批評」「表象／秘密」「事件／出来事」「ミニマルな因果作用／フィールドの因果性」

などといった魅力的な概念区分がむしろ惜しみなく繰り出されている。ただしどの概念もあまり長続きせず、場面が変わるたびに新しい主役や対立軸が現れ、図式が素早く描きなおされるので、「感性術／超感性術／感知超過」のような明確な全体像をなかなか結ばない。その代わり前景に躍り出てくるのは、調査活動に携わる多種多様な「形象《フィギュア》」である——天使とネコ、一匹狼の探偵と事務局の役人、カルロ・ギンズブルグとアレクサンドル・グロタンディーク、シャーロック・ホームズとウーバー型傭兵といったキャラクターがいっせいに登場して、さまざまな事例が次から次へと矢継ぎ早に提示＝上演されていくのだ。だから一番短い章が乱立する第Ⅱ部の中間は、この指南書のなかで一番騒がしい部分である。そして、その賑やかさと相まって、乱立する概念たちもまた同じように記述に出たり入ったりする「形象」の一種だという実感が植えつけられる。「ネコと天使」「耳と目」「目と事務局」と並ぶ章のタイトルからして二項対立のいい加減さをわざとさらけ出しているようだが、章の内容においてはこうした概念形象の振る舞いが特定の事件の調査というきわめて具体性の高い場面に絡めて戯画めいた仕方で提示＝上演される。つまり、理論が実践を上から目線で解説するのではなく、小道具ないしキャストの一員として提示＝上演に関わることで、読者に直接働きかける。だから場面が変われば登場概念も変わるのだ。

「提案（Proposition）」と題された締めくくりの第Ⅲ部は、第Ⅰ部と第Ⅱ部を総合するという、これまた図式的な役割を担っているように見える。中心に置かれるのは、第Ⅰ部で予告された感知の複合システムである「感性術的コモンズ」を、第Ⅱ部で登場した多くの形象をネットワーク状に結びながら、実際に作り上げていくプロセスである。図式的な構成は内容面にも及び、第Ⅰ部で提示＝上演された感性術の三つの様式と対をなすような「フィールド／ラボ＋スタジオ／フォーラム」という三つの場面《シーン》が登場して、調査的感性術が事件のたびに辿る調査から提示＝上演までの道のりが提示＝上演される。だが同時に、それまで登場した概念や事例や形象を組み合わせながら進む記述の構成は、それ自体が「コモンズ」制作の実例にもなっている。アフリカ・バンバータからバルーフ・スピノザにいたる煌びやかな新キャラクターたちも登場し、すこし複雑だが快活なリズムである種の「感性術的コモンズ」が紙面上で織りなされていく。第16章の最後で「才能ある弁護士」が突然登場して「感性術の美しさ」が語られる場面にいたってはさすがに筆が滑っているような気がするが、その後に続く最終章では鋭い調査的モードが返り咲く。真ん中の場面が「ラボとスタジオ」という二項からなる複合体であることや、その二項が歴史的にはもともとひとつのものだったことなど、概念区分が実践において曖昧になることがくりかえし指摘されることで、登場したばかりの図式の緩さと小道具としての使い勝手の良さが同時に演出される。

提示＝上演の場であるフォーラムに関するまとまった説明がようやく登場するのは最後の数ページだが、そこでは感性術の実践が変化するにつれて調査成果を公開するフォーラムが多様化していることに焦点が当てられる。とくに従来の法的な文脈の外部にある美術館や学校などの場における提示＝上演の重要性が語られるが、書籍というフォーラムもそこには当然含まれているだろう。そのような自己言及性を念頭に置きながら眺めると、公開の場にいたる以前の実践で培われた、いわば舞台裏の技を惜しみなく公開しているこの書籍の三部構成自体が、「フィールド／ラボ＋スタジオ／フォーラム」の三区分に折り返せるように思えてくるかもしれない。第Ⅰ部（フィールド）では調査的感性術の基本素材となる概念や事例が寄せ集められて図式的に整理され、第Ⅱ部（ラボ＋スタジオ）ではそれらの素材がくっついたり離れたり、あちこち動かされたりしながら理解が実践的に進み、第Ⅲ部（フォーラム）ではそのようにしてできた成果物をどう公開するかが紙面上でコモンズを組み立てることで実演される。伝授すべき術を提示するだけではなく、身を持って上演するのだ。

3

『調査的感性術』というフォーラムにおける提示＝上演のからくりをざっと見てきたが、この書物を取り巻くさらなる背景に関しても簡単に触れておこう。[4] こうしたエステティクスの展開の母体のひとつとなったのが、二人の著者が勤務するロンドン大学のゴールドスミス・カレッジを拠点にする「フォレンジック・アーキテクチャー」という調査機関の活動だったことはすでに述べたが、そのような活動の起点となったのは、イスラエル出身のヴァイツマンがパレスチナのガザ地区を対象に展開した二〇〇〇年代初頭の調査研究である。若い建築学生エヤルが気づいたのは、パレスチナのような場において「建築」が暴力を可能にしたり、手助けしたりする道具として設計され、建設され、使用されていることだった。検問所のデザインから、掘立て小屋のような建物だけ許可する条例、つまりミサイル攻撃で破壊され住人を押しつぶす家の作りまで、イスラエルによるパレスチナの占領は建築の暴力によって支えられている。

さらに調べてみると、具体的な建築以外にも「建築」に関わる思想と暴力との気がかりな結びつきも浮上してきた。たとえばパレスチナのゲリラを相手にするため、市街戦の概念を変える必要に迫られたイスラエル軍の将校たちはジル・ドゥルーズとフェリックス・ガタリなどの著作を読んで、「平滑空間」などといった概念を操るようになり、「生成変化の教えどおりパレスチナの家を建物ではなく道とみなそう」と、住居の壁をいきなり爆破して兵士の通路にする戦法を編み出していた。[5] つまり建築と暴力の絡み合いは、具体的な建造物だけではなく、ヴァーチャルな空間理論とも連動している。というより、そのような空間の抽象理論は現実との接地においてかならず具体的な建造物と関わらざるをえないのだ。そして国家による暴力が遠隔操作のドローン攻撃といったヴァーチャル化を進める昨今の世界では、現実とヴァーチャルな建築との境目がますます曖昧になっている。だがそのことは裏返せば、遠く離れた時空間で起こったミサイル攻撃のような事件でも、いまここでヴァーチャルに再現し、検討できる可能性があることを意味する。

パレスチナの問題に関わっていたヴァイツマンが、「フォレンジック・アーキテクチャー」というもっと一般的な活動をはじめるひとつのきっかけとなったのは、二〇〇〇年代を通じて加速度的に膨れ上がっていったインターネット上における情報とイメージの氾濫だった。政府に寄り添うメディアがほとんど伝えない事件の記録が、現地の当事者や周りに居合わせた人たちによってiPhoneのようなスマホで撮影され、YouTubeのような動画プラットフォームにアップロードされ、全世界に向けて公開される。そのような「いま根底から変化しつつある状況」に位置づけられたアクティヴィズムの実践は二〇一〇年代を通じて、内部告発者から譲り受けた漏洩データを新聞社などの協力も受けながらオンラインで閲覧可能にするウィキリークス（天使）から、すでにインターネット上に見つかる無数の情報を組み合わせることによって大手メディアが伝えようとしない事実を浮かび上がらせるベリングキャット（ネコ）のような「オープンソース調査（OSInt）」まで多様な広がりを見せてきた。その中でフォレンジック・アーキテクチャーを際立たせる特異性は、第9章でネコと天使の形象に託してお伽話的に語られている「オープンソース調査」か「データ漏洩」という対立のどちらかに与するのではなく、どちらにしても建築のモデルとノウハウを使って、出来事を登録した複数の存在物を組み合わせ、構造物に仕立て上げるという、グループ名にも示されている主要媒体《メディア》に対する強い意識にある。

その意味で「建築」は観察の対象であると同時に、それを介して世界や出来事を見る観察の枠組み、ヴアイツマン自身の言葉で言えば「光学＝物の見方（optics）」として用いられている。言い換えれば「建築」は世界における実践であると同時に、世界についての理論でもある。フラーにとっては、「ソフトウェア」ないし「メディア」がそのような「光学」を形成するだろう。調査と感性術の結びつきを根本において支えているのはこの「物の見方」である。また、イスラエル軍がドゥルーズを使ってパレスチナを攻撃していたという若い頃の研究でわかった、理論が道具として用いられることの危険性をただ否定するのではなく、「道具を批判する一番良い方法はそれを使うことである」などと口走りながらみずからの活動にも積極的に持ち込もうとするとき、いくらドゥルーズやウィトゲンシュタインやハラウェイやニーチェの名前が文中に投げ込まれても哲学的な思弁に流れないのも、「建築」という媒体と「メディア」というアーキテクチャーに対する強い意識が提示＝上演の多様性を制御しているからだろう。(6)

こうした光学の設定とともに、世界に溢れるデータを整理するための指針を与えるのが「調査」という様式《モード》であり、それは特定の事件を対象とし、特定の状況において、特定の装置や技術を使って、特定の期間にわたって行なわれるという有限性によって定義される。たとえば、多くの点でよく似ているとも言えるアクターネットワーク理論と調査的感性術を隔てるのも、このような「事件」という具体的な調査の対象となる有限性を前提にするのか、ネットワークをアリのようにひたすら辿るというロマンティックな無限に誘導されるのかのちがいだろう。(7)また思弁的実在論やオブジェクト指向存在論との結びつきにしても、いちばん折り合いが悪いのは、こうした一般化できない個別性と具体性の次元への固執である。オブジェクト指向存在論において「コップ」と「靴」と「本」はあらかじめフラットなオントロジーをかたちづくるのかもしれないが、調査的感性術においてそのつど重要になるのは、これらがどのような目的のために、どのような感知装置を構成できるかである。あらかじめ役に立たないものなどないが、事物にしても理論にしてもそのつどの状況に位置づけられた特定性によって、役回りが変わってくる。あらゆる調査の実践は、フラットネスに偏差を持ち込んで中立性を崩すのだ。だから個別性と具体性に即した客観性を「状況に位置づけられていること（situated）」として理論化したダナ・ハラウェイの言い回し[8]が、本書を通奏低音のように流れていることも不思議ではない[9]。

4

とはいえ、「建築」という媒体による制約と「事件」という対象による制約という二重にストイックな条件と対照的な、調査的感性術のもうひとつの特性はアウトプットの多様性にある。第Ⅲ部で論じられるように、発表の形態やメディアの選択は感性術的コモンズを作り出すうえでとても重要な部分をなす。だから動画だけではなく学会や書物でも、そして法廷だけではなく美術館やギャラリーでも成果の提示＝上演を繰り広げ、影響の波がさまざまな沖合に打ち寄せていくことを願うのだ。そのような希望が調査的感性術の営みを根底において駆動しているのだとすれば、受け手の一人である訳者自身がいかにしてヴァイツマンの活動に接触し、本当はまったく訳すつもりがなかった本の翻訳を引き受けることになったのかという、この日本語版成立の舞台裏を最後に語ることも場違いではないかもしれない。

ロンドンに住んでいた二〇一五年の秋に、ふと立ち寄ったフォトグラファーズ・ギャラリーで見た写真と証拠に関する展示（「Burden of Proof: The Construction of Visual Evidence（立証責任：視覚的証拠の組み立て）」[10]）がおもしろくて、企画に関わっていた「フォレンジック・アーキテクチャー」という名の集団を知った。ちょうど自分自身が取り組んでいた、デーヴィッド・チュードアという音楽家が残した電子楽器を回路やダイアグラムから解析し、再構成して、失われたと思われていた音楽を甦らせる研究が、欧米の学会で「フォレンジック・ミュージコロジー」と呼ばれるようになっていた頃だったから、関心はなおさら高まった。(11)それからというもの、日本に一時帰国して建築関係の知り合いと飲みに行くたびに、とても重要な建築の動向だから誰かが訳して紹介すべきだと熱心に薦めていたが、その場ではそれなりにみんな興味を示すものの、実際に動きだす人はいなかった。だが二〇一七年に東京都写真美術館で開催された恵比寿映像祭でフォレンジック・アーキテクチャーが呼ばれることになったことを友人であるキュレーターの田坂博子さんから知らされた。そしてそれを機に日本でも関心を持つ人が増えて、翻訳の話も進んでいるという噂がその当時住んでいたサンディエゴにも届いてきたので安堵していた。でも不思議なことにその翻訳が出版されたという話はいつまで経っても届かなかった。

それから少しして日本に帰国した。すぐにコロナ禍になってあまり外出できなくなったが、感染者数がすこし落ち着いてきた二〇二二年二月、恵比寿映像祭を久しぶりに見に行った。たまたま写真美術館のロビーでばったり田坂さんに会ったので立ち話をしていたら、数年前の映像祭で立ち上がったというフォレンジック・アーキテクチャーの翻訳プロジェクトのことをふと思い出した。どうなったのか聞いてみたら、どうにもなっていないとのことだった。その数日後、着任して間もない東京大学の研究室に、水声社の編集者である村山修亮さんが本を一緒に作りたいと言って訪ねてきた。様々な企画について話し合ったが、どれも数年かかりそうということで同意がとれ、では長期的に考えましょうという別れの挨拶を交わしたあと、ふと田坂さんとの立ち話以来ふたたび気になって自分のデスクの上に積み上げていたフォレンジック・アーキテクチャー関連の書籍が目にとまった。なにげなく村山さんに、こういうのがあるんですけど、知っていますかと聞いてみた。知らないということだったので、これまで何度もくりかえして定型化されつつあったフォレンジック・アーキテクチャーの売り文句をひさしぶりに披露してみた。すると村山さんはとても関心を持ったようで、これを最初のプロジェクトにしましょうと言った。思いがけない展開に内心びっくりしつつ、とりあえず一番訳すべき本として二〇一七年に出版されたヴァイツマンの『Forensic Architecture』という直球なタイトルの主著を、[12]次の候補として昨年出版されたばかりの『Investigative Aesthetics』をあげた。両方の原著を差し出すと、村山さんは分厚い方の『Forensic Architecture』をパラパラとめくって、カラー図像が多いしこれは面倒かもしれないから後回しにして、画像がまったくなくて短い『Investigative Aesthetics』のほうからやりましょうと言った。その場の勢いもあって同意したが、話がすんなり決まったあとも、狐につままれたような気分とともに、自分よりもこの本を翻訳するのにふさわしい人がいるに違いないというとまどいが続いていた。

その三日後、ロシアがウクライナに侵攻した。そして世界の多くの人と同じく、最新ニュースを伝える画面に釘付けになった。うちの上の子ども（エイヴィ）の母親は一九七〇年代後半にウクライナからニューヨークに亡命してきたユダヤ人で、まだ向こうに親戚や友人がいるからなおさら他人事とは思えなかった。マンハッタンに住む祖母は、「私のかわいそうなオデッサが破壊されてしまう」と生まれ故郷の街の名をあげながら嘆いていた。そのような声をインターネット越しに聞きながら、なにごとも手につかないほどの無力感に打ちのめされ、刻々と更新されていくニュースを見続けた。そんなとき、なにげなく手元にあった『Investigative Aesthetics』を開いてみると、「暴力が上陸する。数百人の軍隊が街に乱入する。その瞬間、街は痛みを記録しはじめる」という冒頭の一節が目に飛び込んできた。これだと思って、熱に浮かされたように翻訳にとりかかった。春休み中ということもあり、二週間で全体の下訳を完成させた。

その下訳を輪読する授業を二〇二二年四月からの東京大学後期課程（表象文化論コース）で開講し、学生たちと序章から最終章まで読み進め、内容や事例の検討に加えて訳文や訳語に関しても議論を行なった。表象文化論という場所柄もあって、調査的感性術とオブジェクト指向存在論、アクターネットワーク理論やポストヒューマン論などとの結びつき、またはダナ・ハラウェイやマリリン・ストラザーンなどの理論に登場する「状況に位置づけられていること(situatedness)」や「部分的つながり(partial connections)」[13]などの概念装置との関わりなど、論点も多岐にわたった。そして授業後に数人の学生と開催した上映会では、ハルーン・ファロッキやボブ・モリソンやエロル・モリスなどの映像作品を見ながら、ファロッキと比べた場合のフォレンジック・アーキテクチャーの映像作品における目的論の過剰とか、モリスが自分の先生だったトマス・クーンのパラダイム論に基づく相対主義を批判しながら提唱している「Investigative Realism(調査的リアリズム)[14]」と調査的感性術とのつながりについて話し合った。

毎週のレスポンスや授業中のやりとりは、訳文をブラッシュアップすることはもちろん、自分とは違った読み方が可能であることをくりかえし教えられたという意味でとても役に立った。参加してくれた学生のみなさんにはとても感謝している。また久保田晃弘さんは、多摩美術大学のゼミ生を引き連れて毎週オンラインでグループ聴講するという zoom 授業ならではの仕方で参加してくださり、訳語に関してもいろいろなご意見をいただいた。授業中の議論や話し合いを踏まえて、中井がセメスター終了後、改めて手を加えて完成させた訳がこの書物になる。

ちなみに久保田さんとは、デーヴィッド・チュードアが七〇年代半ばに考案した《Island Eye Island Ear》という孤島を丸ごと楽器化する未完のコンサート計画の実現可能性を探る「サイド・プロジェクト」という名の企画を通じて知り合った。同じプロジェクトにキュレーターとして参加している明貫紘子さんも加賀からオンラインで授業に参加してくれた。チュードアの計画自体、それじたいとして感知できない風のセンサーとしてサウンド・ビームや霧や凧を用いるという主旨のものだったため、二〇二四年に北海道とノルウェーでの成果発表を予定している「サイド・プロジェクト」でも調査的感性術の教えは様々な副産物をもたらしてくれそうである。(15)

村山さんに思ったよりはやく下訳が完成したことを四月に伝えると、『フォレンジック・アーキテクチャー』の方も会社からゴーサインが出たのでそちらもお願いします、という思いがけない返事が来た。だから、この本に続けてエヤル・ヴァイツマンの主著の翻訳も同じ水声社から近いうちに出版されるはずである。立て続けに出版される類似の本に訳者解題を二本も書かなくてはならなくなったので、これを勝手に連載と捉えることにした。

サンディエゴ、カリフォルニアにて

注

(1) Weizman の日本語表記に関して「ワイズマン」も考えられたが、東京在住のイスラエル人音楽家の友人 Tom Soloveitzik に発音を確認したところ、「ヴァイツマン」の方が近いと言われたためそちらに一括することにした。

(2) 逆にこの校閲の欠如は、これまでだったら取り締られていた様々な実験的からくりや仕掛けを書物にこっそり組み込むことを可能にしてもいる。

(3) ギリシャ語の「テクネー」とラテン語の「アルス」に由来する「術」という言葉自体が、伝統的には自然に対する人為の所作を表してきたことを考え合わせると、それを人間以外の存在物に拡張することにも無理が伴うが、ここでは「学」と「論」と比べた際の「術」における「言語」への偏りの相対的な希薄さを拡大解釈することにしたい。

(4) この先は個人的な関心に加えて、ほぼ同時に『フォレンジック・アーキテクチャー』という主著を訳したことを踏まえて、論のフォーカスをヴァイツマンに絞る。フラーの活動を紹介する日本語文献として以下を参照されたい。毛利嘉孝「マシュー・フラー――ソフトウェア・スタディーズを組織するメディア実践者」、伊藤守（編）『メディア論の冒険者たち』東京大学出版会、二〇二三年、二五六―二六九頁。

(5) 詳細は以下の文献に掲載されている：Eyal Weizman, "Walking Through Walls: Soldiers as Architects in the Israeli-Palestinian Conflict," *Radical Philosophy* 136, 2006, pp. 8-22. Eyal Weizman, *Hollow Land: Israel's Architecture of Occupation*, New York, NY: Verso, 2007. ただしこのようなドゥルーズの使い方も、きちんとした訓練を受けたヒズボラなどの武装組織が相手になったとたん通用しなくなったようで、哲学をかじった将校が「敵のアレンジメントにおけるダイナミックなリゾームを脱構築せよ」などの命令を下しても大方の歩兵は意味がわからず、大被害を被ったらしい。

(6) そうでなくとも、調査的感性術は敵の武器を使うことに長けたゲリラ的な対抗調査《カウンターフォレンジックス》の術である。だからポストモダン思想だけではなく、機械学習だろうと、最新のセンサーだろうと、衛星イメージだろうと、定めた標的に見合うものであれば使えるものは手当たり次第使っていく。とはいえ、プラグマティックな目的論がとりわけ美術というフォーラムに置かれた場合に放つ違和感には危うさもあることは、たとえばこの本でもモデルに挙げられているハルン・ファロッキの映像作品とフォレンジック・アーキテクチャーのそれを見比べてみたときに明らかになる。

(7) とはいえ、アクターネットワーク理論も実際の上演に際してはケーススタディー、つまり事件の調査に転じることなどについては以下で論じた：中井悠「アリのラトゥール化（反省ループ一周分の遅れ）」、『現代思想』五一―三（「ブルーノ・ラトゥール」特集）、二〇二三年三月。

(8) Donna Haraway, "Situated Knowledges: The Science Question in Feminism and the Privilege of Partial Perspective," *Feminist Studies* 14-3 (Autumn 1988), pp. 575-599.

(9) もうひとつの通奏低音として「同調（attunement, tuning-in）」という言葉もあるが、こちらは状況に位置づけられた存在物どうしが感知作用を通じて模倣的に結びつくことを指している。

（10）　二〇一五年六月四日から八月三〇日にかけてパリのle BALにて開催されたImages à charge – La construction de la preuve par l'imageという展覧会が巡回する形で、二〇一五年一〇月一日から二〇一六年一月一〇日にかけてロンドンのPhotographers' GalleryにてBurden of Proofという別名で開催された。またカタログとして以下の書籍が出版されている：Diane Dufour (ed.), *Images of Conviction: The Construction of Visual Evidence*, Paris: Le Bal & Xavier Barral, 2015.

（11）　You Nakai, *Reminded by the Instruments: David Tudor's Music*, New York, NY & Oxford, UK: Oxford University Press, 2021.

（12）　Eyal Weizman, *Forensic Architecture: Violence at the Threshold of Detectability*, Boston, MA: MIT Press (Zone Books), 2017.

（13）　Marilyn Strathern, *Partial Connections*, Walnut Creek, CA: AltaMira, 1991. マリリン・ストラザーン『部分的つながり』大杉高司、浜田明範、田口陽子、丹羽充、里見龍樹訳、水声社、二〇一五年。

（14）　Errol Morris, *The Ashtray (Or the Man Who Denied Reality)*, Chicago, IL: University of Chicago Press, 2018.

（15）　このプロジェクトの詳細に関しては以下のレポートを参照されたい：中井悠「島の耳目をそばだてる：「SIDE PROJECT：《Island Eye Island Ear》再考とその副作用」ログ（A）」*REPRE* 45, 2022 https://www.repre.org/repre/vol45/topics/nakai/

著者／訳者について――

マシュー・フラー（Matthew Fuller）　一九六九年、イギリスに生まれる。実践的なソフトウェア批判を基盤にした独自のメディア研究を繰り広げるアクティヴィスト／アーティスト。ロンドン大学ゴールドスミス・カレッジ教授。主な著書に、*Evil Media* (co-authored, MIT Press, 2012), *How to Sleep: The Art, Biology and Culture of Unconsciousness* (Bloomsbury, 2018) などがある。

エヤル・ヴァイツマン（Eyal Weizman）　一九七〇年、イスラエルのハイファに生まれる。ガザ地区における調査から出発して、国家権力が引き起こす暴力事件を建築の問題として解析・追究・展示する調査機関フォレンジック・アーキテクチャーを主宰する。ロンドン大学ゴールドスミス・カレッジ教授。主な著書に、*Hollow Land: Israel's Architecture of Occupation* (Verso, 2012), *Forensic Architecture: Violence at the Threshold of Detectability* (MIT/Zone Books, 2017) などがある。

＊

中井悠（なかいゆう）　実験的電子音楽をモデルとした広義の「パフォーマンス」の制作と研究を行なう。No Collective のメンバーとして音楽、ダンス、演劇、お化け屋敷などを世界各地で制作。現在、東京大学大学院総合文化研究科准教授（表象文化論）、副産物ラボ主宰。主な著書に、*Reminded by the Instruments: David Tudor's Music* (Oxford University Press, 2021) などがある。

装幀——宗利淳一

調査的感性術——真実の政治における紛争とコモンズ

二〇二四年九月三〇日第一版第一刷印刷　二〇二四年一〇月一〇日第一版第一刷発行

著者——マシュー・フラー＋エヤル・ヴァイツマン

訳者——中井悠

発行者——鈴木宏

発行所——株式会社水声社

東京都文京区小石川二—七—五　郵便番号一一二—〇〇〇二

電話〇三—三八一八—六〇四〇　FAX〇三—三八一八—二四三七

［**編集部**］横浜市港北区新吉田東一—七七—一七　郵便番号二二三—〇〇五八

電話〇四五—七一七—五三五六　FAX〇四五—七一七—五三五七

郵便振替〇〇一八〇—四—六五四一〇〇

URL : http://www.suiseisha.net

印刷・製本——モリモト印刷

ISBN978-4-8010-0765-9